北魏孝子画像研究

邹清泉　著

文化藝術出版社
Culture and Art Publishing House

北魏李学书法研究

序 言

贺西林

20世纪以来，山西、宁夏、河南等地出土了大量北魏画像葬具，包括彩绘漆木和画像石刻棺椁和棺床。其中彩绘漆木葬具数量不多，山西大同和宁夏固原皆有出土，均为北魏早期遗物，如大同石家寨司马金龙墓出土的石棺床漆围屏、固原雷祖庙出土的漆棺。北魏画像石刻葬具数量巨大，且绝大部分出自河南洛阳，基本为北魏中晚期遗物，如出土于洛阳，现藏美国波士顿美术馆的宁懋石室、纳尔逊美术馆的孝子棺和明尼阿波利斯美术馆的元谧石棺等。这些画像葬具不仅展现了北朝绘画和雕刻的面貌和成就，而且还传达出当时知识、思想和信仰等方面的诸多信息，对于中国中古美术史、思想史以及南北美术互动、中外美术交流的研究具有非常重要的价值。

从目前出土的北魏画像葬具看，其图像基本围绕两大主题展开，即反映神仙道教信仰的升仙主题和体现儒家思想的孝子主题，其中孝子主题占有绝对主导地位。此外，部分葬具也融入了佛教等外来宗教的图像与观念。在迄今所见的北魏画像葬具中，孝子图画像葬具不仅数量巨大，而且时代特色极为鲜明。20世纪初洛阳孝子棺、元谧石棺和宁懋石室流失海外，很快就引起了海外汉学家的兴趣，日本学者奥村伊九良、富田幸二郎早在20世纪上半叶就对此有过探讨。新中国成立后，随着考古材料的不断出土，北魏画像葬具的价值和重要性日益凸显，从而引起学术界广泛关注，孙机、黄明兰、郭建邦、罗丰、赵超、郑岩、林圣智、巫鸿、汪悦进、长广敏雄、加滕直子、黑田彰等国内外学者从图像内涵、形式风格、功能与思想性、文化互动与交融等方面就历年出土的北魏孝子图画像葬具进行了广泛、深入的探讨和研究，取得了重要成果。

近百年来关于北魏画像葬具研究的成果虽然丰硕，但并非完满，仍存有很多悬而未决的问题。如：孝子图像为何在北魏大盛？孝子图为什么大量出现在葬具上？孝子为什么大都出现在山林中？体现儒家思想的孝子图像与佛教等外来宗教图像之间的关系如何？5至6世纪中国绘画和雕刻形式发生了怎样的变化？促成这种变化的原因又是什么？等等。诸如此类的问题都值得我们再思、再探。

基于“孝”在中国古代思想、文化中所具有的特殊意义和永恒价值，南北朝在中国思想、文化中的转型地位以及北朝考古材料和文献史料相对丰富这一条件与该领域研究之现状和存在之问题这一事实等方面的综合考量，邹清泉同学选择了《北魏孝子画像研究》这一课题，希望在系统梳理现有考古材料、挖掘已有文献史料，并立足于前人研究的基础上，通过对北魏孝子画像及其研究成果的重新审视和认真检讨，从而达到拓展和深化这一研究课题的目的，其选题的价值和意义不言而喻。

本书是在作者硕士学位论文基础上修改、完善而成。全书系统检视了该课题的学术史和现有考古材料，并在广泛阅读相关文献史料的基础上，对北魏墓葬中的孝子画像进行了较为全面的研究，着重分析了北魏墓葬中孝子画像与“东园”的关系，追溯了古代孝道思想与孝子画像的承传与变迁，揭示了北魏孝风大盛和孝子图流行的社会背景和历史原因，透析了《孝经》的文化内涵及其与北魏孝子图的关系，阐释了北魏墓葬中孝子图大孝题材的选择、刻画空间的变化、表现形式的创新及其所具有的功能和象征意义。

与以往研究相比，本书的创新点和突破点在于作者较为深刻地揭示和阐明了以下几个关键问题：1.“东园”在北魏孝子画像葬具的制作和孝子图的传播中扮演着重要角色并发挥着重要作用。2.文明太后擅权后，“子贵母死”之制的历史转向是导致北魏中后期孝风骤盛和孝子图大行的一个重要历史隐因。3.《孝经》与谶纬神学的结合使北魏孝子图染上了浓重的天人感应思想和神秘主义色彩。把这种图像刻画在棺椁葬具上，其目的在于实现“孝悌之至，通于神明，光于四海，无所不通”的丧葬功能，进而达到“妥死者之魂，慰生者之望”的美好祈愿。

总之，本书是近年来北朝美术史研究中较有深度的一本学术专著，书中不仅反映了作者的学术观点和学术倾向，而且体现出作者良好的学术素养、严谨的治学态度和开拓创新的进取精神。看到邹清泉同学所取得的成绩，作为指导教师的我感到特别高兴和由衷欣慰。故书此短文，对该研究课题略作回顾与点评，以为序。

贺西林

2007年3月20日

目 录

第三篇　妥死者之魂，慰生者之望：《孝经》与北魏孝子画像图像身份的转换及墓葬功能的实现

引　语

一　对北魏孝子画像图像内涵与功能的再思

成形于西周早期的孝行思想绵延至今已有3000多年的历史，作为儒家思想的重要组成部分，“孝”的观念一经产生，即受到时人的关注，并与国家政治产生密切的联系。自西汉武帝“罢黜百家，独尊儒术”以来，随着儒家思想正统地位的确立，“孝”也受到历代统治者的礼遇，在迄今2000多年的漫长历史中，对历代国家政治、社会思想、哲学、文学、民俗以及美术等产生了深远的影响。进入20世纪以来，由于受到20年代和六七十年代先后发生的五四运动以及文化大革命的影响[1]，“孝”的观念以及与之相关的研究陷入沉寂的状态。80年代之前的研究乏善可陈，80年代的研究状况有一定好转。80年代末叶至今，伴随着刻画有孝子的北朝画像石葬具的陆续发现与出土，孝子画像的研究也不断取得新的进展。这一时期，尤其是近几年来，研究重点主要集中在孝子画像的图像内涵和墓葬功能上。

国内外学人在对北魏孝子画像图像内涵及墓葬功能的探讨中，形成了几种较具代表性的观点。孙机在《固原北魏漆棺画研究》一文中，对1973年出土于固原的描金彩绘漆棺上的图像作了研究，并就漆棺画上的孝子像与墓主人的思想信仰作了探讨：

> 漆棺上既画孝子像，又画道教的东王父、西王母像及佛教的菩萨像，其中也应包含祈求冥福的用意。从这个角度考察，则孝子像只不过是迎合时尚的装点殡葬之物而已。所以说漆棺画中虽有“汉化”的成分，却并不以“汉化”为基调。[2]

2000年，加滕直子在为吉村怜古稀纪念所撰写的《魏晋南北朝墓におげる孝子伝图につぃて》一文中，对北朝墓中的孝子图、随葬《孝经》的情况、北朝士大夫中孝的流行状况以及墓葬装饰的社会意义作了讨论，认为：

魏晋南北朝墓中产生了两种“孝”的表征，即象征着孝的典籍——《孝经》以及《孝子传》的图像。士人们在遗言、丧葬礼仪中使用这些物象来显示孝德，并期待其能够在士大夫中得到积极评价并广为传扬。……在这种心理背景下，显示出为了后代而以宗族为单位来追求美名的态度。

将《孝经》纳入棺柩之中的行为，就是为了向他人显示自己拥有“孝”这种道德。在士大夫社会中，依照遗言及其指示所营造的墓，被认为是将自己以至宗族的道德昭示于世的一种手段。与象征着“孝”的《孝经》相同，刻画在石棺等葬具上的孝子图，也同属于这种功能。……士大夫的这种丧葬礼俗，无非是向他人展示自己所具备的孝德，并使其士大夫的资格得到再一次的确认。[3]

林圣智在《北朝时代におげる葬具の图像と机能》中，以对1983年河南沁阳出土的石围屏的考察为起点，通过对藏于日本天理参考馆和美国旧金山美术馆、洛阳古代艺术馆、美国纳尔逊·阿特肯斯艺术博物馆以及卢芹斋（C. T. Loo）旧藏四组石围屏的复原，探讨了石棺床围屏上的墓主肖像与孝子画像的关系以及石棺的图像构成和象征性，指出：

面向墓主合拢的孝子图的构成，既表现出子孙对故世父母的尽心孝养，也表现出不愿离开父母的哀伤之情。石棺床围屏上的孝子图，既是死者家属所应效法的典范，也是将葬礼中丧家的孝行看作是孝子图的现世的体现。丧家通过孝子图，表明自己对于死者不忘孝道，另外，人们也可以看到，被称作孝子的丧家正在扮演着《孝子传》中的角色。……从本质上来说，石棺床的图像特征就是生者与死者的接点。子孙们正是通过石棺床围屏上的孝子图，展现着被理想化了的生者与死者的关系以及生者对于死者永远的孝心。[4]

在《北朝画像石葬具的发现与研究》中，贺西林对目前发现的北朝画像石葬具进行了综合的考察，并以元谧石棺为例对北朝画像石葬具上的孝子画像作了探究，提出：

元谧石棺上的孝子故事图像并不是孤立的，它的存在不仅仅是为了彰显生人之孝行和颂扬死者之品德，而是与道教、佛教以至祆教的图像紧紧地捆绑在一起，是一种事关墓主命运和归宿的象征性图像。表明墓主人只有崇尚孝行，并具备了“孝”的品德，最终才能进入仙界、天堂，从而达到幸福的永生和不朽的快乐。[5]

郑岩在《南昌东晋漆盘的启示》一文中，在对南朝竹林七贤与荣启期画像象征性的讨论的基础上，也就北朝孝子画像的图像功能提出了个人见解，即：

中原的孝子画像还可能受到高士题材的影响，兼有升仙的色彩。[6]

除加滕直子与林圣智外，其余几种观点均将孝子画像与墓主“命运”紧密结合在了一起，但两者之间究竟是一种怎样的关系，仍有探讨空间。更为重要的是，原本作为导人向善的孝子画像是因何而进入墓葬空间并实现了其功能的转变，从而扮演起另一种角色，这尤其引人深思。笔者以为，还存在另一种探究和认识北魏孝子画像图像内涵及墓葬功能的途径，这就是已受谶纬影响的《孝经》对北魏孝子画像图像内涵与时代功能的潜在的，甚至是决定性的影响与促成作用，这一论点的提出主要基于以下三方面的文献依据：

其一，《孝经》及其宣扬的孝道观念在北魏社会的广泛流行。

一般认为，北魏时期的孝行思想与观念是在文明太后秉政或孝文帝迁洛以后才得以发展起来的，然而事实并非如此，文献表明，至迟在明元帝拓跋嗣永兴元年（409）之前，孝的思想与观念就已经影响到了拓跋部族的社会生活，并成为时人道德评判的重要标准。《魏书》卷三，太宗纪第三：

帝素纯孝，哀泣不能自胜，太祖怒之。帝还宫，哀不自止，日夜号泣。太祖知而又召之。帝欲入，左右曰："孝子事父，小杖则受，大杖避之。今陛下怒盛，入或不测，陷帝于不义。不如且出，待怒解而进，不晚也。"[7]

这段文字记述的是拓跋嗣被立为太子时，其母刘贵人赐死的史实，拓跋嗣登基是在永兴元年，即公元409年，所以这段文字所记载的事件应发生在永兴元年（409）之前，从"帝素纯孝"及左右侍从的言论来看，孝的思想及观念于此之前在代北已有流传和影响。在北魏迁洛以前，朝廷还曾多次颁诏奖惩有孝行和无孝行的人，其中最有代表性的是分别颁布于神䴥三年（430）和太安元年（455）六月的两个诏令：

（神䴥三年）五月戊戌，诏曰："……夫士之为行，在家必孝，处朝必忠，然后身荣于时，名扬后世矣。……"[8]

（太安元年六月）癸酉，诏曰："……其不孝父母，不顺尊长，为吏奸暴，及为盗贼，各具以名上。其容隐者，以所匿之罪罪之。"[9]

此外，北魏时期，皇帝、太子以及大臣还经常宣讲《孝经》。孝文帝迁洛之前，孝的思想与观念在代北已有相当的流行与影响，并在迁洛之后有更进一步的发展。

其二，《孝经》中带有天人感应思想的谶纬内容对北魏民众的孝行信仰产生了影响并使之发生了变化。《孝经·感应章》：

子曰："昔者，明王事父孝，故事天明；事母孝，故事地察；长幼顺，故上下治。天地明察，神明彰矣。故虽天子，必有尊也，言有父也；必有先也，言有兄也。宗庙致敬，不忘亲也。修身慎行，恐辱先也。宗庙致敬，鬼神著矣。孝悌之至，通于神明，光于四海，无所不通。《诗》云：'自西自东，自南自北，无思不服。’”[10]

《孝经》中提到的这些内容早在明元帝泰常四年（419）八月，太庙博士许钟向上进言时就已经提到了，其言曰：

臣闻圣人能飨帝，孝子能飨亲。伏惟陛下孝诚之至，通于神明。[11]

同样的内容在太和十四年（490）的诏令中得到复述：

诏曰：“苟孝悌之至，无所不通。今飘风亢旱，时雨不降，实由诚慕未浓，幽显无感也。所言过哀之咎，谅为未衷，省启以增悲愧。”[12]

《魏书》卷五十中有更详细的记载：

既而元言曰：“自天地分判，五行施则，人之所崇，莫重于孝顺。然五孝六顺，天下之所先，愿陛下重之，以化四方。臣既衰老，不究远趣，心耳所及，敢不尽诚。”高祖曰：“孝顺之道，天地之经，今承三老明言，铭之于怀。”明根言曰：“夫至孝通灵，至顺感幽，故诗云：孝悌之至，通于神明，光于四海。如此则孝顺之道，无所不格。……”[13]

上述太和十四年的两条文献记载的是文明太后刚去世时，孝文帝元宏和大臣的对话，表明《孝经》在当时的皇族等上层社会已有广泛的流传和深入的影响。从目前的考古发现来看，北魏绝大部分的孝子画像是迁洛以后太和至正光年间的遗品，而且主要出土于洛地，面对这种考古时地和文献记载的基本一致性，我们显然不能以偶然的巧合来解释。

其三，南北朝民间流行的“孝悌之至，通于神明”的孝感故事也可能参与诱导了北魏民众孝行信仰的异变。《魏书·孝感》中记载了吴悉达和王崇两则至孝感天的孝行故事，此外，《北史》卷二十九：

子放，字希逸，随祇至邺。祇卒，放居丧以孝闻。所居庐室前，有二慈乌来集，各据一树为巢，自午以前，驯庭饮啄；午后更不下树。每临时舒翅悲鸣，全似哀泣。家人则之，未尝有阙。时以为至孝之感。[14]

《北史》卷六十九：

父政，性至孝。其母吴人，好食鱼。北土鱼少，政求之常苦难。后宅侧忽有泉出，而有鱼，遂得以供膳。时人以为孝感所致，因谓其泉为孝鱼泉。[15]

在南朝文献中也有诸多相关记载。孝感故事的形成与流行显然受各种历史因素的影响，但已受谶纬天人感应思想影响的《孝经》在其中所起的重要作用显然是不能忽略的，这其中也包括对《孝子传》成文的影响。

除文献依据以外，北魏孝子画像的故事内容、题材、刻画位置、风格在北魏所发生的变化也提供了线索。汉晋时期，孝子主要刻画在宫殿、祠堂、石阙、画像石、画像砖、日常用具如彩箧、漆盘上，墓室中也发现一些，但不多见，而且刻画位置离墓主较远。进入北魏，孝子的刻画位置发生了改变，从目前的考古发现来看，全部刻画在石室、漆棺、石棺、石棺床围屏等葬具上。孝子画像的叙事题材与内容在这时也发生了变化，东汉曾经流行的节义题材如“义浆羊公”、“京师节妇”、“齐继母”、“三州孝人”、“鲁义姑姊”等在北魏时消失了，而大孝题材则日益增加并主要集中到“郭巨埋儿”、“蔡顺伏棺”以及“董永行孝”等带有孝感神迹色彩的孝子故事上，同时，北魏孝子画像的刻画风格因借鉴晋及南朝绘画因素而呈现出升仙的色彩。北魏孝子画像在刻画位置、叙事题材与内容、刻画风格上的转变在与文献的互证下表明孝子画像所承载的孝道观念在北魏发生了变化，而这种变化在其发生的同时也体现了北魏孝子画像图像功能的改变。

笔者认为，在北魏孝子画像图像内涵及与之相应的墓葬功能的形成中，《孝经》起到了重要的历史作用。然而，《孝经》是在怎样的历史前提下进入北魏并在各个阶层产生了如此广泛的社会影响？它是怎样影响并改变了北魏孝子画像的图像内涵，这一新的时代内涵究竟是什么？“子贵母死”与北魏中后期《孝经》的广泛传播和孝风的盛炽有怎样的历史联系？孝子画像何以被选择作为重要的丧葬图像进入北魏墓室图像系统，这与汉晋传统有何不同，而这又与其内涵有何联系？北魏孝子画像中大孝题材的选择、图像“叙事性”的消解、图像刻画中的升仙气息与其内涵有怎样的联系，两者又是在怎样的历史契机下统一在一起并实现其墓葬功能的？这是以往研究所没有给予关注的，而这也正是本书着力探究与解答的问题。

二　关于北魏孝子画像的研究

最早关注北魏孝子画像的是日本学者，1936 年，美国纳尔逊美术馆收藏的孝子棺在英国伦敦举行的中国美术国际展览会上展出，其上刻画精美的孝子画像引起日人奥村伊九良的极大兴趣。奥村氏先后在 1937 年和 1939 年发表了《孝子传石棺の刻画》与《镀金孝子传石棺の刻画に就て》两篇长文，专门就两具石棺上孝子画像刻画的技法与艺术成就进行了讨论。在《孝子传石棺の刻画》[16]一文中，奥村结合石棺上的榜题和文献记载，对石棺左右帮孝子画像的故事内容作了考释，并就石棺左帮的“尉”字榜题进行了考证，认为表现的是汉代孝子王琳（字巨尉）的故事。《镀金孝子传石棺の刻画に就て》[17]与前文基本相同，除对元谧石棺的刻画技法进行讨论外，也对石棺上的画像进行了文献上的认证，作者在文章中对“孝子董笃父赎身”的榜题提出了质疑，认为其表现的并非孝子董永的事迹。此外，奥村还对孝子棺和元谧石棺上的山石、树木、云、人物的刻画以及构图的安排作了考察，在论及人物的形象时，他指出，人物华贵的衣着、雍容的气质、优雅的举止与人物身份和《孝子传》记载的明显背离是当时社会崇尚宁静淡泊生活的时代精神的反映。虽然囿于当时材料的缺乏，但奥村还是敏锐地注意到了图像中人物形象与北魏社会现实生活的距离感，在今天看来，其观点虽有待商榷，但对后人的研究还是颇多启发与参考。奥村伊九良是日本，也是国际从事孝子画像研究的先行者，他的这两篇文章是北魏孝子画像研究，同时也是中国历代孝子画像研究的开拓之作，时至今日，仍不失其历史价值与学术意义。

富田幸二郎、吉川幸次郎、长广敏雄、佐原康夫、加滕直子、黑田彰是继奥村伊九良之后日本学界研究孝子画像的代表，其中，富田幸二郎、长广敏雄、加滕直子与黑田彰的著述涉及到了北魏孝子画像。富田幸二郎于20世纪40年代曾撰文向西方学界介绍宁懋石室。[18]在《六朝时代美术の研究》[19]中，长广敏雄对波士顿美术馆藏北魏石室、明尼阿波利斯美术馆的元谧石棺、纳尔逊美术馆的孝子棺和北齐石棺床、卢芹斋旧藏北魏石围屏以及上海博物馆藏北魏石棺床进行了考察和分析。黑田彰在《孝子伝の研究》[20]中对“舜后母焚廪”、“骊姬计杀申生”、孝子赵苟以及孝子李善的图像援引他人研究进行了扼要的介绍。在新近的研究中，黑田彰又征引日本存世古本《孝子传》对中国北魏石刻、漆画等文物中的伯奇图作了文献与图像的考证。[21]加滕直子曾对考古发现的北朝孝子画像进行过梳理，并在研究中涉及了孝子画像的图像功能。

由于受到一些历史因素的影响，中国学者对北魏孝子画像的研究起步稍晚，20世纪40年代，郭玉堂在《洛阳出土石刻时地记》[22]中对洛地出土与流失的北魏画像石棺椁作了介绍，文字虽简，却保留了重要而宝贵的资料。此后，一直到20世纪80年代末，国内的研究一直是伴随着考古新发现做些零星的考证，这方面的文章主要有柳涵（杨泓）的《邓县画像砖墓的时代和研究》[23]、山西省大同市博物馆与山西省文物工作委员会的《山西大同石家寨北魏司马金龙墓》[24]、固原县文物工作站的《宁夏固原北魏墓清理简报》[25]、郭建邦的《北魏宁懋石室和墓志》[26]、韩孔乐与罗丰的《固原北魏墓漆棺的发现》[27]、王泷的《固原漆棺彩画》[28]、黄明兰的《从洛阳出土北魏石棺和石棺床看世俗艺术中的石刻线画》[29]、《洛阳北魏孝子石棺》[30]、《洛阳北魏升仙画像石棺》[31]、宫大中的《邙洛北魏孝子画像石棺考释》[32]、《试论洛阳关林陈列的几件北魏陵墓石刻艺术》[33]与《洛都美术史迹》[34]、陈传席的《北魏孝子图石棺》[35]、洛阳博物馆的《洛阳北魏画像石棺》[36]以及赵超的《关于伯奇的古代孝子图画》[37]。此外，还有一些画集收录了北魏孝子画像，并随图附有一些介绍或研究性的文字，如王子云的《中国古代石刻画选集》[38]、黄明兰的《洛阳北魏世俗石刻线画集》[39]与《北魏孝子棺线刻画》[40]、高文、高成刚的《中国画像石棺艺术》[41]、周到主编的《中国画像石全集·石刻线画》[42]、王树村主编的《中国美术全集·绘画编·石刻线画》[43]、宁夏固原博物馆编的《固原北魏墓漆棺画》[44]以及郭建邦的《北魏宁懋石室线刻画》[45]。西方学者对北魏孝子画像也饶有兴趣，Richard S. Davis、Patricia E. Karetzky 与 Alexander Soper 即著有专文。[46]

近年来，随着相关考古发现的增多，国内外的研究日益向纵深发展，这方面的文章有孙机先生的《固原北魏漆棺画研究》、贺西林先生的《北朝画像石葬具的发现与研究》、林圣智先生的《北朝時代における葬具の图像と机能》、巫鸿先生的《Monumentality in Early Chinese Arts and Architecture》[47]、汪悦进先生的《Coffins and Confucianism—The Northern Wei Sarcophagus in the Minneapolis Institue of Arts》[48]、Annette L. Juliano 和 Judith A. Lernerd 的《Stone Mortuary Furnishings of Northern China》[49]以及郑岩先生的《魏晋南北朝壁画墓研究》[50]，与以往着重图像与《孝子传》之间文本关系的研究不同，这几篇文章（著作）从不同的学术视点和文化层面对之进行了研究，并不同程度地涉及了北魏孝子画像的图像功能。

注释

〔1〕我国近代曾发生过两次贬抑孔子思想的运动，其一为五四运动中的“打倒孔家店”，其二为文化大革命中的“批林批孔”。“打倒孔家店”虽然对当时的思想解放有一定的促进作用，却由于过分极端地否定儒家思想，而影响了孝行思想在当时的传承及发展。“批林批孔”虽然是政治上的斗争，其目的也并非打倒孔子，却也对儒家思想的发展及研究产生了负面影响。

〔2〕孙机：固原北魏漆棺画研究，《文物》，1989年第9期，38~44页、12页。

〔3〕吉村怜博士古稀记念会：《东洋美术史论丛》，东京：雄山阁，平成11年（2000），113~133页。

〔4〕林圣智：北朝时代における葬具の图像と机能，《美术史》，平成十五年（2003），207~226页。

〔5〕巫鸿：《汉唐之间的视觉文化与物质文化》，北京：文物出版社，2003年，341~373页。

〔6〕郑岩：南昌东晋漆盘的启示：论南北朝墓葬艺术中高士图像的含义，《考古》，2002 年第 2 期，84 页。
〔7〕（北齐）魏收：《魏书》，北京：中华书局，1974 年，卷三，太宗纪第三，49 页。
〔8〕《魏书》，卷四上，世祖纪第四上，76 页。
〔9〕《魏书》，卷五，高祖纪第五，115 页。
〔10〕胡平生：《孝经译注》，北京：中华书局，1996 年，49 页。
〔11〕《魏书》，卷一百八之一，礼志一，2737 页。
〔12〕《魏书》，卷二十七，列传第十五，穆崇，669 页。
〔13〕《魏书》，卷五十，列传第三十八，尉元，1115 页。
〔14〕（唐）李延寿：《北史》，北京：中华书局，1974 年，卷二十九，列传第十七，萧祗，1059 页。
〔15〕《北史》，卷六十九，列传第五十七，陆通，2391 页。
〔16〕〔17〕《瓜茄》（四）、（五），京都，昭和十二年五月（1937），259 ~ 299 页。
〔18〕Kojiro Tomita，A Chinese Sacrifical Stone House of the Sixth Century A. D. *Bullentin of the Museum of Fine Arts*，Boston，Vol. XL，December，1942，pp. 98 ~ 110.
〔19〕长广敏雄：《六朝时代美术の研究》，东京：美术出版社，1969 年，173 ~ 217 页。
〔20〕黑田彰：《孝子伝の研究》，京都：株式会社思文阁，2001 年，187 ~ 215 页。
〔21〕黑田彰：伯奇赘语：孝子传图与孝子传，《说话论集，第十二集，今昔物语集》，清文堂，2003 年。
〔22〕郭玉堂：《洛阳出土石刻时地记》，大华书报社，1941 年，13 ~ 49 页。
〔23〕柳涵：邓县画像砖墓的时代和研究，《考古》，1959 年第 5 期，255 ~ 261 页、263 页。
〔24〕山西省大同市博物馆、山西省文物工作委员会：山西大同石家寨北魏司马金龙墓，《文物》，1972 年第 3 期，20 ~ 29 页、64 页。
〔25〕固原县文物工作站：宁夏固原北魏墓清理简报，《文物》，1984 年第 6 期，46 ~ 56 页。
〔26〕郭建邦：北魏宁懋石室和墓志，《文物参考资料》，1980 年第 2 期，33 ~ 40 页。
〔27〕韩孔乐、罗丰：固原北魏墓漆棺的发现，《美术研究》，1984 年第 2 期，3 ~ 11 页。
〔28〕王泷：固原漆棺彩画，《美术研究》，1984 年第 2 期，12 ~ 16 页。
〔29〕李献奇、黄明兰：《画像砖石刻墓志研究》，郑州：中州古籍出版社，1994 年，47 ~ 53 页。
〔30〕〔31〕《画像砖石刻墓志研究》，54 ~ 71 页、72 ~ 78 页。
〔32〕宫大中：邙洛北魏孝子画像石棺考释，《中原文物》，1984 年第 2 期，48 ~ 53 页。
〔33〕宫大中：试论洛阳关林陈列的几件北魏陵墓石刻艺术，《文物》，1982 年第 3 期，79 ~ 83 页。
〔34〕宫大中：《洛都美术史迹》，武汉：湖北美术出版社，1991 年，287 ~ 310 页。
〔35〕陈传席：北魏孝子图石棺，《文物天地》，1990 年第 6 期，47 ~ 48 页。
〔36〕洛阳博物馆：洛阳北魏画像石棺，《考古》，1980 年第 3 期，229 ~ 241 页。

〔37〕赵超：关于伯奇的古代孝子图画，《考古与文物》，2004 年第 3 期，68 ~ 72 页。

〔38〕王子云：《中国古代石刻画选集》，北京：中国古典艺术出版社，1957 年。

〔39〕黄明兰：《洛阳北魏世俗石刻线画集》，北京：人民美术出版社，1987 年。

〔40〕黄明兰：《北魏孝子棺线刻画》，北京：人民美术出版社，1985 年。

〔41〕高文、高成刚：《中国画像石棺艺术》，太原：山西人民出版社，1996 年。

〔42〕周到：《中国画像石全集·石刻线画》，郑州：河南美术出版社，2000 年。

〔43〕王树村：《中国美术全集·绘画编·石刻线画》，上海：上海人民美术出版社，1988 年。

〔44〕宁夏固原博物馆：《固原北魏墓漆棺画》，银川：宁夏人民出版社，1988 年。

〔45〕郭建邦：《北魏宁懋石室线刻画》，北京：人民美术出版社，1987 年。

〔46〕Richard S. Davis，A Stone Sarcophagus of the Wei Dynasty，*Bulletin of The Minneapolis Institue of Arts*，No23，1948，pp. 110 ~ 116；Patricia E. Karetzky and Alexander Soper，A Northern Wei Painted Coffin，*Artibus Asiae*，51，No. 1/2，1991，pp. 5 ~ 29

〔47〕Wu Hong，*Monumentality in Early Chinese Art and Architecture*，Stanford University Press，1995，pp. 251 ~ 280

〔48〕Eugene Y. Wang，Coffins and Confucianism-The Northern Wei Sarcophagus in the Minneapolis Institue of Arts，*Orientation*，Vol. 30，No. 6，1997，pp. 56 ~ 64

〔49〕参见 *Ritual Objects and Early Buddhist Art*，New York，2004，pp. 14 ~ 23

〔50〕郑岩：《魏晋南北朝壁画墓研究》，北京：文物出版社，2002 年，223 ~ 232 页。

第一篇

北魏孝子画像的历史遗存

一　北魏孝子画像的历史遗存

（一）北魏孝子画像的考古发现

目前考古发现的北魏孝子画像主要刻画在石室、石棺、漆棺以及石棺床围屏上，这些遗品主要出土于山西大同、河南洛阳、宁夏固原三个地区，较汉晋孝子画像的地理分布明显缩小（图1－1－1）。这些遗品共11件[1]，孝子画像计约百余幅。

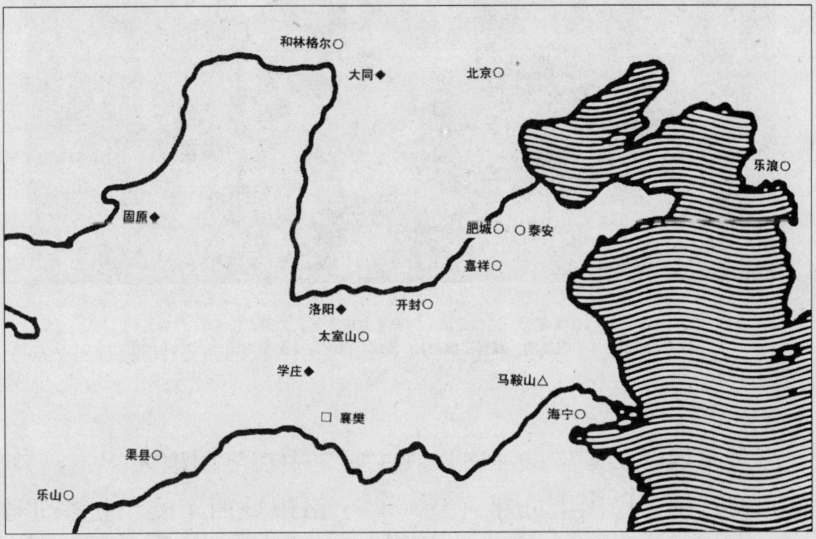

图1－1－1　汉至北魏孝子画像考古发现时地分布
○两汉　△三国两晋　◆北魏　□南朝
作者绘

1. 山西

司马金龙漆围屏　1965年11月下旬发现于山西大同石家寨村西南1里左右大同至浑源公路的西侧，时代为太和八年（484），出土物由山西省博物馆与大同市博物馆分藏。孝子画像绘于该墓后室甬道西侧出土的木围屏上，可辨识的有舜、李善、李充及鲁义姑姊。舜位于第一、第二两块漆画拼合后正面的最上方（图1－1－2），鲁义姑姊位于第三块漆板背面的最上方，李善、李充相继绘于其下方。每一层图像高约19～20厘米，均标有榜题与题记（附录二《北魏孝子画像考古发现辑录》）。人物用墨线勾勒，施黄、白、青绿、橙红、灰蓝等色绘于遍髹红漆的板面上[2]。除了孝子图，围屏上还绘有“周室三母”、“鲁师春母”、“班姬辞辇”、“素食赡宾”、“如履薄冰”、“启母涂山”、“孙叔敖母”、“卫灵夫人”、“齐田稷母”以及介子推等古圣先贤的历史故事。

图1－1－2　舜孝行　彩绘漆画　司马金龙漆围屏　北魏太和八年（484）
采自金维诺：《中国美术·魏晋至隋唐》。北京：中国人民大学出版社，2004，30页

2. 河南

河南北魏孝子画像的考古发现主要集中在洛阳地区。[3]

元谧石棺　民国十九年（1930）于洛阳城西东陡沟村东北李家凹村南出土，今存美国明尼苏达州明尼阿波利斯美术馆（The Minneapolis Institute of Arts），时代为北魏正光五年（524）。孝子画像位于石棺的左右两帮，左帮刻伯奇、董笃父、董永、老莱子、舜以及原縠（图1－1－3）；右帮刻丁兰、韩伯余、郭巨、闵子骞以及眉间赤。[4]

图1-1-3　元谧石棺左帮画像　石刻线画　北魏正光五年（524）
现藏美国明尼阿波利斯美术馆　采自黄明兰：《洛阳北魏世俗石刻线画集》。
北京：人民美术出版社，1987，38页

宁懋石室　1931年出土于洛阳翟泉村北邙山，年代为北魏孝昌三年（527），现藏美国波士顿艺术博物馆（Museum of Fine Arts，Boston）。该石室为悬山式建筑，分屋顶、围墙、台基三个部分，高138厘米，宽200厘米，进深78厘米，由8块石板构成（图1-1-4）。

图1-1-4（一）　宁懋石室　北魏孝昌三年（527）　高138厘米　宽200厘米
深78厘米　河南洛阳邙山出土　美国波士顿美术馆藏　采自曾布川宽、冈田健：《世界美术大全集》（第3卷）。东京：小学馆，2000页，图66

图1-1-4（二） 宁懋石室 线描
采自郭建邦：《北魏宁懋石室和墓志》。
《河南文博通讯》，1980（2），34页

石室门上刻有“孝子宁万寿、孝子弟宁双寿造”的铭记。共有画像9幅，在石室左右山墙外壁刻有孝子画像，左侧山墙外壁刻“董永看父助时”和“董晏母供王寄母语时”，右侧山墙外壁刻“丁兰事木母”和“舜从东家井中出去时”的孝行故事。除孝子画像外，石室还刻画有武士像、庖厨图、牛车出行图、铠马图以及宁懋本人的三幅画像。[5]

升仙石棺足挡 1977年出土于洛阳北郊，现存洛阳古代艺术馆。石棺由盖、左右两帮和前后挡6块石板组成，孝子画像位于后挡。后挡虽为北魏遗物，但不是石棺原有后挡，后挡雕刻3幅画面，左右两幅被凿残，而且横置，从其形状及图像分布形式来看，可能原为石棺床围屏的一块，后由于某种原因移用过来的，从现存情况来看，另两幅击残的画面描绘的可能也是孝子故事，惜仅存山林，内容已无法辨析。现存中间画面雕刻树木山林，中有二人正用舆抬一嶙峋老者前行。画面上留有“榜”，但榜中无题。宫大中在《试论洛阳关林陈列的几件北魏陵墓石刻艺术》中认为其描绘的是“孝孙原穀”的故事[6]（图1-1-5）。

图1-1-5 孝孙原穀 线刻画像
升仙石棺后挡 现藏洛阳古代艺术馆
采自《洛阳北魏世俗石刻线画集》，77页

孝子棺 现藏美国堪萨斯纳尔逊·阿特肯斯艺术博物馆（The Nelson·Atkins Museum of Art），1936年曾在英国伦敦的中国美术国际展览会上展出过。石棺两帮刻孝子画像，左帮表现的是舜、

郭巨和原穀，右帮为董永、蔡顺（图 1－1－6）和王琳。棺盖、底和前挡下落不明。[7]

图 1－1－6 “子蔡顺” 线刻画像 孝子棺右帮 现藏美国堪萨斯纳尔逊·阿特肯斯艺术博物馆 采自《洛阳北魏世俗石刻线画集》，4 页

卢芹斋（C. T. Loo）旧藏北魏石围屏 据黑田彰在《孝子伝の研究》中的描述，该围屏为卢芹斋旧藏，现藏者不明，出土地疑为洛阳。围屏上的图像标有榜题，第一石描绘了郭巨的孝行故事，第二石描绘的是老莱子、蔡顺与丁兰，舜、董永故事位于第三石，第四石描绘的是孝孙原穀。[8]

北魏石棺床 1977 年出土于洛阳，现存洛阳古代艺术馆。石棺床床头围板刻郭巨（图 1－1－7）、丁兰、原穀，后围板刻老莱子和眉间赤。

日本和泉市久保物纪念美术馆藏石棺床 石床由石灰岩雕凿而成，年代为北魏正光五年（524），疑为洛阳出土。棺床正面及左右侧面线刻孝子画像。正面右侧为眉间赤、左侧为老莱子，左侧右二面为孝孙原穀、左一面为丁兰。[9]

日本天理参考馆藏石棺床 石床围屏上刻有孝子画像，年代为北魏，疑为洛阳出土，因无榜题，情节亦不突出，具体内容仍待考证。

上海博物馆藏石棺床 石床上刻有“东永看父助时”和“孝孙

图1-1-7　郭巨　北魏石棺床画像　线描
笔者绘，据黄明兰：《洛阳北魏世俗石刻线画集》。
北京：人民美术出版社，1987年，第75页

原穀”的图像，疑为洛阳出土。

3. 宁夏回族自治区

固原北魏彩绘漆棺　1981年于宁夏固原雷祖庙村附近出土，现藏固原博物馆。孝子图像位于漆棺两侧板上部，画面以黄色三角状火焰纹图案相间并有榜题。棺右侧残存舜和郭巨的孝行故事（图1－1－8）；左侧残存三段，依据榜题，知其中两幅为蔡顺和尹伯奇的故事，另一幅由于榜题缺损，难予确断，王泷推测其为丁兰事木母。[10]除孝子外，棺身上还绘有东王父、西王母、菩萨、千秋、万岁以及卷草、忍冬、联珠龟背等纹样。

此外，在新疆克孜尔千佛洞、敦煌莫高窟西千佛洞以及麦积山等石窟中，可以看到北朝和此之前的睒子本生图像，睒子本生（Sama Jataka）早在三国吴康僧会撰《六度集经》中已有出现，讲述的是睒子深山孝养双亲的本生故事，从其“至孝之诚上闻天者”[11]的言论来看，以《孝经》为核心的儒家孝道思想与佛教已出现融合的迹象，并已带有天人感应色彩，但从北魏时期的文献和目前的考古发现来看，睒子并没有进入六朝《孝子传》（附录五《六朝〈孝子传〉辑佚》），也没有在北魏葬具上出现。此时的睒子本生虽然已受儒家孝道思想的影响，但其图像刻画依然归属于佛教本生的题材范畴，尚没有真正成为儒家孝子中的一员[12]，因此，本文在以下诸章的讨论中将不涉及睒子的问题。

图1－1－8　“□不德脱私不德与”　彩绘漆画　宁夏固原漆棺侧板
采自宁夏固原博物馆：《固原北魏墓漆棺画》。银川：宁夏人民出版社，1988 年，漆棺画线描图之漆棺左侧板

（二）文献记载中的北魏孝子与孝子画像

1. 文献记载中的北魏孝子

《魏书·孝感传》中收录了赵琰、长孙虑、乞伏保等 17 个北魏孝子的孝行事迹（表1－1《〈魏书·孝感传〉中记载的北魏孝子》），他们均以“奉事孝谨”、“事亲至孝”、“哀毁过礼”见称于世。从《魏书》的描述来看，作为孝子的标准和主要的孝行事迹与前朝史书的记载相比并没有特别的变化，仍然延续了《晋书·孝友传》所开创的体例和描述的方式，这其中也包括对孝感神迹的叙述，并在卷首即指出“经云‘孝，德之本’‘孝悌之至，通于神明’。此盖生人之大者。且生尽色养之天，终极哀思之地，若乃诚达泉鱼，感通鸟兽，事非常伦，斯盖希矣”。[13]在孝子故事的选择与编撰中明显受到《孝经》的影响，并以之作为指导。《魏书·孝感传》共记述了三个孝感神迹，分别是阎元明、吴悉达和王崇，该书卷八十六：

阎元明，河东安邑人也。少而至孝，行著乡间。太和十五年，除北随郡太守。元明以违离亲养，兴言悲慕，母亦慈念，泣泪丧明。元明悲号上诉，许归奉养。一见其母，母目便开。刺史吕寿恩列状上闻，诏下州郡，表为孝门，复其租调兵役，令终母年。

吴悉达，河东闻喜人也。弟兄三人，年并幼小，父母为人所杀，四时号慕，悲感乡邻。及长报仇，避地永安。……悉达后欲改葬，亡失坟墓，推寻弗获，号哭之声昼夜不止，叫诉神祇。忽于悉达足下地陷，得父铭记。

王崇，字乾邕，阳夏雍丘人也。兄弟并以孝称。……母亡，杖而后起，鬓发坠落。未及葬，权殡宅西。崇庐于殡所，昼夜哭泣，鸠鸽群至。具有一小鸟，素质墨眸，形大如雀，栖于崇庐，朝夕不去。……是年，阳夏风雹，所过之处，禽兽暴死，草木摧折。至崇田畔，风雹便止，禾麦十倾，竟无损落，及过崇地，风雹如初。咸称至行所感。崇虽除服，仍居墓侧。于其室前生草一根，茎叶甚茂，人莫能识。至冬中，复有鸟巢于崇屋，乳养三子，毛羽成长，驯而不惊。[14]

具有神秘的色彩。史载魏收迷信孝感神迹，“收以子侄年少，申以戒历，著《枕中篇》，其词曰：‘孝悌之至，神明通矣。’”[15]故有所收录，但同时也反映了当时人们对孝感神迹的一般心态。

《魏书》所述孝感神迹于前代史料中已有出现，而于后代则多有重复与转述。如《魏书·王崇》所述“鸠鸽群至”、“栖于崇庐”盖源于汉代以来的“乌还哺母”的孝乌传说，而这在《晋书·许孜》中已有叙述，“俄而二亲没，柴毁骨立，杖而能起，建墓于县之东山，躬自负土，不受乡人之助。每一悲号，鸟兽翔集。”孝子刘殷“后有二白鸠巢其庭树，自是名誉弥显”[16]。《晋书·成公绥》记述更为明确，“时有孝乌，每集其庐舍，绥谓有反哺之德，以为祥禽，乃作赋美之，文多不载。”[17]此外，该书吴隐之条中亦有记述。母盲而复明的孝行神迹在《晋书·盛彦》中亦有出现，“彦见之，抱母恸哭，绝而复苏，母目豁然即开，从此遂愈。”[18]孝感神迹自东汉以来历魏晋至南北朝一直在不断地叙述与附会，其主人公虽千差万别，但主要事迹却几近雷同，由于该问题涉及《孝经》、《孝子传》以及其他史料间的文本关系，下文将专门论及，此处从略。

除《魏书·孝感传》、《北史·孝行》外，其他的人物传记也记述了很多有孝德的北魏孝子（附录六《北魏孝子辑录》），这些孝子均为历史上的真实人物，惟记述简略，往往仅称“性至孝，事父母尽礼”、“居丧以孝闻”、“遭父忧，毁瘠过礼”、“事母孝谨”等，极少见有所谓孝行神迹，故而这些孝子事迹也许更为真实。

表1－1　《魏书·孝感传》中记载的北魏孝子

孝子名	籍贯	主要孝行事迹
赵　琰	天水	孝心色养，饪熟之节，必亲调之。时禁制甚严，不听越关葬于旧兆。琰积三十余年，不得葬二亲。乃绝盐粟，断诸滋味，食麦而已。
长孙虑	代	乞以身代老父命，使婴弱众孤得蒙存立。
乞伏保	高车	奉事孝谨，初无恨色。申年余八十，伏保手制马舆，亲自扶接，申欣然随之。申亡，伏保解官，奉丧还洛。
孙益德	乐安	其母为人所害，益德童幼为母复仇。
董洛生	代	居父丧过礼。
杨　引	乡郡襄垣	母年九十三卒，引年七十五，哀毁过礼。
阎元明	河东安邑	少而至孝，行著乡闾。
令狐仕	猗氏县	早丧父，泣慕十载，奉养其母，孝著乡邑。
杨　风	河东郡	奉养继亲甚著恭孝之称。
董吐浑	东郡小黄县	事亲至孝。
吴悉达	河东闻喜	父母为人所杀，四时号慕，悲感乡邻。及长报仇。行著乡里。
崔承宗	齐州	性至孝，万里投险，偷路负丧还京师。
王续生	荥阳京县	遭继母忧，居丧杖而后起。及终礼制，鬓发尽落。
李显达	颍川阳翟	父丧，水浆不入口七日，鬓发坠落，形体枯悴，六年庐于墓侧，哭不绝声，殆于灭性。

续　表

孝子名	籍贯	主要孝行事迹
张　升	荥阳	居父母丧，鬓发坠落，水浆不入口，吐血数升，居忧毁瘠，见称州里。
王　崇	阳夏雍丘	兄弟并以孝称。母亡，杖而后起，鬓发坠落。
郭文恭	太原平遥	年逾七十，父母丧亡。文恭孝慕罔极，乃居祖父墓次，晨夕拜跪。跣足负土，培祖父二墓，寒暑竭力，积年不已。

2. 文献记载中的北魏孝子画像

据《南史》记载，南朝是有孝子图流传的，《南史》卷四十三："江夏王锋字宣颖，高帝第十二子也。……武帝时，藩邸严急，诸王不得读异书，五经之外，唯得看孝子图而已。锋乃密遣人于市里街巷买图籍，几月之间，殆将备矣。"[19]另《南史》卷二十二："慈字伯宝。年八岁，外祖宋太宰江夏王义恭迎之内斋，施宝物恣所取，慈取素琴石砚及孝子图而已，义恭善之。"[20]唐张彦远《历代名画记》记载有三个曾画过孝子图的南朝画家，他们分别为谢稚、范怀珍与戴蜀。谢稚，陈郡阳夏（河南省太康县）人，初为晋司徒主簿，后入宋为宁朔将军，画有《孝子图》、《孝经图》；范怀珍与戴蜀均为南齐人，范怀珍有孝子屏风"行于代"，戴蜀则有《孝子图》传于世。[21]1984年湖北襄阳贾家冲墓中出土的画像砖上刻画有孝子画像（图3－1－12），约略可见当时南朝地区流行的孝子图的风格。[22]

据现存史料，北方地区最早图画孝子的是后赵石虎的太武殿，《魏书》卷九十五："太武殿成，图画忠臣、孝子、烈女、贞女，皆变为胡状，头缩入肩。虎大恶之。"[23]《晋书·艺术》对此亦有记载，惟记述略有不同，"季龙造太武殿初成，图画自古贤圣、忠臣、孝子、烈士、贞女，皆变为胡状，旬余，头悉缩入肩中，……季龙大恶之，秘而不言也。"[24]案石虎于建国十二年（349）自称皇帝，年号太宁，而太武殿是其为大赵王时自襄国徙居邺地所修建的，故该殿图画孝子的时间应为建武年间（335—338），至迟不晚于太宁元年（349）。西凉李暠后于庚子二年（402）在敦煌南门外起"靖恭之堂"，"图赞自古圣帝明王、忠臣孝子、烈士贞女，玄盛亲为序颂，以明鉴戒之义，当时文武群僚亦皆图焉。”[25]

北魏图画孝子的文献记载很少，《魏书》仅见一则记载，该书卷一百八十四“礼志”条：

> 乾象辇：羽葆，圆盖华虫，金鸡树羽，二十八宿，天阶云罕，山林云气、仙圣贤明、忠孝节义、游龙、飞凤、朱雀、玄武、白虎、青龙、奇禽异兽可以为饰者皆亦图焉。[26]

孝子是作为乾象辇上的装饰与山林云气、仙圣贤明、游龙飞凤等奇禽异兽一同出现的，这一描绘形式与元谧石棺上孝子画像的图像构成十分近似。《水经注》卷十三亦有一则记载：

> 岭上有文明太皇太后陵，陵之东北有高祖陵，二陵之南有永固堂，堂之四隅雉列榭、阶、栏、槛，及扉、户、梁、壁、椽、瓦，悉文石也。檐前四柱，采洛阳之八风谷黑石为之，雕镂隐起，以金银间云矩，有若锦焉。堂之内外四侧，结两石趺，张青石屏风，以文石为缘，并隐起忠孝之容，题刻贞顺之名。[27]

忠孝之容应为忠臣孝子之像无疑。另《玉函山房辑佚书》收有北魏常景《鉴戒象赞》一卷，马国翰在卷前跋语中谓常景“每读书见韦弦之事深薄之危，乃图古昔可以鉴戒指事为象，赞而述之，史载全文又记著述数百篇，删正晋司空张华博物志及撰儒林、列女传各数十篇”。[28]由于该书已散佚，其中“鉴戒指事”者是否包含孝子已难究考。记载北魏图画孝子的史料虽少，考古发现却十分丰富，从这些考古发现来看，北魏社会是有孝子图或画样流传的，从其图像风格、人物发型、衣冠服饰、树木山石以及其他如千秋、万岁、羽人、龙虎、朱雀、玄武等图像来看应源于晋代及南朝早期绘画传统。

注释

〔1〕另外还有三件遗品，一件现藏美国堪萨斯纳尔逊·阿特肯斯艺术博物馆，有十幅线刻，分别刻画了王寄、郭巨、原谷、老莱子、蔡顺、申明以及董永的孝行故事，除“不孝王

寄”外，余皆有榜无题；一件于2004年春季在美国展出过，是石棺床围屏，共有十二幅图像，描绘了郭巨、原谷、王寄、董永、丁兰以及蔡顺的故事，除孝子图外，余为墓主夫妇像以及牛马、侍者的图像，详见 *Ritual Objects and Early Buddhist Art*，New York，2004，pp. 26～45；第三件现藏首都博物馆。这三件遗品在刻画风格等方面与北魏孝子画像存在出入，虽为北朝遗物，但是否为北魏遗品尚待确认，因此暂不纳入讨论范围。

〔2〕山西省大同市博物馆、山西省文物工作委员会：山西大同石家寨北魏司马金龙墓，《文物》，1972年第3期，20～29页、64页；金维诺：《中国美术·魏晋至隋唐》，北京：中国人民大学出版社，2004年，30～31页。

〔3〕位于河南西南部的邓县学庄村于1957年在一南北朝时期的墓葬中发现两方画像石，上面刻画有孝子画像，画像以相互对称的形式分别刻于东西两壁的第7柱上，东壁为“郭巨埋儿”，西壁为“老莱子娱亲”，两个画像砖均长38厘米、宽19厘米、厚6厘米，均着彩。邓县虽位于河南地区，但在北魏时为南朝宋属地，至南梁时归于西魏，据该墓东壁第一柱上的战马画像砖上侧墨书文字中“家在吴郡”的记述，知该墓墓主是南朝人。因此，本文未将其列入北魏孝子画像历史遗存的范畴，关于这两方画像砖的出土情况参见河南省文化局文物工作队：《邓县彩色画像砖墓》，北京：文物出版社，1958年；柳涵：《邓县画象砖墓的时代和研究》，《考古》，1959年第5期，255～261页、263页。此外，在离邓县不远的湖北襄阳城西虎头山东北麓贾家冲画像砖墓亦发现有两方类似风格的孝子画像砖，一方为郭巨埋儿的画像，惟刻画简略，且无榜题；另一方考古报告定为侍饮图，笔者判断其也应为描绘孝子的画像，因无榜题可据，情节也不典型，究竟刻画的是哪一个孝子故事尚无法确定，参见襄樊市文物管理处：《襄阳贾家冲画像砖墓》，《江汉考古》，1986年第1期，16～32页。这四方画像砖与洛阳地区发现的北魏画像石葬具上的孝子画像存在风格上的渊源，但应无直接的根本继承关系，笔者认为这四方画像砖接近于晋代及南朝早期的孝子画像传统，较经过北魏宫廷画师或东园画匠改造过的洛地孝子画像更具祖本面貌。

〔4〕郭玉堂：《洛阳出土石刻时地记》，大华书报社，1941年，28～29页；黄明兰：《洛阳北魏世俗石刻线画集》，北京：人民美术出版社，1987年；（日）奥村伊九良：《镀金孝子传石棺の刻画に就て》，载《瓜茄》（五），京都，昭和十四年（1939），359～382页。

〔5〕郭建邦：《北魏宁懋石室线刻画》，北京：人民美术出版社，1987年；郭建邦：《北魏的宁懋石室和墓志》，《文物参考资料》，1980年第2期，33～40页；林圣智：《北魏宁懋石室的图像与功能》，《美术史研究集刊》，2005（18）：1～74页；赵万里：《汉魏南北朝墓志集释》（卷六），台北：新文丰出版公司，1986年，56页。有关宁懋石室的图片资料亦可参见《文物》，1960年第4期，38页；《考古》，1960年第4期，3页。

〔6〕洛阳博物馆：《洛阳北魏画像石棺》，《考古》，1980年第3期，229～241页；宫大中：《试论洛阳关林陈列的几件北魏陵墓石刻艺术》，《文物》，1982年第3期，79～83页；黄明兰：《洛阳北魏世俗石刻线画集》，北京：人民美术出版社，1987年。

〔7〕（日）奥村伊九良：《孝子传石棺の刻画》，《瓜茄》（四），京都，昭和十二年（1937），

259～299页；黄明兰：《北魏孝子棺线刻画》，北京：人民美术出版社，1985年。

〔8〕林圣智：《北朝时代における葬具の图像と机能》，《美术史》，2003（154）：207～226页；（日）黑田彰：《孝子伝の研究》，京都：思文阁出版，2001年，201页。

〔9〕《孝子伝の研究》，206页。

〔10〕韩孔乐、罗丰：《固原北魏墓漆棺的发现》，《美术研究》，1984年第2期，3～11页；王泷：《固原漆棺彩画》，《美术研究》，1984年第2期，12～16页；固原县文物工作站：《宁夏固原北魏墓清理简报》，《文物》，1984年第6期，46～56页；宁夏固原博物馆：《固原北魏墓漆棺画》，银川：宁夏人民出版社，1988年；宁夏回族自治区固原博物馆，中日原州联合考古队：《原州古墓集成》。北京：文物出版社，1999年。

〔11〕（三国·吴）康僧会：《六度集经》，广州：花城出版社，1998年，212页。

〔12〕睒子本生故事在康僧会《六度集经》卷五《睒道士本生》、《大正藏》卷三《佛说睒子经》、西秦圣坚译《睒子经》、《僧伽罗刹所集经》卷上、《杂宝藏经》卷一中有记载。北魏时期崇祀佛教，开窟造像活动十分频繁，在石窟壁画中对睒子本生有所描绘，关于早期睒子本生的描绘情况可参见金维诺先生的《〈佛本生图〉的内容与形式》，载《中国美术史论集》，哈尔滨：黑龙江美术出版社，2004年，中卷，154～157页。从文献记载与考古情况来看，睒子本生故事虽有孝行痕迹，但在这一时期仍属于印传佛教范畴，其身份也是印度迦夷国人，其在编写中虽受儒家孝道思想的影响，但两者仍各有归属，尚没有充分融合，这也是睒子没有进入六朝《孝子传》，也没有被刻画在北魏画像石葬具上的原因之一。隋唐以后，随着《父母恩重经》的出现，睒子本生日益与儒家孝悌思想融合，发生身份上的转变，由印度迦夷国人而为春秋鲁国人，名字也出现了变化，又作闪子、剡子等，并为郭居敬《二十四孝》所收录，正式成为中国古代孝子中的一员，并出现于墓葬装饰画像中，宋金墓室雕刻中多有表现，内容以睒子鹿乳奉亲情节为主，与北朝时期石窟壁画中表现的深山养亲有所不同。现知较早的实例是山西壶关南村北宋元祐二年（1087）墓（《文物》，1997年第2期）和洛阳北宋崇宁五年（1106）石棺线刻“二十四孝”图（《文物》，1984年第7期）。

〔13〕〔14〕（北齐）魏收：《魏书》，北京：中华书局，1974年，卷八十六，列传第七十四，孝感，1881～1887页。

〔15〕（唐）李百药：《北齐书》，北京：中华书局，1972年，卷三十七，列传第二十九，魏收，493页。

〔16〕（唐）房玄龄：《晋书》，北京：中华书局，1974年，卷八十八，列传第五十八，孝友，2279页、2289页。

〔17〕《晋书》，卷九十二，列传第六十二，文苑，2371页。

〔18〕《晋书》，卷八十八，列传第五十八，孝友，2276页。

〔19〕（唐）李延寿：《南史》，北京：中华书局，1975年，齐高帝诸子下，1088页。

〔20〕《南史》，卷二十二，列传第十二，王昙首，606页。

〔21〕（日）冈村繁：《历代名画记译注》，俞慰刚译，上海：上海古籍出版社，2002年，299

页、349 ~ 350 页。

〔22〕襄樊市文物管理处：《襄阳贾家冲画像砖墓》，《江汉考古》，1986 年第 1 期，16 ~ 32 页。

〔23〕《魏书》，卷九十五，列传第八十三，羯胡石勒，2052 页。

〔24〕《晋书》，卷九十五，列传第六十五，艺术，2490 页。

〔25〕《晋书》，卷八十七，凉武昭李玄盛，2259 页。

〔26〕《魏书》，礼志四，2811 页。

〔27〕（北魏）郦道元：《水经注》，南京：江苏古籍出版社，1989 年，卷十三，1138 ~ 1139 页。

〔28〕（北魏）常景：《鉴戒象赞》（一卷），济南：皇华馆书局，清同治十年（1871）补刻。

二　北魏墓室所见孝子画像与“东园”探考

北魏在建国初年即沿袭汉晋传统设有专为皇室和贵族制作葬具的机构——“东园”，并时有诏赐“东园秘器”之举。“东园”作为北魏负责丧葬事宜的最高机构，在平城时期与迁洛之后均对北魏的丧葬思想与观念产生了影响，尤其在高级墓葬中，这一影响更为明显。北魏孝子画像目前主要出土于洛阳邙山等贵族葬区并且主要刻画在葬具上，从这些葬具的石材质地、制作技艺、雕刻水平及出土情况来看，其墓主身份属于皇室成员或具有一定等级的上层贵族。这些孝子画像是否出自“东园”或者受到“东园”的影响，两者间存在怎样的历史联系，对于我们深入认识北魏孝子画像的墓葬内涵与功能具有重要意义，本节拟从文献与考古两方面对此试作考察。

（一）关于“东园”

“东园”，汉代始设，属少府管辖，长官称“东园主章”，为将作大匠的属下，汉武帝太初元年（前104）更名木工[1]。“东园”专职皇家陵寝以及王公贵族墓内器物的制作与供应，由该处制作的寿器称“东园秘器”。“东园秘器”制作考究、装饰精美，《后汉书·礼仪志》：

> 东园匠、考工令奏东园秘器：表里洞赤，虡文，画日、月、鸟、龟、龙、虎、连璧、偃月，牙桧梓宫如故事。[2]

两汉时期，皇帝即诏赐“东园秘器”给臣子或宠幸之人，以为他们的寿寝[3]，史籍中颇多这方面的记载，《汉书·董贤》：“下至贤家僮仆皆受上赐，及武库禁兵，上方珍宝。……及至东园秘器，珠襦玉柙，豫以赐贤，无不备具。”[4]《后汉书·冯勤》：“中元元年，薨，帝悼惜之，使者吊祠，赐东园秘器，赗赠有加。”[5]此外，《后汉书·和熹邓皇后纪》、《刘恺传》、《杨赐传》、《盖勋传》、《单超传》中亦有记载。虽然汉末及三国时期战乱纷繁，“兵革蜂起”，但诏赐“东园秘器”这一传统却保留了下来，西晋时仍有诏赐，《晋书·王祥》：“泰始五年薨，诏赐东园秘器，朝服一具，衣一袭，钱三十万，布帛百匹。”[6]“东园匠”是这时东园工匠的称谓。[7]拓跋氏建国后，沿袭了汉地下设“东园”及诏赐“东园秘器”这一传统。《魏书·官氏志》虽没有记载北魏“东园”的归属及其长官的名称，但却设有将作大匠一职，为二品官位，级别很高，专司皇家墓葬器物的制作，“东园”诸事应为其辖管。

（二）北魏诏赐“东园秘器”的历史情况

北魏诏赐“东园秘器”是在中原汉文化的影响下建立起来的。北魏开国皇帝拓跋珪身边很早就聚有汉族士人，较早的有燕凤、许谦、张衮，稍后的有崔玄伯等。燕凤早在昭成帝什翼犍时即已“参决国事”，并与许谦一起“以经授献明帝”[8]，至于崔玄伯，“太祖常引问古今旧事，王者制度，治世之则。玄伯陈古人制作之礼，及明君贤臣，往代废兴之由。”[9]太祖还“曾引玄伯讲《汉书》”[10]，而《汉书》里就有少府下设“东园官署”以及诏赐“东园秘器”的记载。《魏书·太祖纪》还记载，登国十年（395）十一月，道武帝大破慕容宝军，“于俘虏中擢其才识者贾彝、贾闰、晁崇等，与参谋议宪章故实。”[11]随着道武帝身边汉士的增加，汉晋下设“东园官署”专事制作秘器并赐予臣属这一传统，亦随之进入北魏宫廷，形成定制，并历北魏而终北齐。

据《魏书》等北朝史籍的记载，北朝诸代皇室共赐秘器四十余件（附录四《北朝诏赐“东园秘器”情况表》），北魏诏赐三十六件，冠名“东园”者二十八件，除于栗磾、拓跋谓、赵平君的具体受赐年代未详外，余皆有具体年代可据。北魏平城时期与迁洛之初所赐秘器多不加“东园”，仅称秘器，太和二十三年（499）以后均称“东园秘器”。据《魏书》的记载，北魏诏赐秘器最早的一具是在明元帝永兴五年（413）赐给直意将军王洛儿的，《魏书》卷三十四：

> 赠太尉、建平王，赐温明、秘器，载以辒辌车，使殿中卫士为之导从。[12]

随后的安成公叔孙俊于泰常元年（416）、阳平王拓跋熙于泰常六年（421）也相继获赐秘器，均未言“东园”。“东园秘器”这一名称在北魏史料中最早出现在《魏书·于栗磾》卷三十一，冠军将军于栗磾卒后“赐东园秘器、朝服一具、衣一袭。赠太尉公”[13]。按于栗磾卒后“世祖甚悼惜之”，故其应卒于太武帝拓跋焘执政年间，所以应不晚于正平二年（452），“东园”于此之前已经设立可基本确认。此外，我们从早于于栗磾获赐秘器的王洛儿、叔孙俊、拓跋熙的受赐物中，可注意到他们受赐的秘器虽没有冠名“东园”，但都随赐有“温明”，“温明”是由“东园”制作的漆面罩[14]（图1-2-1），“东园处此器，形如方漆桶，开一面，漆画之，以镜置其中，以悬尸上，大殓并盖之。”[15]是一种辟除不祥、佑护逝者的明器，江苏扬州平山养殖场　号西汉墓与江苏邗江姚庄101号西汉墓出土的漆面罩即为此物[16]。“温明”起于两汉，魏晋盛行，多与秘器同赠，《汉书》卷六十八：“光薨，上及皇太后亲临光丧。……赐金钱、缯絮，绣被百领，衣五十箧，璧珠玑玉衣，梓宫、便房、黄肠题凑各一具，枞木外臧椁十五具。东园温明，皆如乘舆制度。”[17]

笔者认为，王洛儿、叔孙俊、拓跋熙所受赐的秘器虽未明言“东园”，但从随赐“温明”的情况来看，这几件秘器也应是当时的“东园”或类似“东园”的机构制作的，因此，笔者推测，“东园”在北魏的设立应不晚于永兴五年（413）。北魏之所以在建国至迁洛之初诏赐的秘器中有的称“东园秘器”，有的则仅称“秘器”（附录四），究其原因可能是诏赐之初，尚未形成定制，多直称物名而不言制作地，这一情况在后来的诏令中逐渐得到了规范，如车骑大将军元羽在景明二年（501）去世后就“诏给东园温明、秘器、朝服一具、衣一袭，钱六十万、布一千匹、蜡三百斤”[18]。后来在赐予穆

图 1-2-1　温明（漆面罩）
江苏邗江姚庄 101 号西汉墓出土
采自《文物》，1988 年第 2 期，第 34 页，图 26

亮、裴叔业、胡国珍、元澄、崔亮、崔光“东园秘器”的诏令中也均作此称呼。

从现存史料来看，北魏诏赐的“东园秘器”是有规格等级的，主要分为三种情况。第一种是在赐予秘器的同时随赐“温明”，从历史上诏赐“温明”的情况来看，“温明”的规格等级是很高的，对于逝者而言，是一种极高的政治礼遇，受赠此物的人往往与皇帝、太后有着十分密切的关系或者具有某种特殊的政治身份。北魏时受赐“温明”的有王洛儿、叔孙俊、拓跋熙、源贺、尉元、刘昶、王叡、元羽、穆亮、裴叔业、胡国珍、元澄和崔光，其中的王洛儿曾因几次舍身救过太宗皇帝而“恩宠日隆”。王叡与文明太后关系密切，史载其“内参机密，外豫政事，爱宠日隆，朝士慑惮焉”。“出入帷幄，太后密赐珍玩缯彩，人莫能知。”[19] 而其去世后，高祖、文明太后又“亲临哀恸”。胡国珍是灵太后的父亲，生时位望盛隆，

"入决万机"。刘昶与裴叔业均为降魏的南朝上层人士，刘昶为宋文帝刘义隆第九子，于和平六年（465）逃至平城，后至洛阳，"朝廷嘉重之"；裴叔业原为南齐豫州刺史，后于景明元年（500）以寿阳降魏，深受礼遇，是北魏受赐东园"温明"、"秘器"诸人中身份较为特殊者。第二种情况是不赐温明，但赐"东园第一秘器"，可见"东园秘器"亦分一二等级，终北魏一朝，"东园第一秘器"只赐予过三个人，他们是元霄、于烈和元勰。第三种情况是仅赐"东园秘器"以及其他物帛，人数相对较多，据笔者收录，计约二十人（附录四），等级与前两种又有所区别。

在北魏，诸王及大臣去世后，皇帝一般都要赐予朝服、钱帛、绢布和蜡等物，以示皇恩，但在众多的宗室王侯与大臣中，受赐"东园秘器"者还是很少的，终北魏一朝仅诏赐过三十六件，而且，"东园秘器"的受赐者生前均身居要职或具有某种特殊身份（附录四），如赵平君即为灵太后之父胡国珍的继室，并借此获赐秘器。在北魏，"东园秘器"是体现受赐者身份与地位的高贵之物，主要赐给宗室成员和官位较高的大臣，那些地位不高或者有谋逆之行的人则不会受赐"东园秘器"，他们或仅受赐帛物，或仅追赠封号，严重的还会"殓以粗棺常服"[20]葬以庶民之礼。

（三）洛地北魏画像石葬具上的孝子画像与"东园秘器"：从元谧石棺谈起

元谧为赵郡王干的儿子，生时任冠军将军、幽州刺史等职，薨逝后受赐"东园秘器"，《魏书·赵郡王》卷二十一上：

> （元谧）正光四年（523）薨。给东园秘器、朝服一具、衣一袭，赗帛五百匹。高阳王雍，干之母弟，启论谥，故超赠假侍中、征南将军、司州牧，谥曰贞景。[21]

因此，可以确定元谧石棺出自"东园"，而且是诏赐的"东园秘器"。1930年6月16日，元谧石棺及墓志（图1－2－2）在洛阳城西东陡沟村东北李家凹村南被盗掘出土并售往日本，后辗转至美国[22]，现存明尼阿波利斯美术馆。据奥村伊九良《镀金孝子传石棺の刻画に就て》一文的描述，元谧石棺上面当时还残存尚未剥落的金箔，可能为“通身隐起金饰棺”[23]。

图1-2-2　元谧墓志　长86厘米　宽86厘米　石灰岩
现藏美国明尼阿波利斯美术馆　采自 *Orientations*，1999，Vol. 30，No. 6，p58

元谧石棺现存前后挡与左右帮四部分（图1-2-3），上面满刻精美画像，头挡正中是中亚式尖拱门（图1-2-4），门楣装饰双凤头和忍冬纹，门两侧各立一拄剑门吏，门楣正上方刻由莲花托起的摩尼宝珠，宝珠两侧各画一畏兽，畏兽下为莲花，空白处饰草叶、云纹及花叶图案。后挡装饰稍简，正中为一巨大畏兽，上下描绘山林景致（图1-2-5）。左右帮构图紧致繁复，均分上中下三部分，下部描绘连绵山峦，中部描绘孝子，左右两帮各有六幅，均有榜题，左帮为“孝子伯奇母赫儿”、“孝子伯奇耶父”、“孝子董笃父赎身”、“老莱子年受百岁哭内”、“母欲煞舜焉得活”、“孝孙弃父深山”，右帮为“丁兰事木母”、“韩伯余母与丈和颜”、“孝子郭巨赐金一釜”、

图1-2-3　元谧石棺（两帮）　拓片　采自巫鸿：
《汉唐之间的视觉文化与物质文化》。北京：文物出版社，2003，359页，图9

图1-2-4　元谧石棺（头挡）　拓片　采自巫鸿：
《汉唐之间的视觉文化与物质文化》。北京：文物出版社，2003，359页，图9

“孝子闵子骞”、“眉间志妻”、“眉间志与父报酬”。右帮上部描绘青龙、朱雀、畏兽及各式流云、莲瓣，左帮上部描绘白虎、朱雀、畏兽、骑凤鸟的持节仙人及各式流云和莲瓣，此外，左右两帮还各在中间刻一衔环铺首和左右两个方框，框内各绘有两个人物，可能为元谧夫妇。[24]

图1－2－5　元谧石棺（足挡）　拓片
采自巫鸿：《汉唐之间的视觉文化与物质文化》。北京：文物出版社，2003，359页，图9

元谧石棺、墓志与文献记载的完整性为我们据之判定洛地出土的其他北魏画像石葬具及其上孝子画像与“东园”的联系提供了参照。北魏画像石葬具目前发现约三十多件，基本肯定出土于洛地的有十八件，除四个残件（包括三个棺盖一个足挡），相对完整的有十四件，除元谧石棺与宁懋石室外，余十二件均无明确主属。据笔者的收录（附录四），北魏受赐“东园秘器”诸人中，除元谧外，另有八人的墓志及葬具也已出土，他们是广陵王元羽（图1－2－6）、文献公穆亮、武宣王元勰、北海王元详（图1－2－7）、司空公元

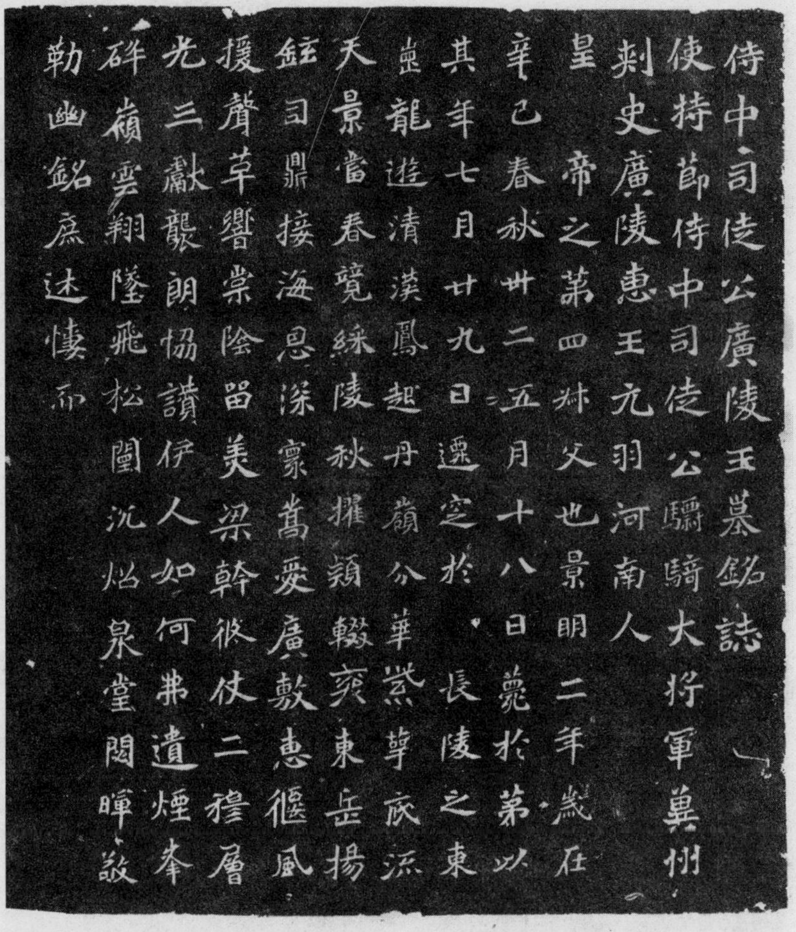
侍中司徒公廣陵王墓銘誌
使持節侍中司徒公驃騎大將軍冀州
刺史廣陵惠王元羽河南人
皇帝之第四叔父也景明二年歲在
辛巳春秋卅二五月十八日薨於第以
其年七月廿九日遷窆於長陵之東
𡶳龍遊清漢鳳起丹嶺分華紫蕚底流
天景當春競綵陵秋擢穎軼爽東岳揚
鉉司鼎接海恩深寰嵩愛廣敷惠徽風
援聲草響崇陰留美梁幹彼仗二穆層
光三獻襲朗協讚伊人如何弗遺煙奉
碎嶺雲翔墜飛松闈沉烋泉堂閟暉敬
勒幽銘庶述懷而

图 1-2-6　元羽墓志　长 55 厘米　宽 51.2 厘米

采自赵万里：《汉魏南北朝墓志集释》。北京：科学出版社，1956，107 页，图 178

晖、武庄王元融、文宣王元澄以及献武王元英[25]（表 1-2《北魏受赐“东园秘器”者已出土墓志辑略》），出土地均在洛阳邙山等北魏贵族葬区，符合“迁洛之人，悉可归骸邙岭”的记载。洛地出土的这些画像石葬具中，是否包含他们的秘器呢？据笔者的了解，洛地画像石葬具与墓志的盗出主要是近代的事，其目的是迎合日本及某些西方国家对中国古代艺术品的购求而从中谋利，因而笔者推测其损毁的可能甚微，目前海内外各博物馆中收藏的北魏画像石葬具中应有他们的“东园秘器”，开封市博物馆藏龙虎升仙画像棺即为其一。

故侍中太傅領司徒公錄尚書事北海王
姓元諱詳字季豫司州河南洛陽都鄉光
睦里人獻文皇帝之第七子孝文皇
帝之季弟仕歷散騎常侍已下至于太傅
十六除官正始元年歲在甲申春秋廿九
六月十三日戊子薨謚曰平王永平元年
十一月六日卜窆于長陵北山誌銘曰
慕乾席聖啓源軒皇燀胤万祀緬邈百王
鳳仁早睿韞玉懷芳德心孔淑道問丕颺
禮愛帝季冠秀宗良追英河獻配美平蒼
寵兼傳錄貴龍袞章端右台極民具攸望
位崇世短善慶乖長餘休弗沫遺詠有光

图 1-2-7　元详墓志　长 68.6 厘米　宽 48.5 厘米
采自《汉魏南北朝墓志集释》，108 页，图 181

该棺出土于洛阳邙山下海资村[26]（图 1-2-8），故属孝文帝长陵之域，而北海王元详墓志即于“民国九年洛阳城北十八里后海资北平冢内出土”，墓志言其葬于“长陵北山”。上世纪二三十年代，洛地曾大兴盗墓之风，而且多为单件盗出，造成大量画像棺与墓志分离或散佚，龙虎升仙棺即为这一情况。该棺头挡刻仙人驾朱雀，足挡为武士御玄武，右帮刻男子乘青龙，左帮为女子骑白虎，青龙与白虎前方各有导引羽人，后方有导护仙人，两帮下方均绘连绵山峦。与元谧石棺一样，该棺亦为减地平雕阴线刻，图像风格比较一致，规格等级与之相近，加之又为洛阳邙山长陵之域出土，其墓主应具同于或高于元谧的贵族身份。从该棺画像来看，图像刻画虽细致精美而不乏严谨法度，构图却无元谧石棺般繁复而稍显简略，图像要素亦欠丰富，元谧石棺上的畏兽、摩尼宝珠、孝子以及大量的山林景致在该棺尚未出现，两帮下部虽也描绘山林，但内容单薄，而且所占画面比例很少，刻画技巧也较元谧石棺生涩许多。笔者据以推测该棺的制作早于元谧石棺，应为迁洛初期的“东园”制品。考察目前所见北魏墓志的出土地、制作时间、墓主身份，元详墓志与之最为接近，笔者初步倾向于该棺墓主可能为元详，属永平元年的制品。

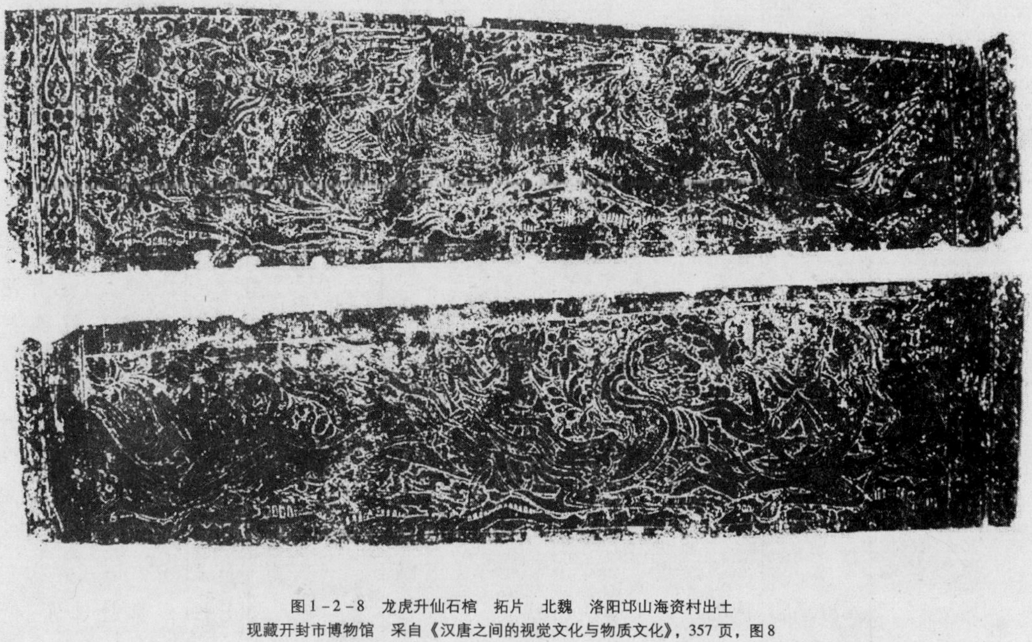

图1-2-8　龙虎升仙石棺　拓片　北魏　洛阳邙山海资村出土
现藏开封市博物馆　采自《汉唐之间的视觉文化与物质文化》，357页，图8

表 1－2　北魏受赐“东园秘器”者已出土墓志辑略

名称	时间	尺寸	行文	书体	出土时地
元羽墓志	景明二年七月二十九日（501）	长 55 厘米 宽 51.2 厘米	十三行 行十五字	正书	民国七年南陈庄西第一冢内出土。
穆亮墓志	景明三年六月二十九日（502）	高 65.4 厘米 宽 58.8 厘米	二十行 行二十二字	正书	民国十四年阴历九月二十二日洛阳城东北西山岭头西南出土，有冢。夫妇志石同时出土。
元勰墓志	永平元年十一月六日（508）	高 62.5 厘米 宽 59.5 厘米	十七行 行十七字	正书	民国八年洛阳城北张羊村西一里小冢内出土。
元详墓志	永平元年十一月六日（508）	长 68.6 厘米 宽 48.5 厘米	十二行 行十六字	正书	民国九年洛阳城北十八里后海资北平冢内出土。
元英墓志	永平四年二月六日（511）	高 72 厘米 宽 36.2 厘米	存十三行 行二十三字	正书	民国二十一年洛阳北安驾沟村出土。
元澄墓志	神龟三年（520）	残	残存字五行	正书	出土于柿园村西大冢内，民国二十一年六月初七玉堂赴柿园村，以二元市得二小石，元澄志也，惜已不完。

续表

名称	时间	尺寸	行文	书体	出土时地
元晖墓志	神龟三年三月十日（520）	高67厘米 宽67.8厘米	三十一行 行三十一字	正书	民国十五年阴历六月十九日洛阳城北四十里陈凹村西出土，有冢，并出陶器十余件。
元谧墓志	正光五年闰二月三日（524）	高86.5厘米 宽89厘米	二十行 行二十字	正书	民国十九年阴历又六月十六日洛阳城西东陡沟村东北李家凹村南出土，无冢，与妃冯氏合葬，妃志亦同时出土。
元融墓志	孝昌三年二月二十七日（527）	高83.5厘米 宽83.5厘米	三十五行 行二十六字	正书	与穆氏志同时出土，志云葬于邙山。

另有一件画像棺现藏洛阳古代艺术馆，该棺在画像布局及主体图像上与开封博物馆藏龙虎升仙棺相同，但在前挡和其他装饰图像上却显示出与元谧石棺相似的趋向，其上画像雕刻之精美，与元谧石棺相比毫不逊色，在龙虎升仙棺与元谧石棺间建立起一种历史联系。

该棺又称升仙石棺，于1977年4月在邙山上窑村出土[27]，与元谧石棺一样，亦为石灰岩质地，其上遍体画像（图1-2-9），左右帮描绘羽人引龙飞升的景象，按相同图像程序展开，龙前方均为引龙羽人，中为乘龙仙人，后为乘龙或凤的仙伎及导护仙人，前后及其他空白处填饰山林景致、畏兽、流云等，与开封博物馆藏龙虎升仙棺左右帮的图像程序及内容基本相同，尤其是引龙羽人的形象，几无二致，应源于同一画样或存在继承关系。但在具体图像要素上，升仙石棺出现了一些新的变化，如畏兽、摩尼宝珠等袄教与佛教内容的出现，龙后部导护仙人更加丰富多样，山林景致所占空间比例明显增加，这都是开封博物馆藏龙虎升仙棺所不具备的，而较接近于元谧石棺，尤其是两者在前挡图像上的一致性。与元谧石棺的前挡一样，该棺前挡中部亦绘一门（图 1－2－10），为朱绘，并有铺首衔环，后因雨水冲刷而剥落，门两侧阴刻按剑门吏，门吏长衣冠帻，头向画面中部微倾，门上方亦刻由莲托起的摩尼宝珠，左右刻朱雀，朱雀下踏莲花，除摩尼宝珠两侧的瑞兽形象不一致外，余皆大同小异。此外，两者在龙的形象刻画上也十分一致，若非出自同一画样，否则这一相似性很难实现。

图 1－2－9　升仙石棺左帮画像　拓片（局部）
采自《考古》，1980 年第 3 期，234 页，图 6

笔者认为，在创作时间上，该棺应晚于开封博物馆藏龙虎升仙棺而稍早于元谧石棺。据考古报告的描述，该棺发现时，墓已毁，且被盗多次，除剩一棺外，余无他物，由此推断该墓墓志于此前已被盗出，但墓主究竟为何人尚难确定。从升仙石棺的出土地来看，该墓位于景陵东约十里的地方，故属“景陵东阿”之地，为北魏皇室贵族葬区，而其上精美的画像及与元谧石棺在材质、画像内容及

图1-2-10 升仙石棺前挡 采自中国画像石全集编辑委员会：《中国画像石全集·石刻线画》（卷八），2000，41页，图55

风格等方面的基本一致性则表明该棺墓主所具有的高贵身份，应为“东园秘器”无疑。

该棺后挡刻有一幅孝孙原穀的画像，不同于其他石棺以武士御玄武或畏兽为后挡的做法，而且是击残的石棺床围屏的一部分，可能是当时由于某种特殊的情况而用现有画像石材补上的，这反映出两个历史信息，其一，在时人的观念中，孝子画像与武士御玄武、畏兽及其他图像存在内涵及功能上的“相关性”，并非如考古报告所言“与整个石棺画内容无关”；其二，升仙石棺的制作地——“东园”在石棺床围屏上已装饰有孝子画像，并达相当高的水平。

宁懋石室（图1-1-4）是另一件有明确主属的画像石葬具，据墓志记载（图1-2-11），宁懋生前为横野将军、甄官主簿[28]，横野将军在北魏属第九品上，而甄官主簿则专司砖瓦之事，官微职小，据石室门上“孝子宁万寿、孝子弟宁双寿造”的题铭（图1－2－12），知这座阴宅是宁懋的两个儿子出资为其建造的，因而可

图1－2－11　宁懋墓志　拓片　长41厘米　宽41厘米　北魏
采自Wu Hung，*Monumentality in Early Chinese Art and Architecture*，California：Stanford University Press，1995，p264

以肯定该石室不是皇帝赐予的“东园秘器”。但笔者认为，此物虽非诏赐，与“东园”也并非全无关系。从出土地来看，该石室“民国二十年二月二十日洛阳故城北半坡出土”[29]，葬地在当时属贵族王侯的专区，表明宁懋在去世前已具有贵族身份，笔者认为这与其同荥阳郑氏通婚有关，宁懋妻父家荥阳郑氏为当时的汉族高门，与卢、崔、王、李并为北魏五大家族，北魏在推行汉化政策时曾对之极力笼络，“魏主雅重门族，以范阳卢敏、清河崔宗伯、荥阳郑羲、太原王琮四姓，衣冠所推，咸纳其女，以充后宫。”[30]后来，广陵王元羽

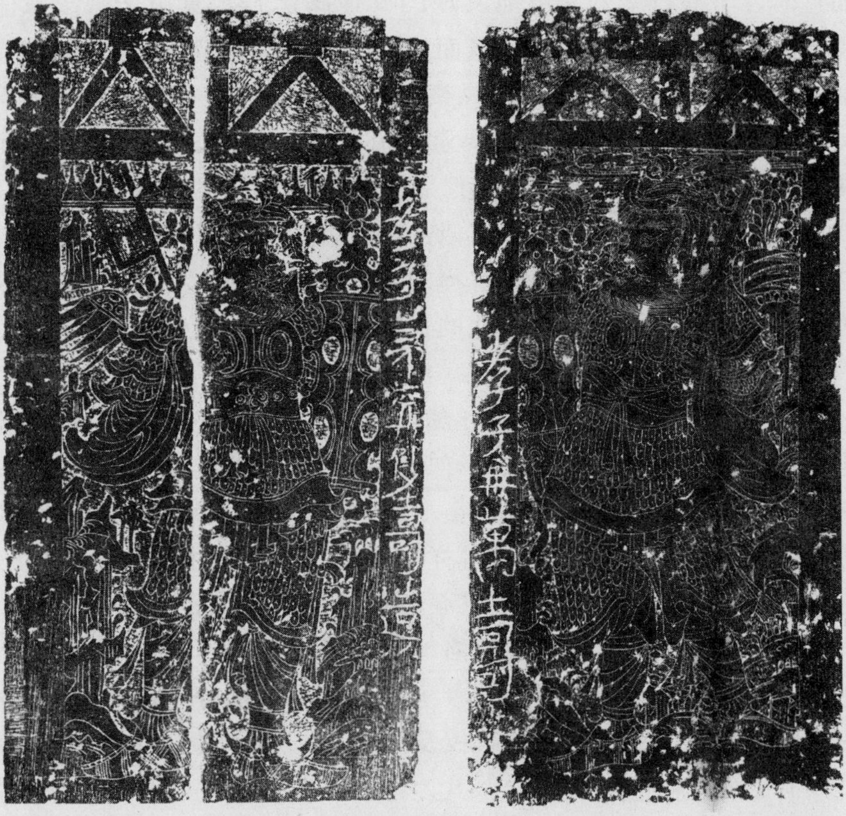

图 1－2－12 “孝子宁万寿、孝子弟宁双寿造” 宁懋石室门扉题铭
采自 *Bulletin of The Museum of Fine Arts*，1942，12，
Vol. xl，99，p3

纳荥阳郑平成女、北海王元详又纳荥阳郑懿女为妻，与拓跋氏的联姻，使荥阳郑氏在北魏的地位迅速跃升[31]。当时的“东园”除为皇家服务外，也为一些贵族豪门制作寿器，宁懋以与荥阳郑氏联姻之故而获贵族身份，其子为之在“东园”订制秘器及随葬器物亦在情理之中[32]。此外，石室上线刻画像的题材内容、整体风格及水平与元谧石棺、开封博物馆藏龙虎升仙棺等葬具上的线刻很相近，再者，据宁懋妻的墓志，郑氏父族荥阳郑氏曾为魏将作大匠，而宁懋则在太和十三年（489）转补山陵军将，山陵即为孝文帝之长陵，当时又职掌砖瓦之事，宁懋石室上的画像源出“东园”或受其影响大有可能。

除元谧石棺、开封博物馆藏龙虎升仙棺、洛阳古代艺术馆藏升仙石棺、宁懋石室外，洛地发现的其他画像石葬具由于缺乏墓志、具体出土地点等关键考古信息而难以深究，但这些画像石葬具在石材质地[33]、图像序列、刻画风格、画像题材如孝子、四神、畏兽、山林景致以及较细微的图像要素如流云等方面展现出与元谧石棺、龙虎升仙石棺、升仙石棺、宁懋石室相似或相近的气象，并存在着或多或少的图像联系，这种相似性虽有繁简和图像组合上的些微差异，但用偶然性显然是无法解释的。笔者认为，这些画像石葬具应为北魏迁洛之后各个不同时期的丧葬遗品，并在图像刻画上受到了“东园”的影响。

北魏迁洛之后，“东园”亦随迁洛地，在洛阳的几十年间，东园画工吸收晋代及南朝早期绘画样式创作出具有北魏文化特点的葬具用画样，其包含丰富的图像内容，其中既有汉晋传统中的升仙与龙、虎、朱雀、玄武、凤鸟、羽人等祥瑞题材、山水题材、儒家的孝子画像，也有佛教中的摩尼宝珠，甚至还有畏兽等祆教的内容。

从目前的考古发现来看，洛地出土画像石葬具中刻画孝子的并不多，在众多的画像题材中，孝子仅为其中一部分。从宁懋石室亦刻画孝子的情况来看，北魏政权及“东园”对葬具上刻画孝子画像并没有十分严格的等级限定，其差别应主要体现在雕刻水平以及是否贴饰金箔上。元谧身为宗室，又纳灵太后侄女胡氏为妃，官居都官尚书等职，而宁懋虽因娶荥阳郑氏女而入贵族之列，但终其一生仅至横野将军这一九品官位，史书亦无其传记，两人身份的悬殊差异在葬具的图像刻画上有明显体现，两件葬具虽然都采用了孝子题材，但元谧石棺在技法上采用的是减地平雕阴线刻，并贴有金箔，而宁懋石室仅采用了阴线刻，图像内容亦不如元谧石棺丰富，尤其是石门上的题铭，更显粗率。

在这些刻画孝子的石葬具中，堪与元谧石棺媲美者惟有孝子棺。该棺刻画至为精美，法度严谨，笔迹工丽，技巧高超，应为北魏宫廷画师或东园中的良匠名手绘制并雕刻而成。其上孝子的刻画与六朝《孝子传》以及其他古文献的记载十分吻合，画像完全按照六朝《孝子传》中孝子的先后顺序展开，舜与董永居前，郭巨、原榖、蔡顺、王巨尉（琳）居后（附录五《六朝〈孝子传〉辑佚》），画像内容与情节刻画也严格按照《孝子传》的记载，榜题虽简，画面描绘却详尽得一丝不苟，如舜、郭巨、尉等，有的还在一幅画面中表现多个情节，尽可能涵盖《孝子传》的记载。该棺等级之高不在元谧石棺之下，两者虽然都表现了孝子，但在画像的图像安排及展开程序上却大相径庭，各自代表了两种不同的孝子画像的图形格式。元谧石棺与卢芹斋石围屏在图像布局上基本一致，均为上中下三部分，上部为流云、朱雀等瑞禽，中部于山林间描绘孝子，下部为连绵的山峦。卢氏石围屏亦为减地平雕阴线刻，技艺高超，图像繁复，但画像要素不如元谧石棺丰富，元谧石棺上的飞龙、畏兽、持节仙人、莲花生等在该围屏上没有出现，涉及的孝子故事亦较元谧石棺为少，但在内容表现上却更为细腻，没有元谧石棺的程式化倾向。孝子棺代表了另一种孝子画像形式，即在葬具上满刻山林与孝子画像，类似于元谧石棺的中部，较少见到青龙、朱雀、导护仙人、持节仙人、莲花生、畏兽等，宁懋石室、升仙石棺后挡、洛阳古代艺术馆藏北魏石棺床、日本和泉久保物纪念美术馆藏石棺床、日本天理参考馆藏石棺床、上海博物馆藏石棺床均为此种类型。

仅就“东园”中的孝子画像而言，其应源于晋代传统及南朝早期绘画风格。卒于北魏景明二年（501）的蒋少游生前曾任将作大匠，史载其“敏慧机巧，工书画，善画人物及雕刻”[34]，而且曾于太和十五年（491）以副使身份出使过南齐[35]，据《历代名画记》的记载，南齐时有两位画家范怀珍与戴蜀曾画过《孝子图》，此前由晋入宋的画家谢稚也创作过《孝子图》[36]，而且当时的市井坊间亦有孝子图流传，因此，蒋少游在出使南齐之际携回《孝子图》，并以之为稿本创作葬具用图样，亦不失其可能。除蒋少游外，当时还有郭善明、侯文和、柳俭、闵文和、郭道兴等也“并以巧思称”，洛地目前所见画像石葬具上的孝子及其他画像应为以上述诸位为代表的画家与工匠所共同创作和发展而成。

宋文帝第九子刘昶于和平六年（465）逃至平城，后迁洛阳[37]。景明元年（500），南齐豫州刺史裴叔业以寿阳降魏，部属亦随之迁洛[38]。景明二年（501），齐主萧宝卷之弟宝夤逃至洛阳[39]，洛阳城南的“归正里”是南方上层移民集中的住宅区，俗称“吴人坊”，北魏后期，“洛下南人不出一万”[40]，这些迁居洛阳的南朝上层贵族应为洛阳孝子图样的另一个可能来源。

（四）其他地区出土孝子画像与“东园”之关系

除洛地的画像石葬具外，大同司马金龙漆围屏、固原漆棺上也刻画有孝子。

司马金龙系晋宣帝司马懿弟司马馗的九世孙，为东晋宗室后裔，其父司马楚之兵反刘裕败后奔魏，成为拓跋王朝中具有特殊身份的“客”[41]，备受礼待，尚河内公主，封琅玡王，拜侍中、云中镇大将等，卒后陪葬金陵，甚获殊遇。司马金龙为司马楚之与河内公主所生，袭爵后仍为侍中、镇西大将军及云中镇大将，父子前后相袭约五十多年，这在当时的拓跋王室中也是很少见的，司马一门甚得拓跋氏之信遇由此可见一斑。

司马金龙于太和八年（484）卒后（图 1－2－13），“赠大将军、司空公、冀州刺史，谥康王。赠绢一千匹。”[42]未受赐“温明”或“东园秘器”，因而该墓出土之石棺床、漆围屏、武士俑、女乐俑、陶马、陶牛、陶骆驼等不是诏赐之物。但从该墓墓砖横端有“琅玡王司马金龙墓寿砖”[43]的阳文铭记来看（图 1－2－14），包括五万余块墓砖在内的墓中葬品应是由专事制造葬具的机构为其特制的，而司马金龙的墓葬等级、葬品数量与制作水平表明这一机构具有较高规格，是一处专为皇家或贵族服务的地方，考察现存北魏史料，笔者判断应为“东园”。

据考古报告的描述，出土木板漆画每块长约 80 厘米，宽约 20 厘米[44]，并发现有四个石雕柱础，其中一个位于石棺床上，其他三个散落地上，此外，棺床上还发现有木栏等构件，综合上述考古信息，墓中刻画孝子列女的木板漆画应是“东园”为司马金龙制作的石棺床上的围屏，之所以发现时“放置在后室东部棺床的前面”，笔者推测可能是该墓早期被盗所致。漆围屏板面遍髹红漆，题记与榜题处涂黄色，上面墨书黑字，这与固原所出漆棺在装饰手法上如出一辙，与洛地出土之石棺、石围屏、石室上刻画孝子并加榜题这一做法也比较接近，但图像的排布形式与洛地石棺床围屏存在较大差异，应为石棺床围屏早期发展的图像形式。

司马金龙是司马楚之奔北后与河内公主所生，其墓中浓厚的北

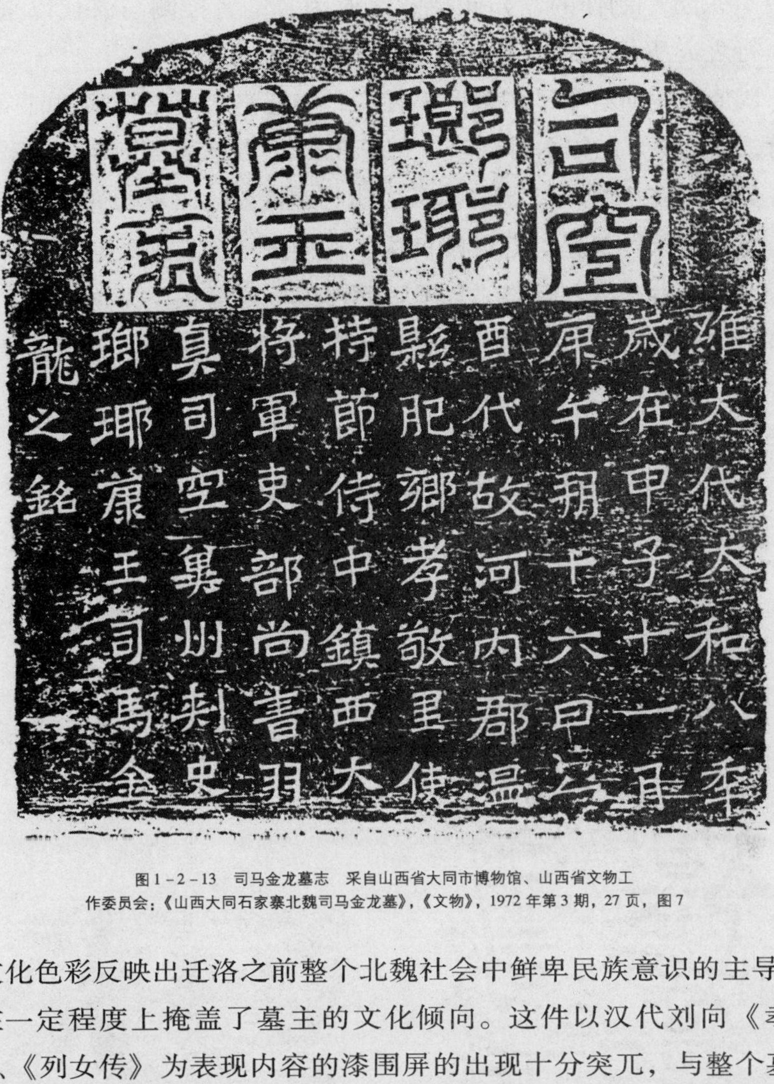

图 1－2－13　司马金龙墓志　采自山西省大同市博物馆、山西省文物工作委员会：《山西大同石家寨北魏司马金龙墓》，《文物》，1972 年第 3 期，27 页，图 7

族文化色彩反映出迁洛之前整个北魏社会中鲜卑民族意识的主导性，也在一定程度上掩盖了墓主的文化倾向。这件以汉代刘向《孝子传》、《列女传》为表现内容的漆围屏的出现十分突兀，与整个墓葬环境中的北族文化色彩显得并不协调，而且，这种纯然汉文化风格的漆围屏在目前发现的北魏平城时期的拓跋贵族墓葬中也是很少见的，它的出现应与司马金龙对汉地儒家文化的了解有关。司马金龙虽生长于代北，但其父司马楚之降魏之前为东晋宗室，作为皇室后裔，自小接受儒家文化教育，《孝经》自西汉起即为儿童蒙学读本，东汉时更越过《论语》成为蒙训之首，魏晋时“以孝治天下”，孝道备受尊崇，司马金龙在其父影响下了解甚至学习《孝经》深具可能，而其后代亦可能受到影响。该围屏可能是在墓主或丧家的授意下由“东园”制作的，如此授意之原因，笔者推测与汉代以来孝子等至行之人所代表的丧葬思想观念的变化有关。

固原漆棺所绘孝子均着鲜卑装束，与迁洛之后着新服的时风大相违背，“太和十九年六月已亥，诏不得以北俗之语言于朝廷，若有违者，免所居官。”[45]可见当时拓跋王朝对违背汉化改革的惩处是很严厉的，而“东园”又是宫廷下设机构，直接秉承和反映上意，故该漆棺极少可能是由迁洛之后的“东园”制作或与之有关。另据夏鼐和孙机的研究，该墓出土的一枚波斯银币为萨珊波斯卑路斯 B 式[46]，年代在太安三年至太和七年（457—483），因此该漆棺年代上限应不早于太安三年（457），下限则不晚于太和十八年（494）[47]。

太延二年（436），北魏在固原置高平镇，是当时著名的军镇之一。该墓在形制及陪葬器物上之规格及数量远较司马金龙墓为低，其

图 1－2－14　司马金龙墓砖铭记
采自山西省大同市博物馆、山西省文物工作委员会：《山西大同石家寨北魏司马金龙墓》，《文物》，1972 年第 3 期，21 页，图 3

图 1－2－15　固原漆棺盖板漆画
采自宁夏固原博物馆：《固原北魏墓漆棺画》。银川：宁夏人民出版社，1988 年，漆棺画线描图之漆棺棺盖

墓主身份应不高于司马金龙，可能为高平镇的首领或当地的鲜卑贵族。固原漆棺大面积贴饰金箔并用泥金描绘、遍体施彩的作风与文献中对“东园画棺”、“东园朱寿之器”、“东园画梓寿器”的记载十分接近[48]，其于菱形忍冬纹中描绘龙兽的形式（图1－2－15）又与西汉温明上的图像相近（图1－2－16），在制作及图像描绘上明显受到汉族文化的影响。虽然北魏在建国初年已有“东园秘器”和“温明”的诏赐，至太和十八年（494）前已外赐约十一件（附录四），但由于目前北魏早期高级贵族墓葬发现较少，文明太后方山永固陵漆棺仅剩漆皮，司马金龙石棺床上虽有柏木棺遗迹，但已朽毁，尚无确凿证据表明该棺为“东园秘器”[49]。不过该漆棺可能代表了平城中晚期代北造棺的一般画像样式，并被迁洛后的“东园”部分继承，如该棺上多种文化因素的组合方式在洛地发现的石葬具上颇为普遍，而其上开框描绘墓主夫妇像的做法在元谧石棺上亦有体现。

图1－2－16　江苏邗江西汉温明顶面纹饰
采自《文物》，1988年第2期，35页，图27

（五）小结

鉴于上述分析，笔者认为，“东园”在北魏迁洛之后吸收晋代传统及南朝早期绘画风格，同时融汇吸纳部分佛教与祆教内容，在平城“东园”传统的基础上发展出具有北魏多样文化特点的葬具图像，该图像汇聚多种文化因素，其中既有汉晋传统中的升仙题材如羽人引龙、导护仙人、四神纹等，也有儒家的孝子，佛教的摩尼宝珠、莲花生，祆教的畏兽等。其中的孝子与其他东园画样并不因墓主身份的高低而有彼此间的高下等级或者专属于某一特殊的阶层，在众多的画像题材中，孝子仅为其中的一部分，它或者相对独立，或者与其他画像组合，形成了两种不同的图像组合形式，一种为上中下三段式布局，上部为流云、青龙、朱雀、畏兽及仙人等，中部于山林间描绘孝子，下部为连绵的远山，元谧石棺与卢芹斋旧藏石围屏为其代表；另一种是在葬具上满刻山林与孝子，类似于元谧石棺的中部，较少见到青龙、朱雀、导护仙人、持节仙人、莲花生、畏兽等其他图像，可以认为是一种专门表现孝子的图像，孝子棺、宁懋石室、升仙石棺后挡、洛阳古代艺术馆藏北魏石棺床、日本和泉久保物纪念美术馆藏石棺床、日本天理参考馆藏石棺床均为此种类型。

注释

〔1〕（汉）班固：《汉书》，北京：中华书局，1962 年，卷十九上，百官公卿表第七上，731 ~ 733 页。

〔2〕〔48〕（宋）范晔：《后汉书》，（唐）李贤等注，北京：中华书局，1965 年，志第六，礼仪下，3141 ~3142 页。

〔3〕东汉时诏赐东园秘器的称谓并不固定，有时称“东园梓棺”，如《后汉书》卷二十六“（蔡茂）二十三年薨于位，时年七十二。赐东园梓棺”（908 页）；有时称“东园画梓寿器”，如《后汉书》卷十下“在位三年，元嘉二年崩。以帝弟平原王石为丧主，敛以东园画梓寿器”（442 页）；有时称“东园画棺”，如《后汉书》卷三十四“诣京师改殡，赐东园画棺”（1174 页）；有时又称“东园朱寿之器”，如《后汉书》卷三十四“及薨，帝亲临丧，诸子欲从其诲，朝廷不听，赐以东园朱寿之器”；又有称“东园梓器”，如《后汉书》卷四十四“年八十二，熹平元年薨。使五官中郎将持节奉策赠太傅、安乐乡侯印绶，给东园梓器”（1511 页）；有时则比较简略，只称秘器，如《后汉书》卷二十六“十三年夏，征，敕尚书择拜吏日，未及就位，因宴见中暑，病卒。赐秘器”（897 页）；或称“棺殓”，如《后汉书》卷二十六“五年，张步平，车驾幸北海，诏隆中弟咸收隆丧，赐给棺殓”（900 页）。可见两汉时期，“东园秘器”尚未形成一个固定的名称，然而北魏时期，“东园秘器”这一名称则固定了下来，成为一个专有名称。

〔4〕《汉书》，卷九十三，佞幸传第六十三，3734 页。

〔5〕《后汉书》，卷二十六，伏侯宋蔡冯赵牟韦列传第十六，911页。

〔6〕（唐）房玄龄等：《晋书》，北京：中华书局，1974年，卷三十三，列传第三，989页。

〔7〕《晋书·职官》，卷二十四，736页。

〔8〕（北齐）魏收：《魏书》，北京：中华书局，1974年，卷二十四，列传第十二，燕凤，610页。

〔9〕〔10〕《魏书》，卷二十四，列传第十二，崔玄伯，621页。

〔11〕《魏书》，卷二，太祖纪第二，27页。北魏立国初年，由于战争及其他政治因素的影响，拓跋氏所据代北等北方地区的人口迁移活动十分频繁，规模也很大。皇始三年（398）正月“徙山东六州民吏及徒何、高丽、杂夷、三十六万，百工伎巧十万余口，以充京师”。天兴元年（399）十二月，“徙六州二十二郡守宰、豪杰、吏民二千家于代都。”泰常二年（417），刘裕灭后秦后，寇赞率千余家秦雍人投奔北魏。后在晋军东撤，夏军攻入长安之际，又有数万户秦雍人迁入魏境的河南、荥阳、河内一带；泰常三年（418）起，北燕所属人口在魏军的不断袭击下也大量降附。此外，北魏还经常掳掠南朝、高车、柔然等地的人口，太平真君十一年（450），迁宋淮北降民七千余户于“兖豫之南”。关于北魏早期人口的流动状况可参阅葛剑雄、吴松弟、曹树基：《中国移民史》（第二卷），福州：福建人民出版社，1997年，第十三章第二节《北魏前期的移民》，533～580页。亦可参见李兴盛：《中国流人史》，哈尔滨：黑龙江人民出版社，1996年，125～154页。

〔12〕《魏书》，卷三十四，列传第二十二，799～800页。

〔13〕《魏书》，卷三十一，列传第十九，于栗磾，736页。

〔14〕杨泓、孙机：《寻常的精致》，沈阳：辽宁教育出版社，1996年，“温明”和“秘器”，223～229页；孙机：《“温明”不是“秘器”》，载《文物》，1988年第3期，94～95页；高伟、高海燕：《汉代漆面罩探源》，载《东南文化》，1997年第4期，37～41页。

〔15〕《汉书》，卷六十八，霍光金日磾传地三十八，2949页。

〔16〕扬州博物馆：《扬州平山养殖场汉墓清理简报》，载《文物》，1987年第1期，26～36页；扬州博物馆：《江苏邗江姚庄101号西汉墓》，载《文物》，1988年第2期，19～43页。

〔17〕《汉书》，卷六十八，霍光金日磾传地三十八，2948页。

〔18〕《魏书》，卷二十一上，献文六王列传第九上，广陵王，551页。

〔19〕《魏书》，卷九十三，列传第八十一，恩倖，1988～1989页。

〔20〕《魏书》，卷二十二，孝文五王列传第十，京兆王，588页。

〔21〕《魏书》，卷二十一上，献文六王列传第九上，赵郡王，544页。

〔22〕郭玉堂：《洛阳出土石刻时地记》，大华书报社，1939年，37～38页。

〔23〕《魏书》，卷二十七，列传第十五，穆崇，664页。以金饰棺在此之前已有一定的历史，于北魏至迟可溯至泰常八年（423），穆崇子穆观于该年暴薨后，太宗亲临哀恸，“赐以通身隐起金饰棺”，元谧石棺的制作距其已有一百年的历史。

〔24〕汪悦进与贺西林先生均对元谧石棺作过研究，详见 Eugene Y. Wang，Coffins and Confucianism—The Northern Wei Sarcophagus in the Minneapolis Institue of Arts，*Orientation*，Vol. 30，No. 6，1997，P56～64；贺西林：《北朝画像石葬具的发现与研究》，载巫鸿《汉唐之间的视觉文化与物质文化》，北京：文物出版社，2003 年，354～361 页。

〔25〕除元谧、元羽、元详外，余 6 位的墓志均见于赵万里《汉魏南北朝墓志集释》，北京：科学出版社，1956 年，元晖墓志在 36 页，图版五五；元澄墓志在 77 页，图版一二四；元英墓志在 81 页，图版一三三；元勰墓志在 110 页，图版一八五；穆亮墓志在 121 页，图版二〇一；元融墓志在 382 页，图版五七五。

〔26〕王子云：《中国古代石刻画选集》，北京：中国古典艺术出版社，1957 年。

〔27〕洛阳博物馆：《洛阳北魏画像石棺》，《考古》，1980 年第 3 期，229～241 页。

〔28〕郭建邦：《北魏宁懋石室和墓志》，载《文物参考资料》，1980 年第 2 期，33～40 页。

〔29〕《洛阳出土石刻时地记》，35 页。

〔30〕（宋）司马光：《资治通鉴》，北京：中华书局，1956 年，卷 140，齐纪六，4393 页。

〔31〕徐伯勇：《荥阳郑氏家族散论》，《中原文物》，1994 年第 2 期，106～110 页。

〔32〕据史料记载，当时的洛阳，除"东园"外，在大市北还有一个专事制造并出售棺器的地方叫奉终里（又有书称奉洛里），《洛阳伽蓝记》卷三："洛阳大市北奉终里，里内之人多卖送死人之具及诸棺椁，涵谓曰：'作柏木棺，勿以桑木为欀。'人问其故，涵曰：'吾在地下，见人发鬼兵，有一鬼诉称是柏棺，应免。'主兵吏曰：'"尔虽柏棺，桑木为欀。"遂不免。京师闻此，柏木踊贵。人疑卖棺者货涵，发此等之言也。'"（范祥雍：《洛阳伽蓝记》，上海：上海古籍出版社，1958 年，175 页。）笔者认为，奉终里是主要为普通庶民服务的地方，且以柏木棺为主，而且，北魏当时有"东园"专门负责皇室及贵族等上层人士的丧葬器物的制作，宁懋生前由于同荥阳郑氏联姻，已获贵族身份，进入贵族行列，所以宁懋之子去奉终里订制石室的可能性不是很大，从目前所存资料的分析来看，与"东园"的关系更为密切一些。

〔33〕石头由于其质地坚硬，不易损坏并可长久保存的特质而自汉代以来就与永恒的观念联系在了一起（Wu Hung，The Prince of Jade Revisited：The Material Symbolism of Jade as Observed in Mancheng Tombs，Rosemary E. Scott ed，*Chinese Jade*：*Colloquies on Art & Archaeology in Asia*，No. 18，pp. 147～168），并被用于墓葬之中。用石做棺起于何时已难确考，据《史记·秦本纪》的记载，西周武王时似已出现，"周武王之伐纣，并杀恶来。是时蜚廉为纣石北方，还无所报，为坛霍太山而报，得石棺，铭曰'帝令处父不与殷乱，赐尔石棺以华氏'。"〔（西汉）司马迁：《史记》，北京：中华书局，1982 年，卷五，秦本纪第五，174 页〕目前考古发现的画像石棺年代最早是在西汉中晚期，1988 年山东济宁师专汉墓曾出土数具西汉昭、宣至新莽时期的画像石棺（《汉唐之间的视觉文化与物质文化》，343 页）。北魏时期，除了使用画像石棺外，还使用画像石棺床，"目前发现有明确纪年的实物中最早的是北魏太和元年（477）的画像石棺床"（《汉唐之间的视觉文化与物质文化》，343 页）而于文献，《晋书》记王祥疾笃，著遗令训子孙"置书箱镜奁

之具，棺前但可施床榻而已”。（《晋书》，卷三十三，列传第三，王祥，989 页）应为其雏形。北魏的“东园官署”制作秘器是否专用石材，由于史料缺乏，尚不能罔下断论，但从元谧石棺仿木棺的情况来看，迁洛之后，“东园秘器”或者说北魏皇帝诏赐的“东园秘器”应该主要是用石料制作的，究其原因，其一显然与石头所具有的永恒意蕴有关；其二则是用之与当时普通庶人所用柏木寿器以示区别，彰显高贵；其三元谧石棺既为石材，其他诸王所用秘器在材质上应与之相同，以木为材显然降低身份等级，与史料记载不符；再者，也是更有说服力的一点，如果可以用木料来制作的话，似乎也就没有必要大费周章来雕凿石料以仿木棺了。

〔34〕（日）冈村繁：《历代名画记译注》，俞慰刚译，上海：上海古籍出版社，2002 年，382 页。

〔35〕《汉唐之间的视觉文化与物质文化》，361 页。

〔36〕《历代名画记译注》，349 ~ 350 页。

〔37〕《魏书》，卷五九，列传第四十七，刘昶，1307 页。

〔38〕《魏书》，卷七十一，列传第五十九，裴叔业，1567 页。

〔39〕《魏书》，卷五九，列传第四十七，萧宝夤，1313 页。

〔40〕（唐）姚思廉：《梁书》，北京：中华书局，1973 年，卷三二，列传第二十六，陈庆之，463 页。

〔41〕康乐：《北魏的司马金龙墓》，《历史月刊》，中华民国七十八年（1989），第 13 期，119 ~ 123 页。

〔42〕《魏书》，卷三十七，列传第二十五，司马楚之，857 页。

〔43〕〔44〕山西省大同市博物馆、山西省文物工作委员会：《山西大同石家寨北魏司马金龙墓》，《文物》，1972 年第 3 期，21 页、25 页。

〔45〕《魏书》，卷七下，高祖纪第七下，177 页。

〔46〕孙机：《固原北魏漆棺画研究》，《文物》，1989 年第 9 期，41 页。

〔47〕宁夏固原博物馆编《固原北魏墓漆棺画》（银川：宁夏人民出版社，1988 年），以太和十年开始的新服制改革为依据，认为该棺确切年代在太和十年（486）左右，参见该书第 15 页。

〔48〕北魏平城时期的墓葬目前已发现多座，其中不乏高级墓葬如文明太后方山永固陵、司马金龙墓以及大同湖东北魏一号墓、大同智家堡北魏墓、宋绍祖墓等贵族墓葬，其中，永固陵与司马金龙墓中之秘器可以肯定是出自“东园”的，但两者均已朽毁为残屑，湖东北魏一号墓与智家堡北魏墓虽有木制漆棺保存，但由于无法确知墓主身份等级，以此推论平城“东园样式”似显勉强，宋绍祖墓虽知其墓主为幽州刺史，但史书无传，官位并不甚高，且其中并无秘器可寻。从目前有限的资料来看，平城时期的“东园秘器”是否形成样式性的规制尚无法完全确认，但可约略推知几点基本的制作特点，其一是秘器前高宽后低窄的形式，这是平城时期葬具的一般做法，“东园”应不为例外；其二是表面髹漆“表里洞赤”的画棺做法；其三是以鲜卑文化为主导，融合汉及其他多民族文化的图像装饰手法。

第二篇

从“昭孝事祖”到“孝悌之至，通于神明”：《孝经》与先秦至北魏孝道思想的承传与迁衍

一　先秦至魏晋时期的孝道思想与孝子画像的刻画

（一）先秦至魏晋时期的孝道思想

据《三代吉金文存》与《两周金文辞大系考释》对商周青铜器铭文的收录[1]，孝的思想在西周已开始流行，并且成为西周礼制的基本纲领[2]，该时期的孝行对象十分宽泛，不仅有神祖考妣，还包括婚媾、兄弟、诸老、朋友、大宗、族人等。据查昌国的研究，孝在西周属于政治权力范畴，是君主与宗子的特权，为君德、宗德，而非后代的子德，孝子在当时是表示政治地位的称谓，西周“孝”的基本内容是尊祖，即通过享孝祖考的活动，强化同出一祖的集体心理认同意识，并由孝祖进而推及敬宗，从而弱化甚至收夺父权[3]。

进入春秋时代，西周的宗法制度随着生产力的发展以及社会变革的不断发生开始日益瓦解，其内部以血缘为纽带而形成的约束力日趋式微，小家庭由此获得解放，父权随之得以确立。随着父权的上升，以奉养在世父母为内涵的孝道观念开始萌生，“今之孝者，是为能养”“以己之所有尽事其亲”（《盐铁论·孝养》），孝行对象的范围日渐缩小。战国时期，以奉养在世父母为内涵的孝道观念已具备了一定的社会普遍性[4]，在战国时代的文献中多有这方面的记载，《礼记·内则》：“孝子之养老也，乐其心，不违其志，乐其耳目，安其寝处，以其饮食中心养之。”《管子·形势解》：“正谏死节，臣下之则也；尽力共养，子妇之则也。”《孟子·离娄下》还归结了当时社会的五不孝，谓“世俗所谓不孝五：惰其四支，不顾父母之养，一不孝也；博弈好饮酒，不顾父母之养，二不孝也；好货财、私妻子，不顾父母之养，三不孝也；纵耳目之欲，以为父母戳，四不孝也；好勇斗狠，以危父母，五不孝也。”皆以对在世父母的孝养为主旨。《周礼·地官·大司徒》中记载有“乡八刑”，第一项便为“不孝之刑”，可见当时社会十分笃重对在世父母的孝养。

由于秦代遵从法家的思想理念，实行酷政，孝道思想在这一时期处于相对低落的状态。刘邦建汉以后，又恢复了先秦崇孝的传统，其于夏五月丙午发布诏令曰：“人之至亲，莫亲于父子，故父有天下传归于子，子有天下尊归于父，此人道之极也。”[5]开汉代崇孝之先河。其子刘盈亦于春正月“举民孝弟力田者复其身”[6]，高后时“初置孝弟力田二千石者一人”[7]，文帝亦三次发布养老令，诏赐孝悌力田金钱与帛[8]，孝的观念日益成为汉代家庭生活的基本道德规范。元光元年（前134）冬十一月，汉武帝纳董仲舒之言，“始令郡国举孝廉。制郡口二十万以上，岁察一人；四十万以上，二人；六十万，三人；八十万，四人；百万，五人；百二十万，六人；不满二十万，二岁一人；不满十万，三岁一人。”[9]察举孝廉自此成为两汉以至魏晋选拔官吏的重要途径，同时，也成为促进社会敦笃孝道的重要手段，《文献通考》卷三十四，“选举七”：“汉世诸科虽以贤良方正为至重，而得人之盛则莫如孝廉，斯亦后世之所不能及。”[10]行孝成为时人谋取功名与加官进爵的捷径，蔚为一时风尚，据马端临在《文献通考》中的统计，汉代仅靠举孝廉入仕者就有114人之多。

汉代社会如此重视孝道，并从孝子中选举官吏的做法与“事亲孝故忠可移于君，是以求忠臣必于孝子之门”[11]的思想有紧密联系，贾谊在《大政》中对此解释的比较明晰：

> 事君之道不过于事父，故不肖者之事父也，不可以事君。[12]

“家之孝子，国之忠臣”的观念是汉代孝道思想的核心与基本内涵，“忠臣之事君，犹孝子之事父也”[13]在汉代人的眼中，孝于父则忠于君，孝子即为忠臣，“不孝，则事君不忠”[14]“事君不忠，不孝之大者也。”（《盐铁论·孝养》）“且夫孝，始于事亲，中于事君，终于立身。”[15]正如汉代臣子张敞所言：“忠孝之道，退家则尽心于亲，进宦则竭力于君。”[16]

魏晋时期，战乱纷仍，朝代更迭频繁，往往突不及黔便江山易主，此外，兴起于东汉末年的世家大族于这时迅速崛起，他们拥兵自重，割据一方，成为可左右国家政局的重要社会力量。《孟子·离娄上》："为政不难，不得罪于巨室。巨室之所慕，一国慕之；一国之所慕，天下慕之；故沛然德教溢于四海。"魏晋诸朝正是处于这样的历史境地，皇室往往通过优待世家大族并给予特权来换取他们对国家政权的把持，汉末曹操与陈群、许褚、李典，刘备与糜竺、霍峻，孙权与鲁肃、吴中四姓，司马昭与蜀地大族，晋与江南大族等皆为此等之关系，他们相互依附，共秉朝政。

在这样的历史情况下，于两汉大一统社会中盛行的忠孝观念至此发生分离，"孝"脱离"忠"而被提高到前所未有的高度，鲁迅在《而已集·魏晋风度及文章与药及酒之关系》中提到："魏晋是以孝治天下的"[17]，但鲁迅同时也尖锐地指出：

> 魏晋时代，崇奉礼教的看来似乎很不错，而实在是毁坏礼教，不信礼教的。表面上毁坏礼教者，实则是承认礼教，太相信礼教。因为魏晋时所谓崇奉礼教，是用以自利，那崇奉不过偶然崇奉，如曹操杀孔融，司马懿杀嵇康，都是因为他们和不孝有关，但实在曹操司马懿何尝是著名孝子，不过将这个名义，加罪于反对自己的人罢了。[18]

据史料记载，当时确实存在这种"举秀才，不知书，察孝廉，父别居，寒素清白浊如泥，高策良将怯如鸡"[19]的情况。这种名实背离的情况自东汉年间已露端倪，魏晋时期，由于社会政治环境的变化，士族强权的膨胀，以孝入仕之途已远不及西汉，但由于当时统治者的提倡以及世家大族对礼法的标榜，孝道仍得以继续流行，并随着与谶纬及玄学的结合，日渐脱离实际，演化出大量具有神秘色彩的孝感故事并盛行一时，对随后的南北朝以及宋元明清的孝道观念与丧葬思想产生了深远的影响。

随着孝道思想的萌生、发展、渐盛，以表现"孝"为主题的绘画即孝子画像随之出现，先秦孝子画像的刻画目前仅能从文献中寻得些许踪迹，汉至魏晋时期的孝子画像除见于文献记载外，考古也有丰富发现。

（二）两汉魏晋时期的孝子画像

“孝”是中国儒家思想的核心之一，《孝经》谓之“夫孝，天之经也，地之义也，人之行也”[20]，在我国漫长的封建社会中，成为“万事之纲纪”[21]，受到历代封建统治者的重视与弘扬，是维系其封建统治的精神纽带与思想基础。汉至魏晋期间，《孝经》成为时人必修的蒙学读本，“孝”的影响广泛渗透到社会生活的各个层面。在山东、河南、四川、浙江、内蒙古、安徽、北京及朝鲜乐浪（东汉为我国所属）已发现汉魏孝子画像百余幅，当时流行的孝子故事以画像的形式出现在殿阁、祠堂、石阙、画像砖、箧、漆盘以及墓室中，就目前的考古发现来看，其技法娴熟、风格多样、刻画精美。（附录三《汉至魏晋南朝孝子画像的考古发现》）

山东是目前汉代孝子画像遗存最为丰富的地区，在嘉祥的武氏祠、宋山、肥城、南武山、孝堂山小石室、泰安大汶口汉墓均有发现。其中以武氏祠中的孝子画像数量最多，保存也比较好，大汶口汉墓次之，余则数量很少，仅有一二幅，且无榜题。

武氏祠位于嘉祥县武宅山村西北，在北魏郦道元的《水经注》、南宋赵明诚的《金石录》以及洪适的《隶释》、《隶续》中均有记载。武氏祠共刻画孝义故事 23 个，其中 22 个有榜题，1 个无榜题[22]。武梁祠的东墙、西墙和后墙上共刻 17 个孝子（图 2－1－1），依据榜题，东墙有三州孝人、义浆羊公、魏汤、颜乌、赵□盾、原穀；西墙从右至左依次为曾子、闵子骞（图 2－1－2）、老莱子、丁兰；后墙有韩柏榆、刑渠、董永（图 2－1－3）、蒋章训、朱明、李善以及金日磾。[23]武氏祠前石室第七石刻鲁义姑姊、闵子骞、老莱子、伯游、刑渠，第十三石刻丁兰、刑渠，左石室第八石刻丁兰、刑渠。

图2-1-1　武梁祠西壁上的孝子画像　山东嘉祥武梁祠西墙
采自蒋英炬:《中国画像石全集·山东汉画像石》(第一卷)。
济南：山东美术出版社，2000年，29页，图49

图2-1-2　闵子骞画像　山东嘉祥武梁祠西墙
采自朱锡禄:《武氏祠汉画像石中的故事》。济南：山东
美术出版社，1996年，25页

图2－1－3　董永画像　山东嘉祥武梁祠后墙
采自朱锡禄：《武氏祠汉画像石中的故事》。济南：山东美术出版社，1996年，38页

大汶口汉画像石墓位于泰安大汶口汶河北岸，孝子画像位于该墓西前室通耳室的门楣上，依据榜题，画像从左至右分三段依次描绘了赵荀、丁兰、沙公前妇子孝敬后母的故事（图2－1－4）。[24]

肥城汉画像石墓位于肥城县西南安驾庄区栾镇村东头水坑北岸，建于东汉章帝建初8年（83）。该墓在1956年7月被发现时，已遭破坏，前室西部的三块画像石遗失，现存的两块画像石，一块为藻井东面的平石板盖顶，另一块位于前室东壁。孝子画像刻于前室东壁画像石的中部偏下部分，“自右至左，一人好像坐在砖台上，对面一人跪于地下。再左有二人持笏躬立，其前为一双手持臿的人，另一人左手持一有柄器物，右手抚一狗。再左为二人对立，一人手握鸠杖。”[25]王思礼在《山东肥城汉画像石墓调查》中未对此画像内容进行认定。1992年，王恩田在对泰安大汶口出土画像石的孝行内容进行校订时，兼对肥城汉画像石墓的这幅画像作了考证，认为表现的是“骊姬计杀申生”的历史故事，[26]为申生孝行（图2－1－5）。

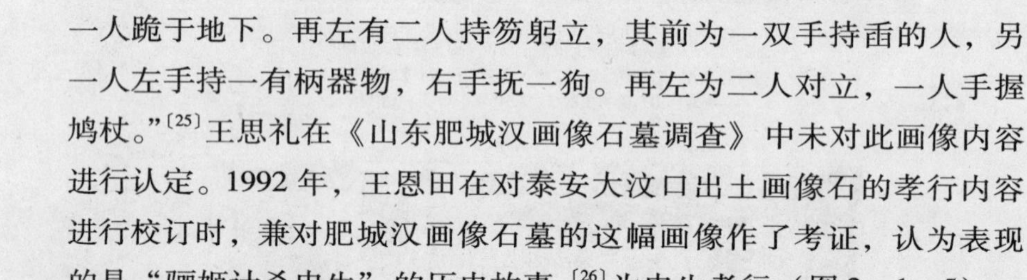

图2－1－4（一）　泰安大汶口汉画像石墓门楣上的孝子故事
采自《文物》，1989年第1期，50页，图3

图2－1－4（二）　泰安大汶口汉画像石墓门楣上的孝子故事·孝子赵苟（局部）

图2－1－4（三）　泰安大汶口汉画像石墓门楣上的孝子故事·孝子董永（局部）

图 2-1-5 “骊姬计杀申生” 东汉章帝建初 8 年（83）
山东肥城县西南安驾庄区栾镇村汉画像石墓前室东壁
采自《文物参考资料》，1958 年第 4 期，36 页，图 2

嘉祥宋山一号、二号墓以及南武山画像石一号墓 1978 年秋季发现于离武氏祠十多公里的满洞公社宋山大队村北宋山的斜坡上。共清理出 9 块画像石，第 2 石、第 4 石和第 8 石上刻画有孝子画像。第 2 石画面共分四层（图 2-1-6），第三层“左边四个男子，三人站立，前面一人跪坐，手拿一物带绶，面向右。对面一男子，躬身伸手接物。在他们二人中间，地上一犬上仰。右方男子后面，又随一儿童和妇女，手均前伸”。[27]王恩田认为是“骊姬计杀申生”[28]。第 4 石中层“左方刻一个单层殿堂，王者面门而坐，柱外一人跪谒。殿堂前有一个斜梯，梯前一人荷物赤足登梯，身后相随一童；其后又有三人，一人亦有一儿童跟随”。[29]第 8 石第 2 层与第 4 石中层画面基本相同，惟跪谒者身在门内，门外楼梯下有一犬蹲踞。嘉祥县武氏祠文管所在考古报告中认为第 4 石中层的画面为朝见图（图 2-1-7），而第 8 石第 2 层的画面则含义不详。黑田彰认为这两幅画像以及嘉祥南武山第 2 石第 3 层皆为表现舜后母焚廪的画像[30]。

图2-1-6 “骊姬计杀申生” 嘉祥宋山一号墓二号画像石第三层
采自《文物》，1979 年第 9 期，2 页，下图

图2-1-7 舜后母烧廪画像 嘉祥宋山一号墓四号画像石中层
采自《文物》，1979 年第 9 期，3 页，下图

嘉祥宋山二号墓发现于1979年，距一号墓约20～25米，该墓共清理出画像石21块。第1石画面分4层，第3层画面颇似一号墓第2号画像石第4层的“骊姬计杀申生”，只是人数略少，仅有5人[31]，考古报告称之为宰狗图，王恩田认为该图亦应为“骊姬计杀申生”[32]（图2-1-8）。

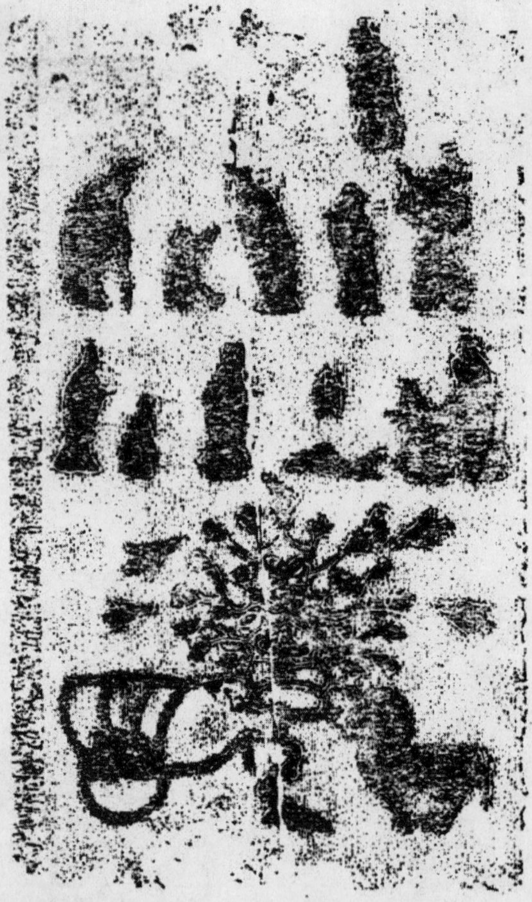

图2-1-8 “骊姬计杀申生”
嘉祥宋山二号墓第一石
采自《文物》，1982年第5期，64页，图2

孝堂山下小石室现藏东京国立博物馆，石刻，一幅，无榜题。据画面内容，表现的可能是丁兰。[33]

河南地区汉晋孝子画像的考古发现目前主要集中在开封白沙镇汉画像石墓与登封启母阙。开封白沙镇汉画像石墓共有孝子画像五幅，分别表现了刑渠哺父、丁兰事木母、闵子骞、伯榆以及孝孙原穀的故事[34]。登封启母阙位于太室山南麓，是东汉颍川太守朱宠于东汉安帝延光二年（123）建造的神道阙。启母阙阙身雕刻画像并有题记，东面自上而下第5层雕“郭巨埋儿”[35]。

四川地区在渠县和乐山麻浩有所发现。渠县沈府君阙东阙与蒲家湾无铭阙位于四川渠县北的汉碑乡汉亭村，沈府君阙的时代约为东汉延光年间（122—125），蒲家湾无铭阙的年代可能略晚于沈阙。画像均位于两阙的楼部，为浅浮雕，画面中间为一鹿车（独轮车），车上坐一老者，老者前方即画面的右侧雕一人扶锄站立，老者背后有一树（图2－1－9）。两阙的画面布局及刻画大致相同。据刘仙洲、王建伟的考证，两幅画像表现的均是董永孝行[36]。这一画面形式为后来的北魏孝子画像所继承，并有更进一步的图像形式的发展。四川乐山麻浩一号崖墓发现于1940年，位于麻浩崖墓群北部，在前室北壁、东壁和南壁刻画有10幅墓门画像，其中第8幅甚残，约略可辨为董永事父的画像[37]。另据李复华、曹丹的文章，在麻浩崖墓中还有老莱子娱亲的画像（图2－1－10）[38]。四川乐山柿子湾一区一号崖墓亦有出土（图2－1－11）。

浙江地区目前仅在海宁的长安镇发现有孝子画像。这座画像石墓1973年发现于浙江海宁县长安镇海宁中学，时代为东汉晚期至三国。该墓前室北壁第4石的下部刻有两人，“西起第一人为一着长袖

图2－1－9　董永画像　西汉晚期　四川渠县蒲家湾无铭阙楼部背面
采自《文物》，1964年第6期，第3页，图2

图 2-1-10　老莱子画像　汉代　四川乐山麻浩崖墓
采自李复华、曹丹：乐山汉代崖墓石刻，《文物参考资料》，1956 年第 5 期，63 页，图 7

图 2-1-11　董永事父　东汉　高 60 厘米　宽 194 厘米
四川乐山柿子湾一区一号崖墓出土　原址保存
采自高文：《中国画像石全集·四川汉画像石》（第 7 卷）。
郑州：河南美术出版社，2000 年，15 页，图 17

大袍的老者，手执杖；另一人双臂上举，左手执一鼗鼓，在老人面前起舞。"[39] 考古报告未对之作出解释，岳凤霞、刘兴珍认为是老莱子娱亲的场面[40]（图 2-1-12）。

内蒙古和林格尔汉墓是目前除武梁祠外保存汉代孝子画像最丰富的遗存，该墓 1971 年出土于内蒙古和林格尔县新店子西红河北岸的高地，时代为东汉晚期。孝子画像除"七女为父报仇"位于中室西壁甬道门上方外，余皆绘于中室西壁至北壁，均有榜题。除三幅因榜题漫漶，无法辨识外，其余描绘了舜、闵子骞、曾子、丁兰、刑渠、孝乌、伯禽、魏昌、原穀、子路以及金日磾的孝行[41]（图 2-1-13）。

图 2－1－12　老莱子画像　左侧最下部　东汉晚期至三国
浙江海宁长安镇画像石墓　采自岳凤霞、刘兴珍：《浙江海宁长安镇画像石》，
《文物》，1984 年第 3 期，49 页，图 1

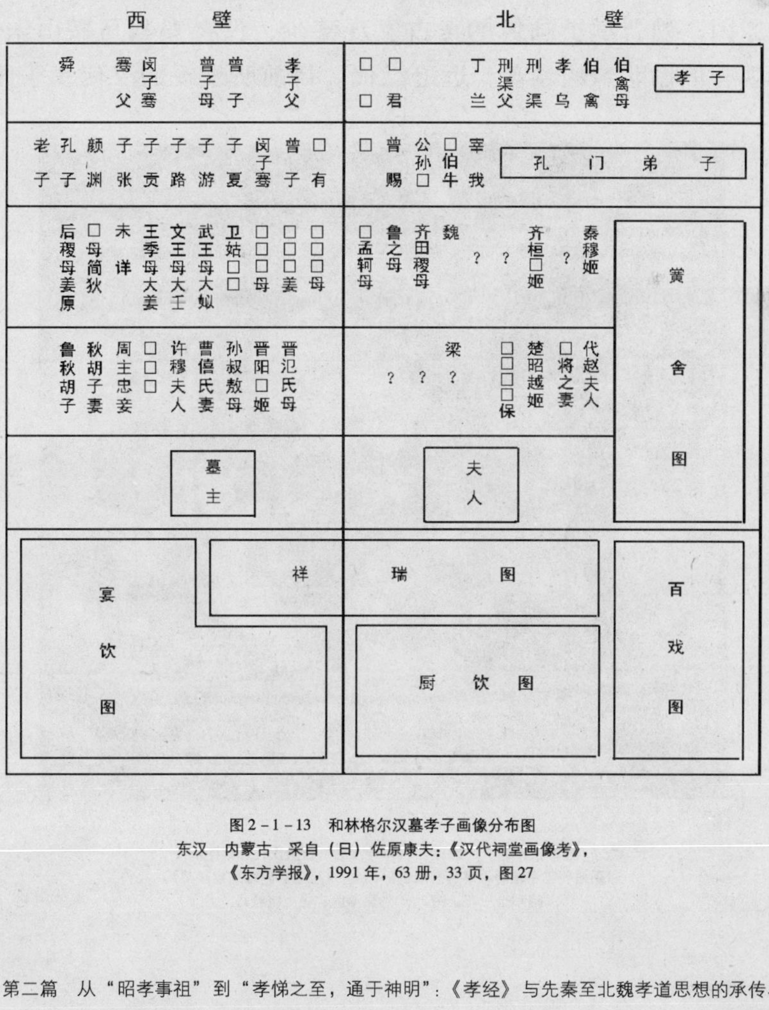

图 2－1－13　和林格尔汉墓孝子画像分布图
东汉　内蒙古　采自（日）佐原康夫：《汉代祠堂画像考》，
《东方学报》，1991 年，63 册，33 页，图 27

此外，在安徽马鞍山朱然墓、朝鲜乐浪与北京石景山上庄村也有零星发现，安徽马鞍山东吴朱然墓1984年发现于安徽马鞍山雨山乡安民村林场，墓主朱然为三国东吴右军师、左大司马，孝子画像绘于一漆盘上，描绘榆母笞子力衰，伯榆心生楚悲的故事[42]。乐浪汉代孝子彩箧1931年出土于朝鲜乐浪，现藏平壤博物馆，画像绘于沿口部位，有榜题，表现的孝子有刑渠、魏汤（图2－1－14）、丁兰（图2－1－15）、原榖以及李善[43]。1964年6月，北京西郊石景山上庄村东发现汉幽州书佐秦君石阙，在8号方石柱左侧面中间刻以“乌还哺母”为题的铭文，文章分七行，每行20字左右，部分有残损，计约140多字。[44]

在历史、政治、经济、思想以及个人等因素的综合作用下，魏晋社会没有接续汉代的厚葬之风，而是推行薄葬[45]。也许正是由于这一原因，魏晋孝子画像的考古发现甚少，仅在安徽马鞍山朱然墓中发现有伯榆悲亲的漆盘，远逊汉代。目前所发现的汉代孝子画像，

图2－1－14　“魏汤”　彩绘漆画　乐浪汉代彩箧沿部
采自朝鲜平壤府平壤名胜旧迹保存会：《乐浪彩箧塚遗物聚英》，
昭和十一年，图7，“彩画漆箧，器上缘绘画”

图 2-1-15　丁兰事木母画像　彩绘漆画　乐浪汉代彩箧沿部
采自朝鲜平壤府平壤名胜旧迹保存会：《乐浪彩箧塚遗物聚英》，
昭和十一年，图 7，“彩画漆箧，器上缘绘画”

刻画手法多样，有减地平雕、浮雕、线刻、彩绘以及髹漆等，题材范围也十分广泛，除孝的题材外，还涉及了忠义的内容，如京师节女、义浆羊公、鲁义姑姊、三州孝人等，体现了汉代敦崇忠孝的社会风气。此外，汉代孝子画像的地理分布也十分广泛，反映出汉代社会孝风盛炽的社会景象。

注释

〔1〕罗振玉：《三代吉金文存》（二十卷），日本：上虞罗氏百爵斋，民国二十五年（1936）；郭沫若：《两周金文辞大系考释》，东京：田中庆太郎文求堂书店，昭和十年（1935）。

〔2〕侯外庐：《中国思想通史》（卷一），北京：人民出版社，1957 年，93 页。

〔3〕查昌国：《西周“孝”义试探》，《中国史研究》，1993 年第 2 期，143 ~ 151 页；王慎行：《论西周孝道观的本质》，《人文杂志》，1991 年第 2 期，70 ~ 76 页、120 页。

〔4〕康德文：《论春秋战国之际“孝”观念的变迁》，《社会科学战线》，1997 年第 4 期，103 ~ 109 页。

〔5〕（汉）班固：《汉书》，北京：中华书局，1962 年，卷一下，高帝纪第一下，62 页。

〔6〕《汉书》，卷二，惠帝纪第二，90 页。

〔7〕《汉书》，卷三，高后纪第三，96 页。

〔8〕《汉书》，卷四，文帝纪第四，113 页、124 页、132 页。

〔9〕（南朝·宋）沈约：《宋书》，北京：中华书局，1974 年，卷四十，志第三十，百官下，1257～1258 页。

〔10〕（元）马端临：《文献通考》，北京：中华书局，1986 年，卷三十四，选举考七，孝廉，320 页。

〔11〕（南朝·宋）范晔：《后汉书》，北京：中华书局，1965 年，卷二十六，917～918 页。

〔12〕（西汉）贾谊：《贾谊集校注》，王洲明、徐超校注，北京：人民文学出版社，1996 年，348 页。

〔13〕《后汉书》，卷五十八，1874 页。

〔14〕《汉书》，卷六十，2674 页。

〔15〕《汉书》，卷六十二，2716 页。

〔16〕《汉书》，卷七十六，3219 页。

〔17〕〔18〕鲁迅：《鲁迅全集》（第三卷），北京：人民文学出版社，1998 年，512～513 页。

〔19〕孙筱：《孝的观念与汉代家庭》，《中国史研究》，1988 年第 3 期，154 页。

〔20〕（唐）李延寿：《北史》，北京：中华书局，1974 年，卷 84，2825 页。

〔21〕（唐）徐坚：《初学记》，北京：中华书局，2004 年，419 页。

〔22〕黑田彰在《孝子伝の研究》中认为这幅无榜题的图像是有关申生的，参见黑田彰《孝子伝の研究》，京都：株式会社思文阁，2001 年，187～194 页。另在左石室中有一焚廪的图像，亦无榜题，因其表现的内容颇似“舜后母烧廪”的故事，故归入舜孝行之中。

〔23〕详见 Wu Hung：*The Wu Liang Shrine*，Stanford University Press，1989，pp. 272～305。

〔24〕详见程继林《泰安大汶口汉画像石墓》，《文物》，1989 年第 1 期，48～58 页。王恩田在《泰安大汶口汉画像石历史故事考》一文中，对该墓中的孝行图像内容与榜题提出了质疑，认为，右段“沙公前妇子孝敬后母”应为“骊姬计杀申生”图，中段的孝子丁兰图应为赵苟哺父图，而左段的画像则应为表现董永的孝行故事，详见《文物》，1992 年第 12 期，73～78 页。

〔25〕王思礼：《山东肥城汉画像石墓调查》，《文物参考资料》，1958 年第 4 期，34～36 页。

〔26〕〔28〕〔32〕王恩田：《泰安大汶口汉画像石历史故事考》，《文物》，1992 年第 12 期，76～77 页。

〔27〕〔29〕嘉祥县武氏祠文管所：《山东嘉祥宋山发现汉画像石》，《文物》，1979 年第 9 期，1～6 页。

〔30〕《孝子伝の研究》，204 页。

〔31〕济宁地区文物组、嘉祥县文管所：《山东嘉祥宋山 1980 年出土的汉画像石》，《文物》，1982 年第 5 期，61 页。

〔33〕〔34〕《孝子伝の研究》，200 页、199～200 页。

〔35〕王建中：《汉代画像石通论》，北京：紫禁城出版社，2001 年，195～196 页；亦可参见

河南省博物馆、河南省文物研究所、河南省古代建筑研究所：《中岳汉三阙》，北京：文物出版社，1990 年。

〔36〕刘仙洲：《我国独轮车的创始时期应上推到西汉晚年》，《文物》，1964 年第 6 期，1 ~ 5 页；王建伟：《汉画“董永故事”源流考》，《四川文物》，1995 年第 5 期，3 ~ 7 页。

〔37〕乐山市文化局：《四川乐山麻浩一号崖墓》，《考古》，1990 年第 2 期，113 页。

〔38〕李复华、曹丹：《乐山汉代崖墓石刻》，《文物参考资料》，1956 年第 5 期，61 页。

〔39〕嘉兴地区文管会、海宁县博物馆：《浙江海宁东汉画像石墓发掘简报》，《文物》，1983 年第 5 期，7 页。

〔40〕岳凤霞、刘兴珍：《浙江海宁长安镇画像石》，《文物》，1984 年第 3 期，52 页。

〔41〕内蒙古自治区博物馆文物工作队：《和林格尔汉墓壁画》，北京：文物出版社，1978 年。

〔42〕安徽省文物考古研究所、马鞍山市文化局：《安徽马鞍山东吴朱然墓发掘简报》，《文物》，1986 年第 3 期，4 ~ 5 页。

〔43〕（日）吉川幸次郎：《吉川幸次郎全集》（6），东京：筑摩书房，昭和 49 年，《乐浪出土汉篋图像考证》，379 ~ 399 页；《孝子伝の研究》，200 页。

〔44〕见北京市文物工作队：《北京西郊发现汉代石阙清理简报》，《文物》，1964 年 11 期，16 ~ 17页；邵茗生：《汉幽州书佐秦君石阙释文》，《文物》，1964 年 11 期，23 ~ 24 页；郭沫若：《“乌还哺母”石刻的补充考释》，《文物》，1965 年 4 期，2 ~ 5 页。

〔45〕魏鸣：《魏晋薄葬考论》，《南京大学学报》，1986 年第 4 期，133 ~ 143 页。

二　隐秘的绽放："子贵母死"与北魏中晚期孝风骤盛及孝子图的刻画

"子贵母死"与"离散部落"是北魏早期为防止外家部落篡权而采取的政治举措，延兴年间，代北的独孤、贺兰以及慕容等部落已被离散，后妃此时已无强大的部族背景，两者内外联结形成祸端已无可能，而旨在防止外家为乱的"子贵母死"之制也再无实行的必要，然而，在文明太后的执意坚持下，仍得以继续施行，并成为后妃擅权的政争工具。也就是从这一时期开始，北魏孝风骤盛，而孝子画像也取代早期的高士图像成为北魏墓葬图像的重要组成部分刻画在葬具上，这在洛地出土画像石葬具上尤为多见。"子贵母死"与北魏中晚期孝风突盛及孝子图像的大量刻画看似并不相关，但两者间却隐含微妙而不易被觉察的历史联系。值得注意的是，北魏前期的墓葬中曾出现有装饰竹林七贤或高士的个案，如在山西大同雁北师院北魏宋绍祖墓（477）出土的石椁正壁即刻画有弹奏琴和阮的人物（图2－2－1），这一装饰题材在目前发现的南朝墓葬中十分多见（图2－2－2）。但这一题材后来在北魏并没有发展起来，而是为孝子画像所取代，成为北魏中后期，尤其是迁洛之后重要的墓葬图像。笔者认为，这一历史现象的产生，主要应归因于文明以"子贵母死"擅权所最终导致的北魏中晚期孝风的骤盛以及后宫权力斗争对"孝"的需要。这一隐藏千年的宫廷秘密最终随着北魏孝子画像葬具的出土而得以呈现，同时亦补文献记载之阙如。

图2-2-1　北魏宋绍祖墓出土石椁壁画　郑岩绘
采自郑岩：《魏晋南北朝壁画墓研究》。北京：文物出版社，2002年，213页

图2-2-2（一）　竹林七贤（南壁）　线刻砖画　南京西善桥南朝墓
采自姚迁、古兵：《六朝艺术》。北京：文物出版社，1981年，图162

图2-2-2（二）　竹林七贤（北壁）　线刻砖画　南京西善桥南朝墓
采自姚迁、古兵：《六朝艺术》。北京：文物出版社，1981年，图163

（一）无奈的选择："子贵母死"之制的设立

"子贵母死"指皇子将立为储君者，其母皆赐死，是道武帝仿汉武帝杀钩弋所设的立君制度，《魏书·皇后传》："钩弋年稚子幼，汉武所以行权，魏世遂为常制。"[1]案《汉书·钩弋赵婕妤传》："钩弋子年五六岁，状大多知，上常言'类我'，又感其生与众异，甚奇爱之，心欲立焉，以其年稚母少，恐女主颛恣乱国家，犹与久之。钩弋婕妤从幸甘泉，有过见谴，以忧死，因葬云阳。后上疾病，乃立钩弋子为皇太子。"[2]《史记·外戚世家》对钩弋死因记载甚详，"其后帝闲居，问左右曰：'人言云何？'左右对曰：'人言且立其子，何去其母乎？'帝曰：'……往古国家所以乱也，由主少母壮也。女主独居骄蹇，淫乱自恣，莫能禁也。女不闻吕后邪？'故诸为武帝生子者，无男女，其母无不谴死。"[3]"子贵母死"即滥觞于此。

或许是这一行为过于残忍之故，"子贵母死"在汉代并未形成定制，汉武以后，历东汉、三国至西晋，未见再行此制者，直至北魏道武帝才再次出现。拓跋珪欲立嗣为帝而杀其母刘贵人即以汉武杀钩弋为依凭，《魏书·太宗纪》："初，帝母刘贵人赐死，太祖高帝曰：'昔汉武帝将立其子而杀其母，不令妇人后与国政，使外家为乱。汝当继统，故吾远同汉武，为长久计。'"[4]

北魏"子贵母死"的施行深植于拓跋氏早期的部族背景。"拓跋后妃多有部族背景，后妃部族通过后妃干预拓跋内部事务，特别是影响君位传承和君权行使，带来无穷纠纷。"[5]为摆脱外家部族对拓跋内政的干预，拓跋珪于建国伊始就开始了"离散部落"的征战，先后离散了贺兰、独孤及慕容等强大的外家部落。与"离散部落"之举相同，"子贵母死"的施行在根本上也是迫于后族等外家对北魏皇权的潜在威胁，田余庆对此有敏锐洞见：

> 明元帝时禁外家交通后宫，说明后妃与外家部落确有内外联结形成祸端的可能。这种形势，道武生前当有所感觉。所以道武帝从巩固帝国、巩固君权考虑，认为扼制外家部落必须与扼制母后本人同步进行。这样就出现了道武帝死前所行的子贵

母死措施。[6]

北魏“子贵母死”之制于拓跋珪始设，后成定制，经明元帝、太武帝、文成帝、献文帝、孝文帝、宣武帝迄于孝明帝元诩，历七代绵延一百余年。这在中国历史上是极为罕见的，其悖违人伦的残酷性在实行之初即备受世人谴责，道武帝后来对此亦深感愧悔，以致临终前“终日竟夜独语不止，若旁有鬼物对扬者”[7]。

（二）历史的契机：文明太后擅权与“子贵母死”的历史转向

文明太后冯氏，长乐信都人（今河北冀县），北燕（407—436）皇室后裔。其父冯朗为北燕王冯弘之子，因北燕内部权力之争，降于拓跋氏，后因事坐诛，文明并入宫中，公元454年成为文成帝的贵人，随后于456年立为皇后。[8]

文明利用“子贵母死”擅权主要源于北魏后宫特殊的太后制度与“子贵母死”所提供的历史契机及其个人的一己之私。与汉地不同，北魏后宫的太后有三种类型，其一是依拓跋旧俗手铸金人得位的皇后，新君登位，尊为皇太后；其二为已被赐死的太子生母，新君即位后，追尊为皇太后；其三是太子的乳母，在新朝被尊为保太后或皇太后。[9]献文帝生母李氏，“太安二年，太后令依故事，令后具条记在南兄弟及所结宗兄洪之，悉以付托。临诀，每一称兄弟，辄拊胸恸泣，遂薨。”[10]后被尊为文成元皇后，案献文帝于465年即位时年十二岁，故其应生于兴安三年（454），到太安二年（456）其母赐死时，献文已经三岁，无需乳养，而文明冯氏薨于太和十四年（490），终年49岁，因而其当生于太平真君三年（442），太安二年，献文立为太子时，文明十五岁，而且已于献文立太子前一个月，即太安二年正月立为皇后，亦无母养献文之可能，这也是《魏书》之所以没有记载献文乳母情况的原因。文明既非献文生母，对献文又无乳养之恩，其能荣登皇后之位并在献文即位后尊为皇太后只有一个可能，那就是依拓跋旧俗手铸金人得位，也许这也是文明因何以罪臣之女获至尊位的重要原因，当然，文明身为左昭仪的姑姑和拓跋不重皇后出身的旧俗也是不可忽视的历史助力。[11]

实际上，献文朝只有一个太后，即以手铸金人得位的文明太后，但据田余庆的研究，这种太后“一般是礼仪上的称呼而不涉实权”[12]。文明初擅北魏权柄始于平定乙浑叛乱。献文即位后，朝政大权实由丞相乙浑掌握，“事无大小，皆决于浑。”[13]但时隔不久，“（天安元年）二月庚申，丞相、太原王乙浑谋反伏诛。”[14]文明太后在其中扮演了重要角色并借机揽政，史载：“丞相乙浑谋逆，显祖年十二，居于谅暗，太后密定大策，诛浑，遂临朝听政。”[15]

笔者认为，文明作为礼仪上的太后能够参政主要在于献文当时年纪尚幼，无法就某些事件做出裁定，而后宫仅有其一个太后则是促使文明涉足北魏政权的另一个重要原因。但文明此次临朝时间并不长，前后持续了仅一年多即隐退宫中。从献文帝亲政四年即禅位孝文帝、承明元年暴薨及文明于承明元年临朝前后北魏宫廷人事异动等情况可见文明与献文帝之间存在着激烈的权力斗争[16]。这一斗争应肇源于文明在平定乙浑事件后的擅权，而其借抚养孝文帝退隐后宫实是以退为进之策。延兴元年（471）八月，“上迫于太后，传位太子，是为孝文帝。”[17]随着元宏的登基，年仅三十岁的文明以太皇太后的身份再次临朝，从此掌握北魏政权达十九年之久，对北魏历史产生了重要影响。

在与献文帝的权力斗争中能够最终获胜，文明对北魏后宫“子贵母死”旧制的充分把握与利用是至为关键的重要因素，对此，冯氏侄幽皇后说得十分明确。幽皇后为冯熙之女，以姿媚“偏见爱幸”，后与高菩萨淫乱事发，甚为忧惧，于是请女巫祷厌：

> 愿高祖疾不起，一旦得如文明太后辅少主称命者，赏报不赀。[18]

皇帝的乳母保太后实际上是北魏后宫掌握实权的人物，其中就包括赐死储君生母，以手铸金人得位的太后虽无实权，但地位却要高于保太后，所以，如果以手铸金人得位的太后能同时兼有保太后的权力，那她显然就是北魏的一号人物。要达到这一目的，只能在皇子已经断奶，无需乳母的情况下通过“子贵母死”赐死皇帝的生母，据为己有，这样，北魏后宫实际上就没有了保太后，而皇帝生母也已依“子贵母死”赐死，北魏的权力就完全掌握在了以手铸金人得位的太后手里，文明太后就是这么做的。孝文帝元宏生于皇兴元年（467），文明太后则是在天安元年（466）平定乙浑叛乱后一年多即元宏生年退隐宫中躬亲抚养孝文帝，而孝文帝的生母李夫人赐死的时候，元宏已经三岁，因此已不存在乳母保太后的问题，文明实际上是借元宏生母完成乳养后再行赐死，这样，权力就完全集中到了文明的身上。文明于皇兴元年（469）隐退后宫“躬亲抚养元宏”，应已有预谋，以为将来元宏亲政后借势擅权铺垫，“实际上是要把新生皇子攫取于自己之手，借以发挥前此诸帝的保太后作用。”[19]

文明“深知尽早确定皇储，赐死皇储之母，并把皇储牢牢控制在手加以诱导，就是掌握了未来的北魏统治”[20]。其女侄幽皇后亦妄图步其后尘，《孝文昭皇后高氏传》：“及冯昭仪宠盛，密有母养世宗之意，后自代如洛阳，暴薨于汲郡之共县，或云昭仪遣人贼后也。世宗之为皇太子，三日一朝幽后，后拊念慈爱有加。高祖出征，世宗入朝，必久留后宫，亲视栉沐，母道隆备。”[21]与其姑文明冯氏作为如出一辙。

笔者以为，“子贵母死”实际上直接导致了保太后的产生以及三种太后制度的形成，保太后因母养关系而权倾后宫造成了其与以手铸金人得位的太后之间的无法弥合的矛盾，即使后宫没有保太后，也无法解决以手铸金人得位的太后与皇帝间没有血亲的矛盾。“子贵母死”实际上在防止外家为乱的同时，也建构起各种复杂交错而难以解决的重重矛盾。“子贵母死”的设立原为巩固皇权，然而却成为日后北魏灭亡的隐患。“子贵母死”之制在文明太后时完全改变了其原为防范外家为乱和后族干政的历史轨迹，转而成为后妃相互倾轧、专擅权柄的政争工具，围绕“子贵母死”的后宫权力之争腥风血雨，此起彼伏，“椒掖之中，以国旧制，相与祈祝，皆愿生诸王、公主，不愿生太子。”[22]“皇子备受摧残，难以存活，以致北魏皇室后继乏人。”[23]宣武、孝明“在洛二世，二十余年，皇子全育者，惟肃宗而已。”[24]周一良对此颇为感慨：“北魏虽定此严格残忍之制度，终不免于文明太后与灵胡太后之擅权，卒以亡国，未始非历史之讽刺也。”[25]

（三）权力的背后：北魏中晚期孝子像的刻画与后宫对权力的把持

“子贵母死”实际上直接导致了一种没有血亲的畸形的母子关系，而对权力的渴望及杀母之仇又让这一关系变得更加脆弱。新君与太后均处于危险的边缘，随着储君年龄的增长，太后的危险日益加剧，借“子贵母死”擅权者虽然可暂享拥有至上权力的快乐，但同时却使自己陷入日后难免杀身之祸的尴尬境地，文明对此当早有警觉，并曾萌生废帝之心，初“文明太后以帝聪圣，后或不利于冯氏，将谋废帝。乃于寒月，单衣闭室，绝食三朝，召咸阳王禧，将立之，元丕、穆泰、李冲固谏，乃止”[26]。文明虽然最终没有废黜元宏，但她实际上已经考虑到了如何控制太子以避免日后为祸的事情。《魏书》、《北史》中有关北魏史上弘孝的诏令及各传记中的相关言论表明，文明太后求助的是儒家的孝道思想，她主要是通过两方面来控制孝文帝的。

一方面，文明通过其兄长冯熙向元宏传授《孝经》，灌输孝道思想。冯熙是文明冯氏的兄长，少时以叔父冯邈之故流离他乡，后文明“使人外访，知熙所在，征赴京师”。[27]冯熙入宫后成为孝文帝的老师，史载冯熙：“始就博士学问，从师受《孝经》、《论语》，好阴阳兵法。”[28]而冯熙本人也“事魏母孝谨，如事所生。魏母卒，乃散发徒跣，水浆不入口三日。诏不听服，熙表求依赵氏之孤。高祖以熙情难夺，听服斋衰期”[29]。值得注意的是，魏母并非冯熙生母。从孝文帝敬事文明的言行来看，其受冯熙影响甚深。在文明擅权的十九年里，“高祖雅性孝谨，不欲参决，事无巨细，一禀于太后。太后多智略，猜忍，能行大事，生杀赏罚，决之俄顷，多有不关高祖者。”[30]“宦者先有谮帝于太后，太后大怒，杖帝数十，帝默然而受，不自申明。”[31]太和十四年文明去世后，孝文帝“酌饮不入口五日，毁慕过礼”，“毁瘠，绝酒肉，不内御者三年。”[32]而孝文帝在与大臣的对话中多次引用《孝经》中的内容则更透露出文明兄妹以《孝经》为思想武器控制元宏的隐秘企图。在文明崩后与大臣穆亮对话时，孝文帝说：

苟孝悌之至，无所不通。今飘风亢旱，时雨不降，实由诚慕未浓，幽显无感也。所言过哀之咎，谅为未衷，省启以增悲愧。[33]

这是《孝经·感应章》中的内容："孝悌之至，通于神明，光于四海，无所不通。《诗》云：'自西自东，自南自北，无思不服。'"[34]而孝文帝于太和十六年（492）与明根言对话时所引用的"孝顺之道，天地之经"[35]则源自《孝经·三才章》："夫孝，天之经也，地之义也，民之行也。天地之经，而民是则之。"[36]可见孝文帝对《孝经》之熟悉。

另一方面，文明通过发布行孝诏令来弘扬孝风，以期通过社会舆论来牵制进而牢牢控制孝文帝。从《魏书》的记载来看，延兴前后，北魏孝道思想的发展呈现迥异的趋向，虽然在昭成帝什翼犍时已有像燕凤、许谦等汉族士人介入代北拓跋事务，孝行思想也已有所流传，但自道武帝建国到献文帝皇兴五年约八十余年的时间里，有关孝的诏令和相关记载并不多（表2-2-1永兴至皇兴年间诏孝之令）。据笔者的收录，见诸史料的永兴至皇兴年间发布的诏令中，与孝有关的共有五次，主要继承了汉代"家之孝子，国之忠臣"的思想，主张"士处家必以孝敬为本，在朝则以忠节为先"[37]。总体来看，这一时期的孝道思想未有太大发展，仍在延续汉代的忠孝传统。这一状况发生骤变是在延兴元年（471）孝文帝元宏登基以后，元宏生于皇兴元年（467），登位时年仅五岁，而禅位后的献文帝事实上已无权力，因而这一时期的诏令实际上秉承的是文明太后的意旨，反映的也是她个人的意愿。文明擅权后，即于延兴三年十一月（473）发布诏令："力田孝悌，才器有益于时，信义著于乡闾者，具以名闻。"[38]此后，又相继于太和五年二月（481）、太和十一年春（487）、太和十一年十月（487）、太和十二年（488）等发布行孝诏令，着意在社会上弘扬孝风，其中尤以太和十一年春（487）发布的诏令最有代表性，曰："三千之罪，莫大于不孝，而律不逊父母，罪止髡刑。"[39]这一情况一直持续到其于太和十四年（490）去世（表2-2-2延兴至太和十四年诏孝之令）。

表2-2-1 永兴至皇兴年间诏孝之令

年 代	资料内容	出 处
永兴至泰常年间（409—423）	诏以斤世忠孝，赠其父箪为长宁子。	《魏书》卷二十九，列传第十七，奚斤，698页
永兴至泰常年间（409—423）	诏曰："士处家必以孝敬为本，在朝则以忠节为先，不然，何以立身于当世，扬名于后代也。"	《魏书》卷三十四，列传第二十二，王洛儿，799页
始光四年（427）	是月壬申，有诏征范阳卢玄等三十六人，郡国察秀、孝数百人，且命以礼宣喻，申其出处之节。	《魏书》卷一百五之三，天象志三，2402页
神䴥三年（430）	五月戊戌，诏曰："夫士之为行，在家必孝，处朝必忠，然后身荣于时，名扬后世矣。"	《魏书》卷四上，世祖纪第四上，76页
太安元年六月（455）	癸酉，诏曰："其不孝父母，不顺尊长，为吏奸暴，及为盗贼，各具以名上。其容隐者，以所匿之罪罪之。"	《魏书》卷五，高祖纪第五，115页

表2-2-2　延兴至太和十四年诏孝之令

年　代	资料内容	出　处
延兴三年十一月（473）	诏：……力田孝悌，才器有益于时，信义著于乡闾者，具以名闻。癸巳，太上皇帝南巡，至于怀州。所过问民疾苦，赐高年、孝悌力田布帛。	《魏书》卷七上，高祖纪第七上，139~140页
太和五年二月（481）	二月辛卯朔，大赦天下。赐孝悌力田、孤贫不能自存者谷帛有差；免宫人年老者还其所亲。	《魏书》卷七上，高祖纪第七上，150页
太和十一年春（487）	十一年春，诏曰："三千之罪，莫大于不孝，而律不逊父母，罪止髡刑。于理未衷。可更详改。"	《魏书》卷一百一十一，刑罚志，2878页
太和十一年十月（487）	孟冬十月，民闲岁隙，宜于此时导以德义。可下诸州，党里之内，推贤而长者，教其里人父慈、子孝、兄友、弟顺、夫和、妻柔。不率长教者，具以名闻。	《魏书》卷七下，高祖纪第七下，163页
太和十二年（488）	诏曰："犯死罪，若父母、祖父母年老，更无成人子孙，又无期亲者，仰案后列奏以待报，著之令格。"	《魏书》卷一百一十一，刑罚志，2878页
延兴至太和年间（471—499）	诏曰："汝在私能孝，处公必忠，比来勤忧，足布朝野，但可祇膺。"	《魏书》卷二十一下，献文六王列传第九下，彭城王，575页

续表

年 代	资料内容	出 处
延兴至太和年间（471—499）	有司奏策秀、孝，诏曰："秀、孝殊问，经权异策，刑峦才清，可令策秀。"	《魏书》卷六十五，列传第五十三，刑峦，1438页
延兴至太和年间（471—499）	诏曰："今洛邑肇构，跂望成劳。开辟暨今，岂有以天子之重远赴舅国之丧？朕纵欲为孝，其如大孝何！纵欲为义，其如大义何！天下至重，君臣道悬，岂宜苟相诱引，陷君不德。今仆已下，可付法官贬之。"	《北史》卷十五，列传第三，魏诸宗室，555页
延兴至太和年间（471—499）	孝文戒赞化几甸，可宣孝道，必令风教洽和，文礼大备。自今有不孝不悌者，比其门欂，以刻其柱。	《北史》卷十五，列传第三，魏诸宗室，573页

元宏虽为当朝皇帝，然而其真正掌权只有太和十四至二十三年仅九年的时间。文明去世后，其党羽盘根错节，势力依然强大，对孝文帝构成一种强大的政治牵制，因而，在孝文帝实际掌权的九年间，依然延续了文明的政治传统，也正是在这一时期，北魏孝行思想继续呈现迅速发展的态势。察举孝廉活动这时比道武至献文期间明显增加，据《魏书》、《北史》的记载，孝文之前，北魏仅在始光四年（427）有过一次察举秀、孝的活动，"是月壬申，有诏征范阳卢玄等三十六人，郡国察秀、孝数百人，且命以礼宣喻，申其出处之节。"[40]然而，自孙惠蔚于"太和初，郡举孝廉，对策于中书省"[41]后，终太和二十多年间，有曹道、冯元兴、徐纥、刘献之等多人被举为孝廉，这一盛举在北魏及至北朝也是很少见的，太和之后，举察孝廉活动仍有继续，如李业兴就在宣武帝时"举孝廉，为

校书郎”[42]。北魏之后，察举孝廉的活动就日渐式微了。延昌四年九月乙巳，灵太后胡充华“亲览万机”后，即发布诏令“孝子、顺孙、义夫、节妇，表其门闾，以彰厥美”[43]。而其子肃宗元诩亦敦笃孝道，并深谙《孝经》，还于正光二年癸亥“车驾幸国子学，讲《孝经》”[44]。基于胡太后和肃宗的弘扬，孝道思想在这一时期仍有进一步发展，目前所见有纪年的孝子画像遗品也主要属于这一时期。北魏灭亡以后，举察孝廉和诏孝举措已不多见，仅见北齐天宝年间有广平郡孝廉李汉子、勃海郡孝廉鲍长暄、阳平郡孝廉景孙的记载[45]，北朝孝道思想发展至此，已成末势。

笔者以为，文明太后通过《孝经》训育元宏以及通过诏孝举措在社会上弘扬孝风，实际上完全掌握了主导权，她成功地控制了孝文帝，同时也成功地掌握了北魏政权。从“迄后之崩，高祖不知所生”[46]这一情况来看，文明太后对孝文帝的控制是十分严厉的，其根本目的还是要孝文帝“爱敬尽于事亲”[47]，从而牢固把持权柄。

以往研究者多将注意力集中在北魏迁洛和其实行的汉化政策，亦将北魏孝道思想的发展归因于此。但若深究其历史动因，文明太后利用“子贵母死”将年幼储君据为己有，同时通过《孝经》的训导以及弘孝诏令、察举孝廉等诏孝举措来宣扬孝道思想以从个人思想和社会舆论上禁锢太子，应为推动北魏孝道思想于中后期达至盛炽的重要历史隐因。而考古发现的这一时期的孝子画像也多以表现大孝子和具有神秘色彩的孝感故事为主，笔者认为，大孝子的选择与孝感故事的描绘并非历史的偶然，其肇源于北魏后宫围绕“子贵母死”的激烈的权力斗争的政治背景，而且是对这一历史事实最直接的图像体现。

据笔者的研究，这些刻画有孝子的画像葬具多出自“东园”或与之有关[48]。“东园”始设于汉代，专门负责皇家陵寝及王公贵族墓内器物的制作与供应，北魏建国后沿袭了这一传统，并有诏赐“东园秘器”之举，作为北魏负责丧葬事宜的最高机构，“东园”对平城与洛阳两地的丧葬观念及葬具制作具有重要影响。司马金龙漆围屏是代北东园的遗物，元谧石棺、洛阳古代艺术馆藏升仙石棺为洛地东园的遗品，固原漆棺、宁懋石室则是受到了“东园”作风的影响，卢氏石围屏及其他几件刻画有孝子图像的葬具也有可能出自

"东园"或与之存在历史联系。"东园"作为北魏宫廷下设机构，势必不可避免地受到宫廷政治的直接影响，并对此有最为直接的反映，文明太后擅权后"威福兼作，震动内外"的强权作风及其以《孝经》训导孝文帝和多次发布行孝诏令的做法或许对东园工匠产生了影响，从这些孝子画像遗品的制作年代来看，这一可能还是很大的，固原漆棺的制作在太安三年至太和十八年（457—494），司马金龙漆围屏作于太和八年（484），余则均在迁洛以后。之所以在延兴元年至太和十四年文明擅权的时间里没有发现更多的孝子画像遗品，而是主要集中在迁洛之后，笔者认为主要有三点原因，其一，北魏为拓跋氏政权，汉地文化虽在代北有所传播，但影响不大，在迁洛之前，鲜卑文化始终在代北占据主导地位，文明执政之初虽发布有相对较多的行孝诏令，但面对强大的鲜卑反对势力，要在短时间内完全建立儒家文化的主导影响并非易事；其二，文明以儒家的"孝"为思想工具来巩固个人权势，实属难以公之于众的宫闱秘事，只能逐步渗透，而无法立竿见影；其三，实际上孝文帝在《孝经》的训导下，已经完全接受了儒家的孝道思想，并在文明去世后继续弘扬，同时，后宫仍在继续以"子贵母死"为中心的权力斗争，而这时的孝道思想经文明太后的早期弘扬，已经有了一定的社会基础，孝风渐趋盛炽，孝子图像的刻画亦随之大增。北魏覆亡后，"子贵母死"之制随之消失，北魏孝道思想极盛而骤衰，盖缘于其赖以存在的政治背景已不复存在的缘故。也是为什么北魏以后，墓室装饰中的孝子画像突然减少并被竹林七贤等其他图像所取代的极佳注脚。

"子贵母死"之所以成为北魏中晚期孝风骤盛及孝子图像得以大量刻画的历史隐因，主要在于它建构了一种没有血亲的畸形的母子关系，在权力的旋涡中，这一关系变得更加脆弱。以"子贵母死"擅权的始作俑者——文明太后出于自保的长远考虑，与其兄冯熙合谋以《孝经》训导孝文帝，同时通过各种诏孝举措在社会上弘扬孝风，以期通过社会舆论来牵制孝文帝，从而避免祸端。这种出于宜己之私的隐晦做法实际上直接导致了北魏延兴之后孝道思想发展趋向的改变。文明去世后，后宫嫔妃群起仿效，使这一做法得到延续，致使北魏中晚期孝风大盛，孝子迭出。在这一特殊的宫廷政治背景下，北魏的皇家丧葬机构"东园"不可避免地受到直接影响，同时，由于这时孝子画像的图像内涵在《孝经》的诱导下发生改变，由汉代的“家之孝子，国之忠臣”变为“孝悌之至，通于神明”，符合了北魏视墓葬为“神灵归趋之地”的墓葬观念，同时又迎合了上层统治阶级权力斗争的需要，因而得以进入“东园”，成为墓葬图像之一，刻画在葬具上并埋藏于地下。

注释

〔1〕（北齐）魏收：《魏书》，北京：中华书局，1974年，卷十三，皇后列传第一，341页。

〔2〕（汉）班固：《汉书》，北京：中华书局，1962年，卷九十七上，外戚传第六十七上，3956～3957页。

〔3〕《魏书》，卷三，太宗纪第三，49页。

〔4〕（西汉）司马迁：《史记》，北京：中华书局，1959年，1986页。

〔5〕田余庆：《拓跋史探》，北京：三联书店，2003年，46页。

〔6〕《拓跋史探》，46页。

〔7〕《魏书》，卷二，太祖纪第二，44页。

〔8〕《魏书》，卷十三，皇后列传第一，328页。

〔9〕关于北魏后宫三种太后制度的分型，参见《拓跋史探》，52页。

〔10〕《魏书》，卷十三，皇后列传第一，331页。

〔11〕田余庆先生在《拓跋史探》一书中，就“北魏后宫子贵母死之制的形成和演变”作了专门讨论，详见该书9～61页。笔者在这里讨论文明太后之所以是以手铸金人得皇后之位，主要是从对其年龄的推算得来。李凭先生在其博士论文《北魏平城政权研究》（田余庆指导，北京大学，1989年）中提出，文明之所以能登皇后位，可能与当时权倾后宫的皇帝乳母昭太后有关，亦不失其可能，详细讨论见其论文第四章第五节“论昭太后与文明太后”，99～115页，在《北魏龙城诸后考实》一文中，李凭先生对出自龙城或与龙城有祖茔渊源的北魏诸后进行了考察，认为昭太后“除李扶冯”实与其龙城背景有关（《历史研究》，2007年第3期，20～32页），但目前囿于文献阙载，只能暂备一说。

〔12〕《拓跋史探》，52页。

〔13〕〔14〕《魏书》，卷六，显祖纪第六，126页。

〔15〕《魏书》，卷十三，皇后列传第一，328页。

〔16〕承明元年（476）六月甲子，献文帝在下令“中外戒严”的第七日暴薨后，其羽翼万安国即于次日（476年7月21日）被赐死，李䜣、李惠分别在一两年内被诛杀，李惠的岳父韩颓于太和四年（480）“削爵徙边”，濮阳王拓跋孔雀在政变次月被赐死，京兆王拓跋子推于承明元年（476）十一月戊子被青州刺史，后于次年七月薨逝，拓跋目辰与拓跋长乐同于太和三年（479）被诛杀。而与文明太后关系较为密切的源贺、拓跋丕、拓

跋云、陆定国等在献文帝在世的最后一两年纷纷被解职外放，献文帝于承明元年六月薨逝后，他们很快便被文明恢复官爵，曾协助文明太后推翻丞相乙浑的拓跋丕在文明第二次掌权后几个月，便进爵东阳王，后又相继迁任司徒和太尉，详细分析见康乐：北魏文明太后及其时代（上篇），《食货》，1985 年，15 卷，11 页、12 页，461 ~675 页。

〔17〕《魏书》，卷一百五之三，天象志三，2412 页、2404 页。

〔18〕《魏书》，卷十三，皇后列传第一，333 页。

〔19〕〔20〕《拓跋史探》，53 页、60 页。

〔21〕〔22〕《魏书》，卷十三，皇后列传第一，335 页、337 页。

〔23〕《拓跋史探》，61 页。

〔24〕《魏书》，卷十三，皇后列传第一，337 页。

〔25〕周一良：《魏晋南北朝史札记》，“王玄威与娄提哀悼献文帝”，378 ~381 页。

〔26〕《魏书》，卷七下，高祖纪第七下，186 页。

〔27〕〔28〕〔29〕《魏书》，卷八十三上，列传第七十一上，外戚，1819 页、1818 页。

〔30〕《魏书》，卷十三，皇后列传第一，329 页。

〔31〕《魏书》，186 页。

〔32〕《魏书》，卷十三，皇后列传第一，330 页。

〔33〕《魏书》，卷二十七，列传第十五，穆崇，669 页。

〔34〕《孝经译注》，34 页。

〔35〕《魏书》，卷五十，列传第三十八，尉元，1115 页。

〔36〕《孝经译注》，12 页。

〔37〕《魏书》，卷三十四，列传第二十二，王洛儿，799 页。

〔38〕《魏书》，卷七上，高祖纪第七上，139 ~140 页。

〔39〕《魏书》，卷一百一十一，刑罚志，2878 页。

〔40〕《魏书》，卷一百五之三，天象志三，2402 页。

〔41〕〔42〕《魏书》，卷八十四，列传第七十二，儒林，1852 页、1861 页。

〔43〕〔44〕《魏书》，卷九，肃宗纪第九，222 页、232 页。

〔45〕《北史》，卷八十三，列传第七十一，文苑，2789 页。

〔46〕《魏书》，卷十三，皇后列传第一，330 页。

〔47〕胡平生：《孝经译注》，北京：中华书局，1996 年，4 页。

〔48〕参见本书第一章第二节。

三 《孝经》在北魏社会的播传及其与孝子画像“孝悌之至，通于神明”图像内涵的形成

（一）谶纬与《孝经》神秘性的形成

1. 关于《孝经》

关于《孝经》的成书及作者，自汉迄今，代有争议，是我国古代学术史中的一大公案，各家自持己见，持论纷纭，其中较有代表性的说法主要有孔子说、曾子说、曾子门人说、子思说、七十子之徒说、齐鲁间儒者及汉儒说、孟子门人说等[1]，据蔡汝堃的考证，《孝经》在先秦之际已经成书，但因当时传习未广，知者不多以及后来秦代焚书而散佚，现存《孝经》应为汉初儒生篡袭诸书而成，他说：

> 《孝经》一书，先秦定已有之，惟其地位则较六经为低，时代亦较六经为晚。因此无人注意，传抄者少，一经秦火，或告绝亡。迄汉初诏求旧籍，当时陋儒或慨于古经之佚亡，或图供以于利禄。因而原袭《吕览》，杂篡他籍，以成今文《孝经》一书也。[2]

《孝经》在西汉武帝、昭帝时期即已分为今文与古文两种，今文《孝经》称郑注、古文《孝经》称孔传，今文《孝经》分十八章，计一千九百九十九字，依次为开宗明义、天子章、诸侯章、卿大夫章、士章、庶人章、三才章、孝治章、圣治章、纪孝行章、五刑章、广要道、广至德、广扬名、谏诤章、感应章、事君章、丧亲章，古文《孝经》比今文《孝经》多四章，为二十二章，计一千七百四十字，一至六章两者相同，古文《孝经》第七章为孝平章，第十一章

为父母生，第十二章为孝优劣，第十九章为闺门章。（表2－5《今古文〈孝经〉章节比较》）

今文郑注与古文孔传的真伪问题争论已有千余年，由于缺乏有力论据，这一问题一直未有定论，“今古文《孝经》所不同者大部为字之改头换面，意义绝无相异也。”[3]因为《孝经》的今古文之别与本文探讨之论题关系不大，此处暂置不论。

自西汉武、昭时期以来，《孝经》受到历代王朝的敦重，传播的阶层与地域范围十分广泛，注释与研究代不乏人，因而其版本流传有序，保存情况较好，虽经历代传抄，个别字词未免讹误，但今文《孝经》十八章、古文《孝经》二十二章仍基本保留了古貌，经汉至今二千余年，没有较大改变。

表2－5　今古文《孝经》章节比较

今文《孝经》		古文《孝经》	今文《孝经》		古文《孝经》
章第一	开宗明义	开宗明义	章第十二	广要道	孝优劣
章第二	天子章	天子章	章第十三	广至德	纪孝行章
章第三	诸侯章	诸侯章	章第十四	广扬名	五刑章
章第四	卿大夫章	卿大夫章	章第十五	谏诤章	广要道
章第五	士章	士章	章第十六	感应章	广至德
章第六	庶人章	庶人章	章第十七	事君章	感应章
章第七	三才章	孝平章	章第十八	丧亲章	广扬名
章第八	孝治章	三才章	章第十九		闺门章
章第九	圣治章	孝治章	章第二十		谏诤章
章第十	纪孝行章	圣治章	章第二十一		事君章
章第十一	五刑章	父母生	章第二十二		丧亲章

2.《孝经》与谶纬的结合及其神秘性的形成

《说文解字》：“谶，验也。”[4]指神的预言，“纬，围也。反复围绕以成经也。”（《释名·释典艺》）是对“经”而言的，“纬者经之纬也，亦称谶。”（王鸣盛《蛾术编》）谶与纬两者异名同实，内容上并无质的区别，共指依附古典经义以预示征验的神学预言。关于谶纬的起源，汉代张衡在其奏疏中已有指出，《后汉书·张衡传》：

> 立言于前，有征于后，故智者贵焉，谓之谶书，谶书始出，盖知之者寡。自汉取秦，用兵力战，功成业遂，可谓大事，当此之时，莫或称谶。若夏侯胜、眭孟之徒以道术立名，其所著述，无谶一言。刘向父子，领校秘书，阅定九流，亦无谶录。成哀之后，乃始闻之。……至于王莽篡位，汉世大祸，八十篇何为不戒？则知图谶成于哀、平之际也。[5]

唐代的孔颖达，五代的徐锴，宋代的郑樵，明代的朱载堉、顾起元、王夫之等均主此说。形成于西汉哀平之际的谶纬至新莽时已呈大兴之势，王莽时征通“天文、图谶、钟律、月令、兵法”等“天下异能之士，至者前后千数”[6]。由于光武帝刘秀是借“汉当复兴，李氏为辅”的谶语起兵，并应《赤伏符》的谶语即位的，因而他大力提倡谶纬，并于中元元年（56）“宣布图谶于天下”，将过去的“秘经”正式公诸于世，以至时人研习谶纬蔚然成风，“自中兴以后，儒者争学图纬”[7]盛极一时。

正是在这样的历史情况下，《孝经》与《诗》、《书》、《礼》、《易》、《春秋》、《乐》一起为汉代的方士儒生依傍造作，衍生七经纬三十六种。据《后汉书·樊英传》李贤的注解，汉代的《孝经纬》分《援神契》（七卷）和《钩命决》（六卷）两种，两者在东汉初年即已流行。《孝经纬》以言天人感应、符瑞灾异为主，《孝经·援神契》内容包括天文、地理、历史、时令、五德之运、明堂制度以及《春秋》的三世、三科九旨等，以“孝通神明，天人契合，援引众义，山藏海纳”（赵在翰《七纬·孝经纬叙目》）名曰《援神契》；《孝经·钩命决》主旨在说明天人相通，孝感天地，孝无所不容，“天命流行，孝正情性，钩效援度，用孝格命”（赵在翰《七纬·孝经纬叙目》）因称《钩命决》。除《援神契》与《钩命决》外，另有《孝经》杂谶纬几十种（表2-6《〈隋书·经籍志〉所见〈孝经〉杂谶纬篇目辑录》），这些浩繁篇帙所透露出的孝通天地、感于神明的观念皆源于谶纬以阴阳五行为主导的天人感应思想。

表2-6 《隋书·经籍志》所见《孝经》杂谶纬篇目辑录

篇名	出处	篇名	出处
《孝经内事》一卷	《隋书·经籍志》940	《孝经内事星宿讲堂七十二弟子图》一卷	《隋书·经籍志》940
《孝经内事图》二卷	《隋书·经籍志》940	《孝经口授图》一卷	《隋书·经籍志》940
《孝经元命包》一卷	《隋书·经籍志》940	《孝经分野图》一卷	《隋书·经籍志》940
《孝经古秘援神》二卷	《隋书·经籍志》940	《孝经雌雄图》三卷	《隋书·经籍志》940
《孝经古秘图》一卷	《隋书·经籍志》940	《孝经异本雌雄图》二卷	《隋书·经籍志》940
《孝经左右握》二卷	《隋书·经籍志》940	《孝经元辰决》九卷	《隋书·经籍志》1030
《孝经杂纬》十卷	《隋书·经籍志》940	《孝经内记》二卷	《隋书·经籍志》1020
《孝经左右契图》一卷	《隋书·经籍志》940	《孝经元辰》四卷	《隋书·经籍志》1036
《孝经元辰会》九卷	《隋书·经籍志》1036		

“谶纬是以阴阳五行说为骨架，附会经义与儒学相结合构成一个复杂而庞大的神学体系。”[8]其内容庞杂，包罗万象，既有对儒家经典、文字的解说，也包含古代的典礼制度、天文学、历法、气象、地理、符瑞、灾异以及古史和神话传说，但其思想核心与主体却是以阴阳五行为基本骨架的天人感应论，其所有内容均笼罩于这一神学迷雾之中。

天人感应并非汉代谶纬始有，其在殷周时即已出现，《易·系辞》：“天垂象，见吉凶。”《周礼·春官·保章氏》：“掌天星以志星辰日月之变化，以观天下之迁，辨其吉凶。”是古人在科技未发达的情况下，依据天象即日月星辰的变化来判定吉凶祸福，是古人惧天以至崇天的反映。天人感应后经西汉董仲舒的阐发，开始蒙上神秘色彩，董仲舒认为天、地、人之间与人体之内都存在着阴阳五行之气，这些气是可以彼此相通的，因而天地与人之间是可以相互感应的，天与人实为一体，“天亦有喜怒之气、哀乐之心，与人相副。以类合之，天人一也。”[9]甚至君主的喜怒哀乐与天也是会通的，“喜则为暑气而有养长也；怒则为寒气而有闭塞也。人主以好恶喜怒变习俗，而天以暖清寒暑化草木。喜怒时而当则岁美，不时而妄则岁恶。天地人主一也。”[10]这些天人感应思想在《孝经》、《孝经·援神契》、《孝经·钩命决》中均有体现。如：

曾子曰：“甚哉！孝之大也。”子曰：“夫孝，天之经也，地之义也，民之行也。天地之经，而民是则之。则天之明，因地之利，以顺天下。”（《孝经·三才章》）

子曰：“昔者，明王以孝治天下也。不敢遗小国之臣，而况于公侯伯子男乎？……故生则亲安之祭则鬼享之。是以天下和平，灾害不生，祸乱不作，故明王之以孝治天下也如此。”（《孝经·孝治章》）

子曰：“昔者，明王事父孝，故事天明；事母孝，故事地察；长幼顺，故上下治。天地明察，神明彰矣。故虽天子，必有尊也，言有父也；必有先也，言有兄也。宗庙致敬，不忘亲也。修身慎行，恐辱先也。宗庙致敬，鬼神著矣。孝悌之至，通于神明，光于四海，无所不通。《诗》云：‘自西自东，自南自北，无思不服。’”（《孝经·感应章》）[11]

受天人感应思想影响的《孝经》在东汉时影响颇大，以至于被人们当作感通神明以退兵革的武器，《后汉书》卷八十一：

会张角作乱，栩上便宜，颇讥刺左右，不欲国家兴兵，但遣将于河上北向读《孝经》，贼自当消灭。[12]

这些杂含谶纬思想的《孝经》典籍由于将孝与天结合在了一起，使孝更加成为人们必须遵循的行为准则，同时，由于孝动天地这一谶纬思想的影响与导引，从东汉开始，与孝道思想有直接关联的丧化，其中即包括经汉魏而有很大发展的孝道思想及阐述、宣扬该思想的典籍——《孝经》，明元帝拓跋嗣于5世纪初或4世纪末叶被立为太子时，其母刘贵人依“子贵母死”之制要被处死，拓跋嗣“素纯孝，哀泣不能自胜”，太祖拓跋珪为此十分恼怒，拓跋嗣身边的谋士为防不测，规荐其曰：“孝子事父，小杖则受，大杖避之。今陛下怒盛，入或不测，陷帝于不义。不如且出，待怒解而进，不晚也。”[26]这段荐词在《后汉书》中也有出现，该书卷五十二：

> 烈骂曰：“死卒，父而走，孝乎？”钧曰：“舜之事父，小杖则受，大杖则走，非不孝也。”[27]

孝的思想随着孝的言论从汉经魏晋而传至北魏。从现存文献来推看，《孝经》及孝道思想播及代北后，迅速对当时的社会政治产生了影响。始光四年（427）太武帝拓跋焘即“诏征范阳卢玄等三十六人，郡国察秀、孝数百人，且命以礼宣喻，申其出处之节”[28]。太安元年六月（455），文成帝拓跋睿又下诏曰：“其不孝父母，不顺尊长，为吏奸暴，及为盗贼，各具以名上。其容隐者，以所匿之罪罪之。”[29]以政令强化孝德，孝道思想于此在北魏社会又有进一步的发展。

据《魏书》的记载，北魏早期，随着拓跋氏日渐统一北方，忠君思想在经过魏晋百余年的压抑后，再次抬头，《魏书·奚斤》：“诏以斤世忠孝，赠其父箪为长宁子。”[30]《魏书·王洛儿》：“士处家必以孝敬为本，在朝则以忠节为先。”[31]《魏书·世祖纪》：“夫士之为行，在家必孝，处朝必忠。”[32]继承了汉代的忠孝思想以为治国安政之策。北魏中期文明太后执政后，北魏早期孝道发展轨迹发生了由隐至显的巨大变化，孝道思想远超忠君思想呈现昂扬的发展势头。文明太后出于宜己之私，为确保冯氏一门世代把持北魏权柄，永享富贵，于是曲意利用拓跋旧俗“子贵母死”之制，在太子尚处襁褓时处死其生母，据为己有，施以母养，兼擅保太后之权，假借母养之恩并用《孝经》诱导以至禁锢储君思想使之为其所用，以确保永不背叛，文明与孝文帝元宏即为此等之关系。曾为孝文帝老师的冯熙为文明太后的兄长，后来又成为孝文帝的岳丈，其两个女儿亦先后成为孝文帝的皇后。史载冯熙："从师受《孝经》、《论语》，好阴阳兵法事。"[33]而孝文帝显然也深受其影响，他不仅熟记《孝经》，了解过往时代的孝道思想与孝子，而且言语中也含有明显的阴阳谶纬思想，与其师冯熙所学无不契合，《魏书·穆崇》：

（孝文帝）诏曰："苟孝悌之至，无所不通。今飘风亢旱，时雨不降，实由诚慕未浓，幽显无感也。所言过哀之咎，谅为未衷，省启以增悲愧。"[34]

即含有《孝经·感应章》的内容并带有明显的谶纬思想。孝文帝不仅深谙《孝经》，言行也十分恭谨，对其父献文帝和文明太后十分孝顺，《魏书·高祖纪》："帝幼有至性，年四岁，显祖曾患痈，帝亲自吮脓。五岁受禅，悲泣不能自胜。显祖问帝，帝曰：'代亲之感，内切于心。'显祖甚叹异之。"[35]《魏书·天象志》："是时，冯太后将危少主者数矣，帝春秋方富，而承事孝敬，动无违礼，故竟得无咎。"[36]也正是因为孝文帝的孝顺，才使之得以保全性命及皇位。文明太后以其兄冯熙为孝文老师，其用意在众史实中已湛然明了。文明之后，北魏后宫妃嫔竞相仿效，以至北魏中晚期孝风大盛。

正始三年（506），宣武帝元恪于式乾殿为诸王讲《孝经》，开北魏以至北朝帝王宣讲《孝经》的传统，此后，正光三年（522），肃宗孝明帝元诩于国子学，熙平至武泰年间（516—528）于释奠之礼，永熙中孝武帝元修于显阳殿，多次宣讲《孝经》，"时论美之"，北魏帝王除自己宣讲《孝经》外，还多次饬令大臣讲颂《孝经》（表2-7《北魏帝、王及臣子宣讲〈孝经〉情况表》）。正是在这样的提倡下，北魏社会从上至下学习《孝经》蔚然成风，时论对《孝经》甚为赞誉，《北史·儒林下》：

苏威尝言于上曰："臣先人每诫臣云：唯读《孝经》一卷，足可立身经国，何用多为。"上亦然之。[37]

表2-7 北魏帝、王及臣子宣讲《孝经》情况表

年 代	资料内容	出 处
正始三年（506）	十有一月甲子，帝为京兆王愉、清河王怿、广平王怀、汝南王悦讲《孝经》于式乾殿。	《魏书》卷八，世宗纪第八，203页
正光二年（521）	正光二年，乃释奠于国学，命祭酒崔光讲《孝经》，始置国子生三十六人。……永熙中，复释奠于国学；又于显阳殿诏祭酒刘廞讲《孝经》，黄门李郁说《礼记》，中书舍人卢景宣讲《大戴礼·夏小正篇》；复置生七十二人。	《魏书》卷八十四，列传第七十二，儒林，1842页
正光二年（521）	癸亥，车驾幸国子学，讲《孝经》。三月庚午，帝幸国子学祠孔子，以颜渊配。	《魏书》卷九，肃宗纪第九，232页
正光二年（521）	二年春正月，南秦州氐反。二月，车驾幸国子学，讲《孝经》。	《北史》卷四，魏本纪第四，148页
正光三年（522）	正光三年，乃释奠于国学，命祭酒崔光讲《孝经》，始置国子生三十六人。 永熙中，孝武复释奠于国学，又于显阳殿诏祭酒刘廞讲《孝经》。	《北史》卷八十一，列传第六十九，儒林上，2704～2705页
熙平至武泰年间（516—528）	琛以肃宗始学，献金字《孝经》。	《魏书》卷二十，文成五王列传第八，529页

续表

年　代	资料内容	出　处
熙平至武泰年间（516—528）	及光为肃宗讲《孝经》，遵业预讲，延业录义，并应诏作《释奠侍宴诗》。	《魏书》卷三十八，列传第二十六，879页
熙平至武泰年间（516—528）	肃宗行释奠之礼，讲《孝经》，侪辈之中独蒙引听，时论美之。	《魏书》卷七十七，列传第六十五，羊深，1703页
熙平至武泰年间（516—528）	光为孝明讲《孝经》，遵业预讲，延业录义，并应诏作《释奠侍宴诗》。	《北史》卷三十五，列传第二十三，王慧龙，1291页
不晚于永安三年（530）	太尉、清河王怿辟参军事，怿亲为《孝经解诂》，命伟伯为难例九条，皆发起隐漏。	《魏书》卷三十二，列传第二十，崔逞，766页
永熙三年（534）	三年春释菜，诏延公卿学官于显阳殿，敕祭酒刘廞讲《孝经》，黄门李郁讲《礼记》，中书舍人卢景宣解《大戴礼·夏小正篇》。	《魏书》卷三十六，列传第二十四，李顺，848～849页
太昌至永熙年间（532—534）	出帝于显阳殿讲《孝经》，廞为执经，虽酬答论难未能精尽，而风采音制足有可观。	《魏书》卷五十五，列传第四十三，刘芳，1227～1228页
永熙三年（534）	三年春，释菜，诏延公卿学官于显阳殿，敕祭酒刘廞讲《孝经》，黄门李郁讲《礼记》，中书舍人卢景宣解《大戴礼·夏小正篇》。	《魏书》卷八十四，列传第七十二，儒林，1860页

当时的大臣在上疏议政或举荐、褒美他人时多引用《孝经》或与孝有关的文辞，如《魏书·礼志一》：

（泰常四年八月）太庙博士许钟上言曰：“臣闻圣人能飨

帝，孝子能飨亲。伏惟陛下孝诚之至，通于神明。……”[38]

《魏书·尉元》：

（太和十六年）高祖曰：“孝顺之道，天地之经，今承三老明言，铭之于怀。”明根言曰：“夫至孝通灵，至顺感幽，故诗云：孝悌之至，通于神明，光于四海。如此则孝顺之道，无所不格。……”[39]

《魏书·崔光》：

（光）因以致谏曰：“……伏惟皇太后含圣履仁，临朝阐化，肃雍恺悌，靖徽齐穆，孝祀通于神明，和风溢于区宇。……”[40]

《魏书·张普惠》：

（普惠）上疏曰：“……孝悌可以通神明，德教可以光四海，则一人有喜，兆民赖之。……”[41]

上引四则疏奏皆源于《孝经·感应章》及《孝经·援神契》、《孝经·钩命决》。

《魏书·李孝伯》：

于时民多绝户而为沙门，玚上言：“礼以教世，法导将来，迹用既殊，区流亦别。故三千之罪，莫大不孝，不孝之大，无过于绝祀。然则绝祀之罪，重莫甚焉。……若复听之，恐捐弃孝慈，比屋而是。”[42]

这则疏奏源于《孝经·五刑章》。

《魏书·高闾》：

闾进曰：“臣闻：大夫行孝，行合一家；诸侯行孝，声着一国；天子行孝，德被四海。今陛下圣性自天，敦行孝道，称觞上寿，灵应无差，臣等不胜庆踊，谨上千万岁寿。”[43]

这则疏奏源于《孝经·天子章》、《诸侯章》、《士大夫章》。有的人还直接引用《孝经》，如《魏书·乐志》：

稚、莹表曰：“……《孝经》言：‘严父莫大于配天。’宗祀文王于明堂，以配上帝，即五精之帝也。”[44]

此外，与孝道有关的奏言也有很多，兹举三例，《魏书·崔玄伯》：

僧渊复书曰：“……且君子在家也不过孝于其亲，入朝也不过忠于其君。主上之于兄，恩则不可酬，义则不可背。身可杀也，故非其酬；功不逮也，故非其报。今可以效矣而又弗为，非孝也。……今执志不寤，忠孝两忘，王晏之辜，安能自保，见机而作，其在兹乎。……”[45]

《魏书·穆崇》：

亮表曰：“……以至孝之痛，服期年之丧，练事既阕，号慕如始。统重极之尊，同众庶之制，废越绋之大敬，阙宗祀之旧轨。……则休征可致，嘉应必臻，礼教并宣，孝慈兼备，普天蒙赖，含生幸甚。”[46]

《魏书·高允》：

（太和二年）允上《酒训》曰：“遵孝道以致养，显父母而扬名。蹈闵曾之前轨，遗仁风于后生。仰以答所授，俯以保其成。……”[47]

在上行下效风气的引导下，中晚期以后的北魏社会行孝成风，涌现出大量的孝子，他们少习《孝经》，三五岁即能成诵，而且“少有孝行”、“事亲以孝闻”、“哀毁尽礼”，成为当时北魏社会孝道思想的忠实信徒与实践者。此外，随着《孝经》的流传，孝道思想播撒到社会多个层面，对上至帝王的谥号，下至民众的姓名也产生了影响，帝王大臣的谥号、年号、姓名、字号以及地名中多有孝字出现（表2－8《〈魏书〉所见孝字举例》），从另一侧面反映出北魏孝道发展的一般状况。

表2－8 《魏书》所见孝字举例

谥号	孝文（230）、孝明（221）、孝庄（268）、孝武、孝静（313）、孝昭、孝闵、孝穆（1300）、孝（1434）、孝惠（2030）、孝昭王（2229）、孝贞（889）、孝妃（833）、孝宣（762）、孝简（1054）
年号	孝基（565）、孝昌
名字	殷孝祖（1132）、李孝伯（1167）、崔孝伯（1342）、刘孝仪（1874）、崔孝芬（2177）、陈孝孙（2832）、高孝干（2332）、李孝怡（1030）、孝章（1054）、孝琬（762）、孝琰（762）、孝怡（847）、孝通（945）、孝绅（943）、孝儒（892）、孝绪（637）、孝亮（2244）、裴孝才（1873）、孝邕（1294）、崔孝忠（1274）、崔孝芬（1266）、崔孝直（1267）、崔孝演（1267）、怀孝（1245）
字号	孝宗（1251）、孝虞（1870）、孝则（1092）、孝友（645）、孝和（1822）、孝征（1800）、孝礼（1713）
地名	孝子谷（2249）、孝义里（2323）、孝敬村（《北史》1210）

* 本表所辑资料除孝敬村外，余皆出自《魏书》，括号中之数字为《魏书》之页码。版本参见《参考资料》。

随着人们诵阅《孝经》成风，《孝经》对北魏社会的丧葬思想也产生了影响，《魏书·逸士》：

> （冯）亮时出京师。延昌二年（513）冬，因遇笃疾，世宗敕以马舆送令还山，居崧高道场寺。数日而卒。诏赠帛二百匹，以供凶事。遗诫兄子综，殓以衣帢，左手持板，右手执《孝经》一卷，置尸盘石上，去人数里外。积十余日，乃焚于山。以灰烬处，起佛塔经藏。[48]

《北史·隐逸》对此事的记载较《魏书》略详：

> （亮）遗诫兄子综，殓以衣帢，左手持板，右手执《孝经》一卷，置尸盤石上，去人数里外，积十余日，乃焚于山，灰烬

处，起佛塔经藏。初、亮以盛冬丧，连日骤雪，穷山荒涧，鸟兽饥窘，僵尸山野，无所防护。时有寿春道人惠需，每旦往看其尸，拂去尘霰，禽虫之迹，交横左右，而初无侵毁。衣服如本，唯风吹帕巾稍侧。又以亮识旧南方法师信大栗十枚，言期之将来十地果报，开亮手，以置把中。经宿，乃为虫鸟盗食，皮谷在地，而亦不伤肌体。焚燎之日，有素雾蓊郁，回绕其傍，自地属天，弥朝不绝。山中道俗营助者百余人，莫不异焉。[49]

这种以《孝经》随葬的情况，《南齐书》也有记载，该书卷四十一《张融传》记述张融“建武四年（497），病卒。年五十四。遗令建白旐无旒，不设祭，令人捉麈尾登屋复魂。曰：‘吾生平所善，自当凌云一笑。’三千买棺，无制亲衾。左手执《孝经》、《老子》，右手执小品《法华经》”[50]。延昌二年（513）与建武四年（497）仅相差6年，南朝与北朝在几近相同的时间出现随葬《孝经》的情况，绝非偶然，从《北史》对冯亮事迹的记载中，我们可隐约观察到《孝经》在当时丧葬中的功能已露端倪。此外，《孝经》所具有的通感神明的神异性，还使其具有了祛除病邪的神奇功能，《南史·隐逸上》：

山阴白石村多邪病，村人告诉求哀，欢往村中为讲《老子》，规地作狱。有顷，见狐狸鼋鼍自入狱中者甚多，即命杀之。病者皆愈。又有病邪者问欢，欢曰：“家有何书?”答曰：“唯有《孝经》而已。”欢曰：“可取《仲尼居》置病人枕边恭敬之，自差也。”而后病者果愈。[51]

《南史·徐摛》：

（徐份）性孝弟，陵尝疾笃，份烧香泣涕，跪诵《孝经》，日夜不息，如是者三日，陵疾豁然而愈，亲戚皆谓份孝感所致。[52]

于西汉哀、平之际始受谶纬浸染的《孝经》，经东汉、魏晋至北魏时，已具有浓重的天人感应色彩，《孝经》与其在谶纬影响下形成的《孝经·援神契》、《孝经·钩命决》等纬书所宣扬的“孝悌之至，通于神明”的天人感应思想对当时人们的孝道观念产生了广泛的影响，魏晋至南北朝时大量孝感故事的产生可从另一侧面说明这一问题。北魏中后期，基于后宫妃嫔蓄意利用“子贵母死”擅权这一特殊的政治背景，《孝经》作为控制幼主思想的教育工具，得以在北魏中后期获得更进一步的传播，其所宣扬的“孝悌之至，通于神明，光于四海，无所不通”的天人感应思想也随之对人们的孝道观念产生了更为深入的心理影响，并成为北魏孝道思想的核心与主导内涵。

先秦以来，孝道思想的核心内涵随着历代政治背景的改变，也在不断发生着变化，作为孝道思想的图像呈现，历代孝子画像的图像内涵均以其所处时代的孝道思想为依归和主旨，北魏孝子画像的图像内涵也是与当时社会所盛行的孝道思想的核心紧密联系在一起的，即以“孝悌之至，通于神明，光于四海，无所不通”为核心的天人感应思想，而其图像的刻画也是围绕这一内涵展开的，孝子画像进入北魏墓室图像系统，并大量刻画在石棺、石床围屏等葬具上，即与这一内涵有密切联系。

（三）《孝经》与六朝《孝子传》的成本：以蔡顺为例

与孝子画像一样，《孝子传》的成本，包括孝子的选择以及孝行事迹的编排也与以《孝经》为主导的孝道思想与观念有着密切的联系。目前所知最早的一部《孝子传》（又称《孝子图》或《说苑》）是由西汉刘向编定的，而刘向同时也是今文《孝经》（十八章）的整理者，《隋书·经籍志》：

> 至刘向典校经籍，以颜本比古文，除其繁惑，以十八章为定。[53]

六朝时，随着《孝经》的传布，行孝之风此起彼伏，孝子迭出，《孝子传》的编撰也较前代为盛，从《太平御览》、《法苑珠林》、《艺文类聚》等类书保存的部分六朝《孝子传》来看，六朝时期的孝子故事多以通感天地的孝行神迹为主，正体现了上文所述当时孝道思想“孝悌之至，通于神明”的内涵，可见《孝子传》与《孝经》的历史依附关系。

从西汉中期至南北朝时共编有《孝子传》十余种，分别为刘向《孝子传》、王韶之《孝子传》、王歆《孝子传》、萧广济《孝子传》、师觉授《孝子传》、宋躬《孝子传》、周景式《孝子传》、郑缉之《孝子传》、虞盘佑《孝子传》以及佚名《孝子传》等，除刘向《孝子传》为汉代作品外，余均为六朝时期的著作。但在我国现存古典文献中，却难以见到一部完整的汉至六朝时期的《孝子传》，传中内容大部分散见于《初学记》、《太平御览》、《艺文类聚》、《法苑珠林》等类书中（附录五《六朝〈孝子传〉辑佚》）。据清代茆泮林编写的《孝子传》以及《太平御览》等类书的记载，虽可对汉至南北朝《孝子传》的概貌有一定了解，但这十余种《孝子传》各自是什么内容，涉及哪些孝子，彼此有什么差别，孝子的编写顺序等对于《孝子传》及相关研究十分重要的信息因缺乏可靠古本作为比照而难以做更进一步的探究。

据吉川幸次郎、黑田彰、西野贞治、东野治之等日本学者的研究[54]，日本现存两种古《孝子传》的抄本，其一为船桥本（为船桥家旧藏，故名），是清原枝贤抄录于天正八年（1580）的本子，相当于我国明代万历七年，因而又称清家本或清原本，现为日本京都大学附属图书馆收藏；另一个本子为阳明文库收藏，因称阳明本，抄写年代早于船桥本。关于船桥本与阳明本所据之稿本或称祖本是否为六朝时期的本子，尚存争议。笔者认为，船桥本抄录于天正八年（1580），接近明代晚期，距六朝已有一千多年的历史，时代相距已久，因而判断其祖本年代应谨慎为宜。而阳明本则无书写年代，仅依文字就断其为六朝至隋间的作品略显牵强，但这两个本子较多地保留了古貌还是基本确定的。随着20世纪汉至南北朝孝子画像的陆续出土，这些丰富的图像遗存为我们了解当时孝子故事的流传及六朝《孝子传》的文本情况提供了新的契机与线索。

蔡顺为东汉孝子，事迹出于《后汉书》，据《太平御览》、《法苑珠林》的收录，西汉刘向所编《孝子传》有舜、郭巨、董永、丁兰（附录五），无蔡顺事迹。在目前两汉时期的孝子画像中，迄今没有发现蔡顺画像，蔡顺画像目前主要集中在北魏的考古发现中。

东汉是谶纬思想发展的鼎盛时期，也是《孝经》与谶纬相结合并蒙上神秘色彩的重要历史阶段，出现于这一时期的蔡顺故事显然受到了与谶纬结合后的《孝经》、《孝经·援神契》、《孝经·钩命决》及其他《孝经》杂谶纬的影响，具有明显的“至孝感天”的神秘色彩，在《后汉书》所记述的与蔡顺有关的“噬指悟母”、“伏棺得免”、“闻雷泣墓”三件事迹中，尤以其中的“伏棺得免”最具天人感应色彩，成为北魏孝子画像中重要的表现内容，也正是这段叙述，为后代众多典籍反复摘引，附会到不同的人物身上，并在被不断地引述中出现了变体。《后汉书·列传第二十九》是这样叙述蔡顺孝行的：

蔡顺，字君仲，亦以至孝称。顺少孤，养母。尝出求薪，有客卒至，母望顺不还，乃噬其指，顺即心动，弃薪驰归，跪问其故。母曰：“有急客来，吾噬指以悟汝耳。”母年九十，以寿终。未及得葬，里中灾，火将逼其舍，顺抱伏棺柩，号哭叫天，火遂越烧它室，顺独得免。太守韩崇召为东阁祭酒。母平生畏雷，自亡后，每有雷震，顺辄圜冢泣，曰：“顺在此。”崇闻之，每雷辄为差车马到墓所。后太守鲍众举孝廉，顺不能远离坟墓，遂不就。年八十，终于家。[55]

蔡顺在六朝时进入《孝子传》，敦煌本《孝子传·蔡顺》[56]：

蔡顺字君长，汝南平举人也。少失其父，独养老母，王莽末，天下饥荒。绿桑摇椹，赤黑易器盛之。赤眉贼见，向前问之，答曰：黑者奉充母［饥］，赤者自供。贼等见知是孝子，遂不煞顺。给米三升，牛蹄一双，将事贤母。顺母曾至婚家，过度，呕吐颠到，顺恐母中青（毒），自尝其口吐。母后命终，停丧堂上，东家火起，与顺屋相连，独身□不能移动。乃伏棺号泣，火遂飞过，越烧西家，一时荡尽。顺母生时怕雷，每至大震雷电，顺便走绕坟大哭曰：“顺在此，愿娘莫惊。”太守闻之，若遇天雷，给顺车马，令往墓所。太守韩置用顺为南阁祭酒。[57]

《太平御览》引逸名《孝子传》记录了蔡顺尝毒一节，“《孝子传》曰，蔡顺字君仲，母饮酒，吐呕颠倒，恐母中毒，尝母吐验之。”[58]《后汉书·列传第十九》记述有长沙孝子古初事迹：

长沙有孝子古初，遭父丧未葬，邻人失火，初匍匐柩上，以身扞火，火为之灭。[59]

与蔡顺伏棺事迹十分近似，只是古初的“以身扞火，火为之灭”变成了蔡顺的“号哭叫天，火遂越烧它室”。虽仅数字之差，却使同为东汉孝子的古初与蔡顺拥有了截然不同的历史命运，一个永远隐迹于故纸堆中，另一个则进入《孝子传》，成为孝子的典范而代相传扬。究其原因，笔者认为是蔡顺的孝符合了当时尤其是南北朝时期流行的“孝悌之至，通于神明，光于四海，无所不通”的观念，也许这也正是为什么古初没有被后人刻画、引用甚至进入《孝子传》的真正原因。

蔡顺伏棺、至孝动天的事迹在东汉以后的文献中不断被附会到当时的孝子身上，《晋书·孝友》即记述了三件与蔡顺孝行极其近似的事迹，该书“颜含”条：

（颜含）致仕二十余年，年九十三卒。遗命素棺薄殓。谥曰靖。丧在殡而邻家失火，移棺弗断，火将至而灭。佥以为淳诚所感也。[60]

“刘殷”条：

时柩在殡而西邻失火，风势甚盛，殷夫妇叩殡号哭，火遂越烧东家。后有白鸠巢其庭树，自是名誉弥显。[61]

“何琦”条：

及丁母忧，居丧泣血，杖而后起。停柩在殡，为邻火所逼，烟焰已交，家乏僮使，计无从出，乃匍匐抚棺号哭。俄而风止火息，堂屋一间免烧，其精诚所感如此。[62]

除人物名称不同外，余与《后汉书》中对蔡顺的记载几近相同。进入南朝，蔡顺孝行出现了几种变体，《宋书·孝义》，“贾恩”条：

元嘉三年，母亡，居丧过礼。未葬，为邻火所逼，恩及妻桓氏号哭奔救，邻近赴助，棺亲得免。恩及桓俱见烧死。有司奏改其里为孝义里。[63]

《梁书·孝行》“徐普济”条：

时有徐普济者，长沙临湘人。居丧未及葬，而邻家火起，延及其舍，普济号恸伏棺上，以身蔽火。邻人往救之，焚炙已闷绝，累日方苏。[64]

“庾沙弥”条：

丧还都，济浙江，中流遇风，舫将覆没，沙弥抱柩号哭，俄而风静，盖孝感所致。[65]

《南史·文学》：

（阮）卓幼聪敏，笃志经籍，尤工五言。性至孝，父随岳阳王镇江州，卒，卓时年十五，自都奔赴，水浆不入口者累日。载柩还都，度彭蠡湖，中流遇疾风，船几没者数四，卓仰天悲号，俄而风息，人以为孝感之至。[66]

此种变体在魏晋尤其是南北朝的历史文献中颇为多见，限于篇幅，仅引上面几则。在上引几则蔡顺的变体中，贾恩后被收入宋躬《孝子传》、刘殷被收入逸名《孝子传》（附录五）。在六朝《孝子传》的编修中，选取先代有孝感神迹的孝子故事或改头换面附会到当时孝子的身上是很多见的，如萧广济《孝子传》中的杜孝以竹寄鱼、刑渠父齿落更生、隗通取水，宋躬《孝子传》中的陈遗母盲而复明，师觉授《孝子传》中的王祥卧冰求鲤，逸名《孝子传》中的孟宗哭竹等等，均反映与体现了六朝时《孝经》及《孝经·援神契》、《孝经·钩命决》所宣扬的“孝悌之至，通于神明”的天人感应思想。

限于可据文献及考古材料的缺乏，我们目前还难以确定六朝《孝子传》的确切内容及与当时众多文献之间的文本关系，而目前出土的北魏孝子画像所涉及的孝子故事，有的并没有出现在目前所存的六朝《孝子传》中，如元谧石棺左帮所刻画的孝子董笃父等，是不是当时除了南朝流行的《孝子传》外，北魏也有其自身的《孝子传》文本，或者是画像题材取自其他书籍或当时的民间传说，或者是当时的《孝子传》有所收录，但在后代传抄中遗失，诸种可能均有待新材料出现后作进一步的考查。

《孝子传》的祖本源出于西汉，是刘向编写的，而我们今天所看到的今文《孝经》也是由刘向校订的。刘向《孝子传》的编写无疑受到了《孝经》的影响以及汉代孝道思想的历史性的制约，它们几乎于相同的时间产生，又一同经历了东汉谶纬神学的洗礼，《孝子传》与《孝经》以及当时其他的历史典籍就这样在谶纬神学的迷雾中相互纠缠在一起，衍生出带有天人感应思想的孝子故事。作为《孝经》的历史衍生物，《孝子传》又同《孝经》一起影响、深化甚至改变人们的孝道观念。从文献记载和考古发现来看，当时的人们在统治者的提倡和《孝经》、《孝子传》等典籍的引导下，更加笃诚于孝的信仰，而在我们今天看来，恐怕其实质是出于对天的敬畏和神的尊崇。在今人看来十分虚妄的孝子神迹，在当时却极为人们信重，广为流传，代相引鉴，并被视为言行之典范，竞相仿效，以至当时社会上孝子迭出。鲁迅在《中国小说史略·六朝之鬼神志怪书》中的一段叙述或可对此作出解释，“盖当时以为幽明虽殊途，而人鬼乃皆实有，故其叙述异事，与记载人间常事，自视固无诚妄之别矣。”[67]北魏东园工匠在葬具上刻画的孝子画像正是以六朝流行的《孝子传》为情节依据的，对这些带有天人感应色彩的至孝故事的图像表现，既是东园工匠适应时风的无意识应合，也是在北魏中后期特殊政治背景下的自主选择。

注释

〔1〕蔡汝堃：《孝经通考》，台北：台湾商务印书馆，1970年，3～41页。

〔2〕〔3〕《孝经通考》，34 页、66 页。

〔4〕（汉）许慎：《说文解字》，北京：中华书局，1963 年，51 页。

〔5〕（宋）范晔：《后汉书》，北京：中华书局，1965 年，卷五十九，张衡列传第四十九，1911～1912 页。关于谶纬的起源，历代说法多有分歧，除张衡等人的主张外，还有十一种不同观点，详见钟肇鹏：《谶纬论略》，沈阳：辽宁教育出版社，1991 年，11～26 页。

〔6〕（汉）班固：《汉书》，北京：中华书局，1962 年，卷九十九上，王莽传第六十九上，4069 页。

〔7〕《后汉书》，卷五十九，张衡列传第四十九，1911 页。

〔8〕钟肇鹏：《谶纬论略》，沈阳：辽宁教育出版社，1991 年，83 页。关于谶纬详尽的考证可参见陈槃：《谶纬释名》，载《中央研究院历史语言研究所集刊》，1943 年，第十一本，297～316 页；《谶纬溯原上》，载《中央研究院历史语言研究所集刊》，1943 年，第十一本，317～335 页；《论早期谶纬及其与邹衍书说之关系》，载《中央研究院历史语言研究所集刊》，1948 年，第二十本，159～187 页。

〔9〕苏舆：《春秋繁露义证》，钟哲点校，北京：中华书局，1992 年，卷十二，阴阳义第四十九，341 页。

〔10〕《春秋繁露义证》，卷十一，王道通三第四十四，333 页。

〔11〕胡平生：《孝经译注》，北京：中华书局，1996 年，12、16、34 页。台湾的陈槃先生在其研究谶纬的系列文章中对“孝经中黄谶”、“孝经援神契”、“孝经左契”、“孝经右契”、“左右契”、“孝经左右契图”、“左契图”、“孝经中契”作了深入研究，可参见陈槃：《古谶纬书录解题（三）》，载《中央研究院历史语言研究所集刊》，1948 年，第十七本，59～129 页；《古谶纬书录解题（四）》，载《中央研究院历史语言研究所集刊》，1950 年，第二十二本，85～120 页；《孝经中黄谶解题改写本》，载《中央研究院历史语言研究所集刊》，1988 年，第五十九本，第 4 分，891～897 页。

〔12〕《后汉书》，卷八十一，独行列传第七十一，2694 页。

〔13〕与《孝经》一样，道教在其发展、形成的早期也经历了东汉谶纬的影响，并大量吸纳了谶纬中的阴阳五行与天人感应思想，甚至还受到了当时影响甚巨的《孝经》的影响，《抱朴子内篇·对俗》：“欲求仙者，要当以忠孝和顺仁信为本。若德行不修，而但务方术，皆不得长生也。”（王明：《抱朴子内篇校释》，北京：中华书局，1985 年，53 页）在《太平经》卷一百八“忠孝上异闻决第一百七十五”，卷一百十四“不孝不可久生戒第一百九十四”中亦有记载，参见王明：《太平经合校》，北京：中华书局，1960 年。北魏时期，在寇谦之等人的传播下，道教与佛教、儒家思想一样，在北魏有所发展，当时北魏“置仙人博士官，典煮炼百药”（《魏书》，2973 页），应是接受道教神仙思想的影响。贺西林先生在《北朝画像石葬具的发现与研究》中，从画像石棺上的山林景致的象征性入手，研究了这一体现神仙信仰的象征性与道教的关系，详见巫鸿：《汉唐之间的物质文化与视觉文化》，北京：文物出版社，2003 年，341～376 页。

〔14〕《汉书》，卷七，昭帝纪第七，223 页。

〔15〕《汉书》，卷八，宣帝纪第八，238 页。

〔16〕〔17〕《汉书》，卷十二，平帝纪第十二，355 页、359 页。

〔18〕《后汉书》，卷三十二，列传第二十二，1126 页。

〔19〕孙机：《固原北魏漆棺画研究》，《文物》，1989 年第 9 期，39 页。

〔20〕（北齐）魏收：《魏书》，北京：中华书局，1974 年，卷三十五，列传第二十三，825 页。

〔21〕〔22〕《魏书》，卷二十四，列传第十二，609 页、610 页。

〔23〕《魏书》，卷三十四，列传第二十二，799 页。

〔24〕《魏书》，卷四上，世祖纪第四上，76 页。

〔25〕《孝经译注》，31 页。

〔26〕《魏书》，卷三，太宗纪第三，49 页。

〔27〕《后汉书》，卷五十二，列传第四十二，1732 页。

〔28〕《魏书》，卷一百五之三，天象志三，2402 页。

〔29〕《魏书》，卷五，高宗纪第五，115 页。

〔30〕《魏书》，卷二十九，列传第十七，698 页。

〔31〕《魏书》，卷三十四，列传第二十二，799 页。

〔32〕《魏书》，卷上四，世祖纪第四上，76 页。

〔33〕《魏书》，卷八十三上，列传第七十一上，1818 页。

〔34〕《魏书》，卷二十七，列传第十五，669 页。

〔35〕《魏书》，卷七下，高祖纪第七下，186 页。

〔36〕《魏书》，卷一百五之三，天象志三，2414 页。

〔37〕（唐）李延寿：《北史》，北京：中华书局，1974 年，卷八十二，列传第七十，2754 页。

〔38〕《魏书》，卷一百八之一，礼志一，2737 页。

〔39〕《魏书》，卷五十，列传第三十八，1115 页。

〔40〕《魏书》，卷六十七，列传第五十五，1492 页。

〔41〕《魏书》，卷七十八，列传第六十六，1737 页。

〔42〕《魏书》，卷五十三，列传第四十一，1177 页。

〔43〕《魏书》，卷五十四，列传第四十二，1203 页。

〔44〕《魏书》，卷一百九，乐志，2840 页。

〔45〕《魏书》，卷二十四，列传第十二，632 ~ 633 页。

〔46〕《魏书》，卷二十七，列传第十五，668 ~ 669 页。

〔47〕《魏书》，卷四十八，列传第三十六，1088 页。

〔48〕《魏书》，卷九十，列传第七十八，1931 页。

〔49〕《北史》，卷八十八，列传第七十六，2910 ~ 2911 页。

〔50〕（梁）萧子显：《南齐书》，北京：中华书局，1972 年，卷四十一，列传第二十二，张融，728 ~ 729 页。

〔51〕《南史》，卷七十五，列传第六十五，隐逸上，1875 页。

〔52〕《南史》，卷六十二，列传第五十二，1526 页。
〔53〕（唐）魏征：《隋书·经籍志》，北京：中华书局，1973 年，卷三十二，志第二十七，经籍一，935 页。
〔54〕（日）吉川幸次郎：《京都大学图书馆孝子传》。京都：京都大学，1960 年；［日］西野贞治：《阳明本孝子传の性格并に清原家本との关系について》，《人文研究》，1956 年，7（6）：22～48 页。
〔55〕（宋）范晔：《后汉书》，北京：中华书局，1965 年，卷三十九，列传第二十九，1312 页。
〔56〕敦煌写本《孝子传》共五卷，二卷藏英国伦敦大不列颠博物馆，三卷藏法国巴黎国家图书馆。本文所引《孝子传》是以伯二六二一号为原卷，以斯五七七六号为甲卷、斯三八九号为乙卷、伯三五三六号为丙卷、伯三六八〇号为丁卷比勘后的本子。
〔57〕王重民等：《敦煌变文集》，北京：人民文学出版社，1957 年，卷八，孝子传，902～903 页。
〔58〕（宋）李昉：《太平御览》，北京：中华书局，1960 年，卷八四五，饮食部三，酒下，3777 页。
〔59〕《后汉书》，卷二十九，列传第十九，1032 页。
〔60〕〔61〕〔62〕〔63〕《晋书》，卷八十八，列传第五十八，2287 页、2289 页、2292 页、2243 页。
〔64〕（唐）姚思廉：《梁书》，北京：中华书局，1973 年，卷四十七，列传第四十一，648 页。
〔65〕《梁书》，卷四十七，列传第四十一，656 页。
〔66〕（唐）李延寿：《南史》，北京：中华书局，1975 年，卷七十二，列传第六十二，文学，1791 页。
〔67〕鲁迅：《中国小说史略》，上海：上海古籍出版社，1998 年，24 页。

第三篇

妥死者之魂，慰生者之望：《孝经》与北魏孝子画像图像身份的转换及墓葬功能的实现

一　北魏孝子画像的“叙事性”与“相关性”

（一）北魏孝子画像的图像叙述及其“叙事性”的消解

迄今所见北魏孝子画像的图像内容共涉及十四个孝子和三个节义故事，十四个孝子分别为舜、董永、韩伯余、郭巨、原穀、丁兰、蔡顺、老莱子、闵子骞、伯奇、董晏、眉间赤、李充、董笃父；三个节义故事为鲁义姑姊、李善和尉，前两者位于司马金龙漆围屏上，后者刻画在孝子棺上。北魏孝子画像较前代已大为不同，这不仅表现在风格与技巧上，图像的“叙事性”也明显不如汉代，有的甚至令人不知所云，这在元谧石棺、洛阳古代艺术馆藏石围屏、天理参考馆藏石棺床以及和泉久保物纪念美术馆藏石棺床中尤为明显，而这却是汉代孝子画像所没有的。本节主要以文献为中心，结合汉至北魏孝子画像的考古发现，考察其图像“叙事性”的发展流变。孝子排序以日藏阳明本《孝子传》为据。

舜

舜是汉至北魏孝子画像中经常表现的孝子，内容主要涉及“耕于历山”、“焚廪”、“填井”、“市上相见”等情节，从考古发现来看，北魏孝子画像对于舜的表现，在题材上延续了汉晋传统，但在内容与形式表现上则较前代丰富，并出现了前代孝子画像中不曾出现的内容。舜的孝行事迹在《史记》中已有记载，后为刘向采撷，编进《孝子传》。

舜，冀州之人也。舜耕历山，渔雷泽，陶河滨，作什器于寿丘，就时于负夏。舜父瞽叟顽，母嚚，弟象傲，皆欲杀舜。舜顺适不失子道，兄弟孝慈。欲杀，不可得；即求，尝在侧。……瞽叟尚复欲杀之，使舜上涂廪，瞽叟从下纵火焚廪。舜乃以两笠自扞而下，去，得不死。后瞽叟又使舜穿井，舜穿井为匿空旁出。舜既入深，瞽叟与象共下土实井，舜从匿空出，去。瞽叟、象喜，以舜为已死。象曰："本谋者象。"象与其父母分，于是曰："舜妻尧二女，与琴，象取之。牛羊仓廪予父母。"象乃止舜宫居，鼓其琴。舜往见之。象鄂不怿，曰："我思舜正郁陶!"舜曰："然，尔其庶矣!"舜复事瞽叟爱弟弥谨。[1]

北魏时期的舜画像多分为焚廪、填井、卖蒿、市上相见等情节来表现，其中以"焚廪"和"填井"最为常见。固原漆棺右侧残存舜画像表现了舜的多个故事情节（图3-1-1），是现存北魏舜画像中情节表现最多的，但刻画风格却与洛地北魏画像石葬具上的孝子画像大相径庭，与司马金龙漆围屏上的舜画像也不一致（图1-1-2），具有明显的鲜卑风格。图像刻画十分简略，仅有简单的着鲜卑装的人物，没有洛地孝子画像那样丰富的背景。固原漆棺上的孝子画像与洛地北魏孝子画像和汉晋孝子画像均无粉本渊源，是北魏迁洛之前，孝道思想与孝子故事传入代北并与当地的丧葬活动相结合的产物，是孝子画像在北魏平城时代早期发展的历史见证。这一绘画风格在代北具有一定的普遍性，并不仅限于固原，在大同

图3-1-1 舜画像 彩绘漆画 固原漆棺侧板 线描
采自宁夏固原博物馆:《固原北魏墓漆棺画》。银川:宁夏人民出版社，1988年，后附图版

云冈第十一窟西壁和第十八窟明窗西侧以及甘肃莫高窟第125—126窟中的北魏绣品中[2]，均可见到与固原漆棺上类似的鲜卑装束的人物形象。“迁都平城后，属于鲜卑集团的人们也还保留着浓厚的民族特色，但是在统治集团的上层已经开始汲取和应用源自中原的丧葬习俗，并将游牧文化因素融入其中。”[3] 固原漆棺上着鲜卑装的孝子画像正是迁都平城后，鲜卑游牧文化与中原汉文化相结合的产物。

司马金龙漆围屏、宁懋石室、元谧石棺、孝子棺以及卢氏石围屏上也刻画有舜的图像，惟情节较固原漆棺为少，主要涉及填井、焚廪、舜与二妃三个内容，除司马金龙漆围屏外，余皆将人物刻画在山林之间。宁懋石室、孝子棺与卢氏石围屏上均刻画了填井的情节，宁懋石室与孝子棺表现的是舜从井中逃出的情景。

在宁懋石室右山墙外壁下部右侧画一人正从井中探身而出，为舜，其身旁刻榜题“舜从东家井中出去时”，右侧屋中刻画一人物，可能为舜的后母，画面左部刻有四个人物，最左边屋立二人，推测应为舜父瞽叟和弟象，另两个靠近井的人物身份不明（图3－1－2）。

孝子棺上的舜图像描绘了“填井”及舜与二妃两个情节（图

图3－1－2　“舜从东家井中出去时”　线刻画像　宁懋石室右侧山墙外壁下方
北魏孝昌三年（527）　采自《中国画像石全集·石刻线画》，10页，图10

图3－1－3
“子舜”
线刻画像
孝子棺左帮
采自《洛阳北魏世俗石刻线画集》，8页

3－1－3)，画面左侧为填井场面，右侧为舜与二妃，图像布局近于司马金龙漆围屏上的舜图像（图1－1－2)。但在图像刻画与人物安排上存在出入，而有较大发展，是否存在前后相继的关系有待考察。孝子棺上的舜图像与《史记》等文献中关于舜的记载十分契合，以图像形式忠实叙述了其依据的叙事文本。卢氏石围屏上的舜位于第三石，右一幅表现的是舜入井后的情节，井口围有两人正在向下俯视，为舜父瞽叟和弟象，井口上书榜题“舜子入井时”，中一幅刻画三个人物，左侧二人拱手而坐，一人跪于他们前方，中间刻榜题“舜子谢父母不死”，跪者为舜，拱手坐者为其父母。元谧石棺上的舜画像位于左帮老莱子与孝孙画像之间，图像没有表现填井、焚廪等典型的情节，仅刻画两个对坐的人物，左一人头扎总角，跪于方毯上，双手前举，似正在作揖，为舜，右一人为一女子，端坐榻上，为舜后母，其前方刻榜题“母欲煞舜焉得活”，与汉代及北魏其他表现舜的画像相比，已无叙事性表现（图3－1－4)。

董永

在现存四幅汉代的董永画像中（武梁祠、四川渠县沈府君阙与蒲家湾无铭阙、四川乐山麻浩一号崖墓)，主要表现的是董永鹿车（独轮车）载父的情节，北魏孝子画像延续了这一传统，同时在内容

图3-1-4 “母欲煞舜焉得活”“老莱子年受百岁哭内”“孝孙弃父深山”
线刻画像 元谧石棺左帮 北魏正光五年（524） 采自Wu Hung, *Monumentality in Early Chinese Art and Architecture*, California: Stanford University Press, 1995, p273

与形式上出现了一些新的变化，如鹿车改为双轮车，复杂化了的山林背景，织女的形象也开始出现。董永在刘向《孝子传》、逸名《孝子传》、日藏阳明本、船桥本《孝子传》以及敦煌本《孝子传》中均有记载，《太平御览》引刘向《孝子传》云：

前汉董永，千乘人。少失母，独养父，父亡无以葬，乃从人贷钱一万，永谓钱主曰：“后若无钱还君，当以身作奴。”主甚愍之。永得钱葬父毕，将往为奴，于路忽逢一妇人，求为永妻。永曰：“今贫若是，身复为奴，何敢屈夫人之为妻。”妇人曰：“愿为君妇，不耻贫贱。”永遂将妇人至钱主，曰：“本言一人，今何有二?”永曰：“言一得二，理何乖乎!”主问永妻曰：“何能?”妻曰：“能织耳。”主曰：“为我织千疋绢，即放尔夫妻。”于是索丝，十日之内千疋绢足。主惊，遂放夫妇二人而去。行至本相逢之处，乃谓永曰：“我是天之织女，感君至孝，天使我偿之。今君事了，不得多停。”语讫，云雾四垂，忽飞而去。[4]

宁懋石室、孝子棺、卢氏石围屏以及上海博物馆藏石床上都描

图3-1-5 “董永看父助时”“董晏母供王寄母语时”
线刻画像 宁懋石室左侧山墙外壁
北魏孝昌三年（527）
采自 *Bulletin of The Museum of Fine Arts*,
1942，12，Vol. xl，101，p5

绘了董永以车载父、耕锄于野的情节。宁懋石室上的董永画像位于左侧山墙外壁上部（图3-1-5），画幅以一树分为左右两个部分，左侧描绘一拄杖老者坐于双轮车内，董永随侍车旁，右侧描绘一老一少正在田间劳作，老者旁书“董永看父助时”，敦煌本《孝子传》载：“至于农月，永以鹿车推父至于畔上，供养如故。”[5]画像表现的正是这一内容。上海博物馆藏石床上董永画像的榜题与之仅差一字，为“东永看父助时”。孝子棺上的董永画像亦由中间一树分成左右两个部分，左侧亦描绘“董永看父助时”，布局大致同于宁懋石室；右侧描绘董永遇仙的场面，织女衣带飘然立于正在锄地的董永面前（图3-1-6），与该棺上的“舜与二妃”略同，卢氏石围屏第三石左侧刻有一幅董永画像，榜题为“孝子董永与父独居”，但表现得仍然是董永以车载父耕于野外的景象（图3-1-7），构图布局与孝子棺上的董永画像较为接近。

韩伯余

韩伯余，又称柏榆、伯游、伯榆、伯逾等，是汉晋时期常被表

图3-1-6 “子董永” 线刻画像 孝子棺右帮
采自《洛阳北魏世俗石刻线画集》，3页

图3-1-7 “孝子董永与父独居” 线刻画像 卢芹斋旧藏石围屏第三石
采自《美术史》，平成十五年（2003）. 15Vol. LII No. 2，214页，图12

现的孝子，其中心情节是伯余悲亲，刘向《说苑》：

> 韩伯逾（余）有过，其母笞之，泣，曰：“他日未尝泣，今日何泣也?”对曰：“逾他日得笞，常痛，今母力衰，不能使痛，是以泣也。”[6]

东汉时期的白沙镇、武梁祠伯榆画像与朱然墓伯榆漆盘均有描绘，武梁祠后墙上的伯榆画像十分恰当而写实地表现了这一情节（图3－1－8），榜题也十分详尽，“柏榆伤亲年老，气力稍衰，笞之不痛，心怀楚悲。”[7]在目前发现的北魏孝子画像中，仅在元谧石棺上刻有一幅伯榆画像，该图位于元谧石棺右帮（图3－1－9），榜题为“韩伯余母与丈和颜”，画像没有表现伯榆悲亲这一经典情节，而是于画面左侧方毯上描绘两个女子并肩而坐，前方立一男子正回首而望，明显不是力衰悲亲的情景，与汉代伯余的图像表现大相径庭，即使结合榜题，依然无法明晰其表现的是何内容或情节。

图3－1－8　伯榆画像　武梁祠后壁
采自蒋英炬：《中国画像石全集·山东汉画像石》（第一卷）。济南：山东美术出版社，2000年，31页，图51

郭巨

郭巨的图像源流十分久远，早在东汉延光二年（123）的河南登封太室山南麓启母阙上就已刻有“郭巨埋儿”的画像，但目前保存下来的汉晋时期的郭巨画像并不多。北魏时期的郭巨画像目前发现有五例，分别刻画在固原漆棺、元谧石棺、孝子棺、卢氏石围屏以及洛阳古代艺术馆藏石棺床上。郭巨在刘向《孝子传》、宋躬《孝子传》、敦煌本《孝子传》以及日藏阳明本、船桥本《孝子传》中

图3－1－9 “韩伯余母与丈和颜” 线刻画像 元谧石棺右帮
北魏正光五年（524） 采自《洛阳北魏世俗石刻线画集》，38页

均有收录，刘向《孝子传》云：

郭巨，河内温人。甚富，父没，分财二千万为两，分与两弟，己独取母供养。寄住邻，有凶宅无人居者，共推与之，居无祸，患妻产男，虑养之则防供养，乃令妻抱儿，欲掘地埋之，于土中得金一釜，上有铁券，云赐孝子郭巨，巨还宅主，宅主不敢受，遂以闻官，官依券题还巨，遂得兼养儿。[8]

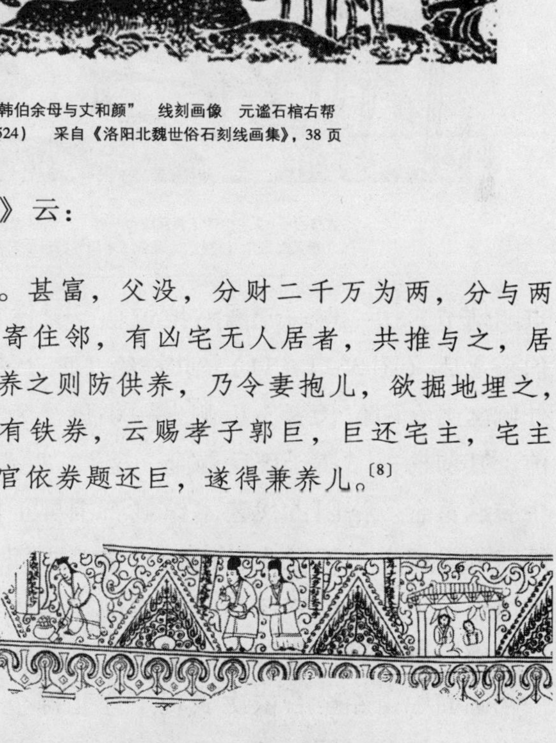

图3－1－10 郭巨画像 彩绘漆画 固原漆棺侧板
采自宁夏固原博物馆：《固原北魏墓漆棺画》。银川：宁夏人民出版社，1988年，后附图版

固原漆棺现存郭巨画像三幅，榜题五方，位于舜画像之后，以一种连续的方式表现了郭巨奉亲的故事（图3－1－10），第一幅描绘两人坐于屋宇内的榻上，榜题为“孝子郭距（巨）供养老母”；第二幅画郭巨袖手而立，妻子右手执莲蕾，左手扶腹部，榜题“以食不足敬□曹母”“相将□土冢天赐皇今（黄金）一父（釜）”；第三幅画郭巨正执铲掘出一釜黄金，榜题为“□衣德脱私不德与”[9]，与该棺上的舜画像一样，人物着鲜卑装束，刻画简略，仅靠榜题来

图 3－1－11　“孝子郭巨赐金一釜”　线刻画像　元谧石棺右帮
北魏正光五年（524）　采自《洛阳北魏世俗石刻线画集》，38 页

点明情节，这一点与元谧石棺近似。元谧石棺上的郭巨位于右帮韩伯余之后（图 3－1－11），共描绘了四个人物，左侧矮榻上坐三人，外侧坐男女两位长者，里侧坐一小孩，为郭巨的儿子，郭巨跪坐榻前，其前榜书“孝子郭巨赐金一釜”，四人前方空处有一奢口坛，坛中装满黄金。洛阳古代艺术馆藏石围屏上的郭巨画像与之相近，亦画三人坐榻上，不过小孩由榻边移至中间，周围是山峦树木，不见元谧石棺上刻画的盛金坛子和榻前跪坐人物。孝子棺、卢氏石围屏上的郭巨画像近似处较多，孝子棺上的郭巨位于石棺左帮中部，在一幅画面中由左至右依次表现了埋儿掘金、抬金回家、奉养母亲三个连续的情节（图3－1－12）。卢氏石围屏上的郭巨位于第一石，是分两个画幅来表现的，中间一幅与孝子棺郭巨画像最右侧奉母一节近似，母亲面右坐榻上，郭巨夫妇拱手跪于榻前，母亲与郭巨夫妇之间榜题“孝子郭巨天赐黄金”，右侧一幅不很清晰，榜题“孝子郭巨”下方隐约有两个人物，应为郭巨夫妇，描绘的可能为入山埋儿的情景。

邓县学庄画像砖上的郭巨画像也描绘了入山埋儿的情节（图 3－1－13），妻子抱儿立于右侧，旁书“妻子”，郭巨持铲抬脚做掘取

图 3－1－12　“子郭巨”　线刻画像　孝子棺左帮
采自《洛阳北魏世俗石刻线画集》，7 页

状，旁书“郭巨”，中间是一坛黄金，上书“金一釜”，人物间衬以树木。湖北襄阳贾家冲墓封门墙砖上的郭巨画像（图 3－1－14）与邓县略同，但显简略，亦无榜题，在树及人物形象刻画上差距较大。邓县画像砖、贾家冲墓画像砖与洛地画像石葬具所绘郭巨画像呈现出简略与繁复、粗糙与精细的巨大差异，两者间的顺承关系也不明显，但在具体的图像要素如线描风格、人物衣着和树木的处理方式却存在相近之处，两者间可能并无直接联系，但不排除间接的影响。

图 3－1－13　郭巨埋儿画像砖　河南邓县画像砖墓
采自曾布川宽、冈田健：《世界美术大全集》（第 3 卷），
东京：小学馆，2000 年，77 页，图 96

图3－1－14　郭巨埋儿画像砖　湖北襄樊贾家冲画像砖墓
采自《江汉考古》，1986年第1期，21页，图9

从邓县郭巨画像上的倒字情况来看，它的制作依据了现成的模板，这在当时的南方很常见，表明其有粉本依据，笔者推测，邓县与襄阳孝子画像所据之粉本可能更为接近晋代与南朝早期祖本原貌，而洛地石葬具上的孝子画像则是东园工匠为适应丧葬的等级而在原始画样基础上丰富、改造而成的，其所据之原始稿本可能与邓县、贾家冲郭巨画像所据粉本存在联系。

原穀

原穀是孝孙在汉至北魏的主要称呼，宋元时期多称之为元觉、圆觉、袁觉或元角（清水电峡金墓），事迹见于《太平御览》卷五百十九引逸名《孝子传》：

> 原穀者，不知何许人，祖年老，父母厌患之，意欲弃之，穀年十五，涕泣苦谏，父母不从，乃作舆升弃之，穀乃随，收舆归，父谓之曰："尔焉用此凶具。"穀云："后父老不能更作得，是以取之耳。"父感悟，愧惧，乃载祖归侍养，克己自责，更成纯孝，穀为纯孙。[10]

原穀的故事在东汉已有流传，并有遗存，在开封白沙镇东汉墓、乐浪汉代彩箧、武梁祠（图3－1－15）、内蒙古和林格尔汉墓中均可见到原穀画像。北魏时期的原穀画像可在元谧石棺、孝子棺、卢氏石围屏、升仙石棺足挡、洛阳古代艺术馆藏石棺床以及上海博物馆藏石床上见到。孝子棺与升仙棺足挡上的原穀画像较接近于文献记载，孝子棺上的原穀画像位于左帮（图3－1－16），画幅表现了抬祖进山与拾舆还家两个情节。升仙棺足挡上的孝孙画像表现了抬祖进山的场面（图1－1－5），与孝子棺略同，但刻画稍显简略，多以剔地平雕为主，略施线刻，图像之繁复细腻远逊于孝子棺。卢氏石围屏上的原穀画像位于第四石，共有两幅，左侧一幅画一老者被弃置在深山丛林中的树下，其前方刻榜题“孝孙父不孝”，中间一幅画两人立于山石之间，中刻榜题“孝孙父舆还家”，当表现孝孙父悔悟的情景。元谧石棺与洛阳古代艺术馆藏石围屏上刻画的原穀画像比较暧昧，均刻两个人物相对而坐，洛阳古代艺术馆藏石围屏上的孝孙像无榜题，元谧石棺上的孝孙画像于两个对坐人物中间刻榜题“孝孙弃父深山”（图3－1－4），但图像内容与文献记载相去甚远，图像表现已脱离故事文本，全无叙事性可言。

图3－1－15　孝孙原穀　武梁祠东壁
采自蒋英炬：《中国画像石全集·山东汉画像石》（第一卷）。济南：山东美术出版社，2000年，30页，图50

丁兰

《太平御览》卷三百九十六引孙盛《逸人传》：

图3-1-16 “孝孙原毂” 线刻画像 孝子棺左帮
采自《洛阳北魏世俗石刻线画集》，6页

丁兰者，河内人也，少丧考妣，不及供养，乃刻木为人，仿佛亲形，事之若生，朝夕定省，后，邻人张叔妻从兰妻借看，兰妻跪投木人，木人不悦，不以借之，叔醉疾来酣骂，木人杖敲其头，兰还，见木人色不怿（悦），乃问其妻，具以告之，即奋剑杀张叔，吏捕兰，兰辞木人去，木人见兰，为之垂泪，郡县嘉其至孝通于神明，图其形像于云台也。[11]

丁兰是汉晋孝子画像中经常表现的孝子，在开封白沙镇东汉墓、乐浪彩箧、武梁祠（图3-1-17）、泰安大汶口东汉墓、和林格尔汉墓可见其形象，主要以表现侍奉木母的情节为主。北魏丁兰画像亦以此为主题，各幅画像间在构图与人物布局上基本相同，仅在背景与人物姿态上存在差异。宁懋石室上的丁兰画像位于右侧山墙外壁上部（图3-1-18），于一院落中展开，画面中间一倚树而坐者应为木母，其前方二人站立，靠右者手执食盘，为丁兰夫妇正在侍奉，三人中间下方空白处题“丁兰事木母”，画幅左侧树林中有一人正席地而坐，地上有食盘、杯盏与瓶，应为丁兰正为母准备饭食。元谧石棺上的丁兰画像（图3-1-19）与卢芹斋石围屏上的丁兰画像基本相同，均为母坐榻上，丁兰跪地侍奉，主要的不同是后者的床榻四周有围帐，值得注意的是，这两方画像中的木母已完全脱离叙事文本而具有了生命的活性。洛阳古代艺术馆藏石棺床上的丁兰画像画两人相视对坐于榻上，中间有榜无题。日本和泉久保物纪念美术馆藏石棺床上的画像模糊，情节的叙事表现亦不突出，由于没有榜题，具体内容尚待考察。

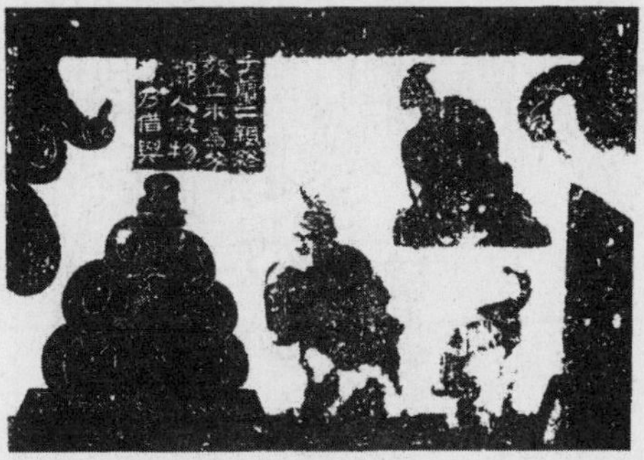

图3－1－17　丁兰事木母　石刻画像
山东　嘉祥武梁祠西墙　东汉
采自巫鸿：《武梁祠：中国古代画像艺术的思想性》。北京：三联书店，2006年，296页，图130

图3－1－18（一）　“丁兰事木母”“舜从东家井中出去时”　线刻画像
宁懋石室右侧山墙外壁　北魏孝昌三年（527）　采自 *Bulletin of The Museum of Fine Arts*，1942，12，Vol. xl，100，p4

图3－1－18（二） “丁兰事木母” 线刻画像 宁懋石室右侧山墙外壁（局部） 北魏孝昌三年（527） 采自《洛阳北魏世俗石刻线画集》，98页

蔡顺

蔡顺为东汉孝子，《后汉书》、敦煌本《孝子传》、《太平御览》引逸名《孝子传》对其事迹均有记载。

就笔者所见，在目前所发现的汉至魏晋的孝子画像中，尚未见有表现蔡顺的图像。在北魏孝子画像中，多选取火起伏棺这一情节来作为表现的主题，“闻雷泣墓”也有表现，“心痛悟母”则尚未见到。固原漆棺、孝子棺及卢氏石围屏上刻有蔡顺画像，均有榜题，固原漆棺的榜题较详，为“东家失火蔡顺伏身官上”，另两者的榜题则显简略，孝子棺上的为“子蔡顺”，卢氏

图3－1－19 “丁兰事木母” 线刻画像 元谧石棺右帮 北魏正光五年（524） 采自《洛阳北魏世俗石刻线画集》，39页

石围屏上的为“孝子蔡顺”。孝子棺上的蔡顺位于该棺右帮中部（图3－1－20），刻画了蔡顺伏棺恸哭，火绕烧他室的场面，画面左侧描绘了邻家失火众人正在负水救火的情景，画面中央绘一亭，中置一棺，上伏一人，亭上部阴刻榜题“子蔡顺”，亭旁右侧下部蹲一犬，面向左部，余则满布山石树木，画面上部绘有流云，约有五只大雁正朝左向飞去。固原漆棺上的蔡顺画像也描绘了这一情节，残存画面中有一屋，周围有火焰绕其屋脊而过，屋内残存一男子头部，为蔡顺。卢氏石围屏表现的是蔡顺“闻雷泣墓”的情节（图3－1－21）。孝子棺与卢氏石围屏均为北魏迁洛以后的作品，两者的画面布局、刻画风格、雕凿技法与出土的其他同期作品基本一致。

图3－1－20　“子蔡顺”
线刻画像　孝子棺右帮　现藏美国堪萨斯纳尔
逊·阿特肯斯艺术博物馆　线描　采自《洛阳北魏世俗石刻线画集》，4页

随着时代的发展，唐代以后，蔡顺画像又有所演进，出现了“拾葚”与“尝毒”两个情节，其中的“蔡顺拾葚供亲”是宋辽金元二十四孝中经常表现的内容。

老莱子

《太平御览》卷四一三引师觉授《孝子传》：

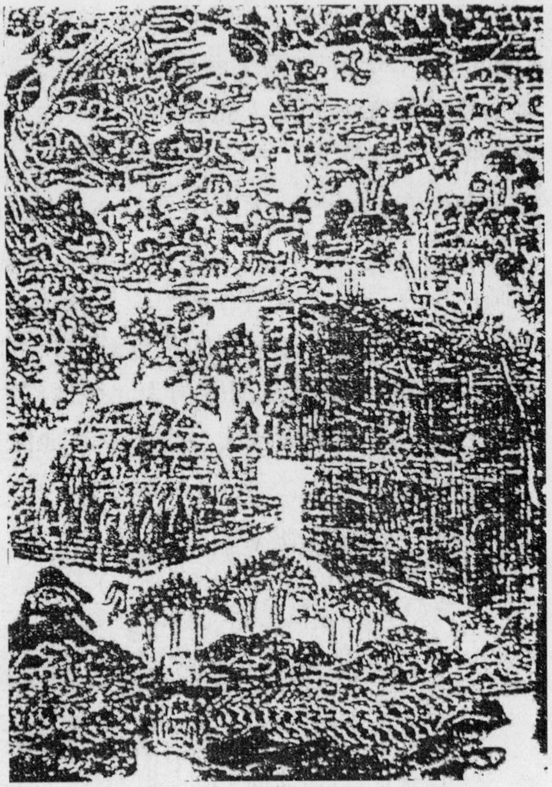

图3－1－21 “孝子蔡顺”线刻画像 卢芹斋旧藏石围屏第二石
采自《美术史》，平成十五年（2003），15Vol. LII No. 2，214页，图11

老莱子，楚人也，至孝。年七十，不言称老，恐伤其母。衣五彩之服，示为童子，以悦母请情。至于母前为童儿之戏，或眠伏，或眠与母益养脚，跌地化作婴儿之啼。楚王闻名，与金帛征之，用为令尹，辞而不就。六国时人。[12]

元谧石棺、卢芹斋石围屏、洛阳古代艺术馆藏石围屏、日本和泉久保物纪念美术馆藏石棺床上刻画有老莱子的孝行故事。元谧石棺上的老莱子画像较该棺其他图像而言，画面情节的叙事性稍显突出，即使没有榜题的辅助，依然可以辨出是老莱子娱亲的场面（图3－1－22），但榜书“老莱子年受百岁哭内”却与画面内容明显不符。邓县学庄老莱子画像与元谧石棺老莱子画像的构图形式基本相同，老莱子父母坐帐内，老莱子正在他们面前舞蹈（图3－1－23）。在洛阳古代艺术馆藏石棺床上的老莱子画像中（图3－1－24），老莱子父母依然坐榻上，但老莱子没有舞蹈，仅侍立在他们身旁。卢

图3-1-22 “老莱子年受百岁哭内”线刻画像 元谧石棺左帮 北魏正光五年（524）
采自《洛阳北魏世俗石刻线画集》，33页

氏石围屏上的老莱子画像位于第二石右侧，不甚清晰，仅辨得在画幅左侧有屋宇，旁题“老莱子父母在堂”，与文献记载及前代画像又有所出入。

图3-1-23 老莱子画像 画像砖 河南邓县学庄
采自河南省文化局文物工作队：《邓县彩色画像砖墓》。北京：文物出版社，1958，19页

在目前所见汉晋孝子画像中，仅在四川乐山麻浩一号崖墓、浙江海宁长安镇画像石墓以及山东嘉祥武梁祠西壁刻画有老莱子，并不多见，其中武梁祠西壁的老莱子画像（图3-1-25）有详细的榜题，“老莱子楚人也，事亲至孝，衣服斑连，婴儿之态，令亲有欢，君子嘉之，孝莫大焉。”[13]从师觉授《孝子传》来看，这一故事至北魏时，其骨干情节没有大的变化，但元谧石棺上老莱子画像内容与

图3－1－24　老莱子画像　北魏石棺床后围板
洛阳古代艺术馆藏　线描　笔者绘
据《中国画像石全集·石刻线画》，58页，图77

榜题的不符，透露出老莱子画像及其孝行故事在北魏的变化。

图3－1－25　老莱子画像　武梁祠西壁
采自蒋英炬：《中国画像石全集·山东汉画像石》（第一卷）。
济南：山东美术出版社，2000年，29页，图49

闵子骞

敦煌本《孝子传》：

闵子骞，名损，鲁人也。父取后妻，生二子，骞供养父母，孝敬无怠。后母嫉之，所生亲子，衣加绵絮，子骞与芦花絮衣。其父不知，冬月，遣子御车，骞不堪甚，骞手冻，数失缰靷，父乃责之，骞终不自理。父密察之，知骞有寒色，父以手抚之，见衣甚薄，毁而观之，始知非絮。后妻二子，纯衣以绵。父乃悲叹，遂遣其妻。子骞雨泪前白父曰："母在一子寒，母去三子单，愿大人思之。"父惭而止，后母改过，遂以三子均平，衣食如一，得成慈母。孝子闻于天下。鲁哀公召骞为费邑宰，名列孔子之从，周敬王时。[14]

汉代的闵子骞画像多选取驾车失棰这一高潮情节来加以表现，在开封白沙镇汉墓、武梁祠以及和林格尔汉墓有其遗存，武梁祠中的闵子骞画像颇具代表性（图2－1－2），图像写实，榜题凝练，以简洁的语言概括了整个故事情节并点明了画像主旨。从目前的考古发现来看，北魏时期的闵子骞画像甚为少见，仅在元谧石棺上刻画有一幅。同韩伯余画像一样，位于元谧石棺右帮的闵子骞画像与东汉时期的闵子骞画像也有很大不同，典型情节如冬日驾车失棰等已完全消解，画面左侧画一女子作榻上，其前方跪一青年男子，样极恭谨，应是表现闵子骞侍奉后母的情景（图3－1－26），但与该棺其他孝子图像无显著情节差异及区别。汉晋时期闵子骞画像的典型样式与忠实体现叙事文本的代表性图像要素在这一时期已难见到。

伯奇

在北魏孝子画像中，固原漆棺、元谧石棺以及洛阳古代艺术馆藏石围屏上刻画有孝子伯奇，分别描绘了两个不同的传说情节，固原漆棺描绘的是伯奇化作飞鸟的传说，画幅多已残损，现存三幅画面的第一幅描绘尹吉甫骑于马上，肩上立一鸟，其后残缺；第二幅仅存一水池，中有一鸟；第三幅残存部分画一人，正引弓待发，对面立一人，其身后有一鸟，表现的是尹吉甫获悉真相射杀后妻的情景[15]（图3－1－27），伯奇化作飞鸟的传说国内现存《孝子传》阙载，可参见曹植的《令禽恶鸟论》：

昔尹吉甫用后妻之谗，而杀孝子伯奇；其弟伯封求而不得，作《黍离》之诗。俗传云：吉甫后悟，追伤伯奇。出游于田，

图 3－1－26 “孝子闵子骞” 线刻画像 元谧石棺右帮
北魏正光五年（524） 采自《洛阳北魏世俗石刻线画集》，37 页

图 3－1－27 伯奇画像 彩绘漆画 固原漆棺侧板
线描 采自宁夏固原博物馆：《固原北魏墓漆棺画》。
银川：宁夏人民出版社，1988 年，后附图版

见异鸟鸣于桑，其声叫然。吉甫动心曰：“无乃伯奇乎？”鸟乃抚翼，其音尤切。吉甫曰：“果吾子也。”乃顾谓曰：“伯奇，劳乎！是吾子，栖吾舆；非吾子，飞勿居。”言未卒，鸟寻声而栖于盖。归入门，集于井干之上，向室而号。吉甫命后妻载弩射

之，遂射杀后妻以谢之。[16]

元谧石棺描绘的则是后母以毒蛇计杀伯奇的情节（图3－1－28），日藏阳明本、船桥本《孝子传》记载有这段故事[17]，金代王朋寿《类林杂说》卷一《孝友篇第四》引逸名《孝子传》中也有记载，但文字有所不同：

图3－1－28 “孝子伯奇母赫儿”“孝子伯奇耶父”“孝子董笃父赎身”线刻画像 元谧石棺左帮 北魏正光五年（524） 采自Wu Hung, *Monumentality in Early Chinese Art and Architecture*, California: Stanford University Press, 1995, p272

> 尹伯奇，周之上卿吉甫之子，父更娶后妻，又生圭。伯奇至孝，后母嫉之，欲杀奇，乃取蛇密安瓮中，命奇、圭视之，圭年小，见蛇乃惊，便号叫走，称奇打我，母问吉甫，甫不信，又谓甫曰："奇存非法向我，君不信，今与奇游后园，君遥观之。"甫信其言，于是母与奇至园中，诈云被刺脚，令奇看之，父遥见，谓如母言，呼奇责之，奇恐伤母，意终不自治，遂自抱石投河而死，周宣王时人。[18]

画像位于石棺左帮，左侧画幅中间刻画一细颈宽腹大瓶，瓶口上方有一蛇正向上探出头来，瓶两侧各画两个人物，左侧身形较大，应为伯奇，右侧身形较小，应为弟圭，圭与瓶中间榜题“孝子伯奇母赫儿”，表现的是后母置蛇瓶中，命伯奇与圭观看，以陷害伯奇的情节。画幅右侧亦画两个人物形象，左侧一人袖手坐于矮榻上，右一人拱手恭敬站立，身体微向前倾，两人中间题“孝子伯奇耶父”，表现的是后母谮毁伯奇后，父亲尹吉甫询问伯奇的情节。洛阳古代艺术馆藏石围屏上的伯奇与该围屏上的其他孝子画像一样，均无榜题，画面中部一方席上跽坐男女二人，人物身份尚难推定，其前方有一蛇，正卷曲向上盘升[19]，与文本的叙述多有不符（图3－1－29）。

图3－1－29　伯奇图　线刻画像　洛阳古代艺术馆藏石围屏
线描　笔者绘　采自《考古与文物》，2004年第3期，69页，图2

董晏

董晏在敦煌本《孝子传》和日藏阳明本、船桥本《孝子传》（作董黯）中有记载，敦煌本《孝子传》云：

> 董晏，字孝理，会越州勾章人也。少失其父，独养老母恭甚敬，每得甘果美味，驰走献母，母常肥悦。比邻有王寄者，

其家剧富。寄为人不孝，每于外行恶，母常忧怀，形容羸瘦。寄母谓晏母曰："夫人家贫年高，有何供养，恒常肥悦如是?"母曰："我子孝顺，是故示也。"晏母后语寄母曰："夫人家富，美膳丰饶，何以羸瘦?"寄母答曰："故瘦尔。"寄后闻之，乃杀三牲，致于母前，拔刀胁抑令吃之。专伺候董晏出外，直入晏家，令他母下母床，苦辱而去。晏寻知之，即欲报怨，恐母忧愁，嘿然含爱。及母寿终，葬送已讫，乃斩其头持祭于母。自缚诣官。会赦得免。[20]

在北魏孝子画像中，董晏的刻画不及舜、郭巨、董永等普遍，目前仅在宁懋石室左侧山墙外壁刻画有一幅，位于丁兰下方，描绘的是董晏与王寄二人的母亲正在交谈的情景，榜题为"董晏母供王寄母语时"，较符合于文献记载（图3－1－5）。

李充

李充为东汉孝子，事迹在《后汉书·独行列传第七十一》中有载：

李充字大逊，陈留人也。家贫，兄弟六人同食递衣。妻窃谓充曰："今贫居如此，难以久安，妾有私财，愿思分异。"充伪酬之曰："如欲别居，当酝酒具会，请呼乡里内外，共议其事。"妇从充置酒宴客。充于坐中前跪白母曰："此妇无状，而教充离间母兄，罪合遣斥。"便呵斥其妇，逐令出门，妇衔涕而去。坐中惊肃，因遂罢散。充后遭母丧，行服墓次，人有盗其墓树者，充手自杀之。服阕，立精舍讲授。[21]

就笔者所见，目前的汉代孝子画像中尚未见有表现李充者，而于北魏也仅见于司马金龙漆围屏，迁洛之后的画像石葬具上亦无表现。画面绘漆围屏拼合后第三块板上，位于李善的下方，图像表现基本忠实于文献记载的情节，画面右侧一妇人面左坐于有围帐的矮榻上，李充于前跪地，中有榜题"孝子李充奉妣时"，最左边立一女子，旁书"李充妻"，表现了李充跪地白母出妻的情景（图

3－1－30）。

图3－1－30　李充画像　彩绘漆画　司马金龙漆围屏　北魏太和八年（484）线描　笔者绘　据张安治：《中国美术全集》（1）。北京：人民美术出版社，1986，156页，“屏风漆画列女古贤图”（之二）

眉间尺

眉间尺，名赤比，因其“眉间广尺”，故称眉间尺，在文献和北魏孝子画像的榜题中又称眉间志或眉间赤，传为干将、莫邪的儿子。事迹源出“三王墓”的传说，在《搜神记》卷十一，“三王墓”条：

楚干将、莫邪为楚王作剑，三年乃成。王怒，欲杀之。剑有雌雄。其妻重身当产，夫语妻曰：“吾为王作剑，三年乃成。王怒，往必杀我。汝若生子是男，大，告之曰：‘出户望南山，松生石上，剑在其背。’”于是即将雌剑，往见楚王。王大怒，使相之：“剑有二，一雄一雌。雌来，雄不来。”王怒，即杀之。莫邪子名赤比，后壮，乃问其母曰：“吾父所在？”母曰：“汝父为楚王作剑，三年乃成。王怒，杀之。去时嘱我：‘语汝子：出户望南山，松生石上，剑在其背。’”于是子出户南望，不见有山，但睹堂前松柱下，石低之上，即以斧破其背，得剑。日夜思欲报楚王。王梦见一儿，眉间广尺，言：“欲报仇。”王即购之千金。儿闻之，亡去。入山行歌。客有逢者，谓：“子年少，何哭之甚悲耶?”曰：“吾干将、莫邪子也。楚王杀吾父，吾欲报之!”客曰：“闻王购子头千金，将子头与剑来，为子报之。”儿曰：“幸甚!”即自刎，两手捧头及剑奉之，立僵。客曰：“不负子也。”于是尸乃仆。客持头往见楚王，王大喜。客曰：“此乃勇士头也。当于汤镬煮之。”王如其言。煮头三日三夕，不烂。头踔出汤中，踬目大怒。客曰：“此儿头不烂，愿王自往临视之，是必烂也。”王即临之。客以剑拟王，王头随堕汤中。客亦自拟己头，头复堕汤中。三首俱烂，不可识别。乃分其汤肉葬之，故通名“三王墓”，今在汝南北宜春县界。[22]

《太平御览》卷三四三所引《列士传》、《孝子传》中的眉间尺故事与《搜神记》中的记载基本相同，惟显简略。在北魏孝子画像中，元谧石棺右帮的眉间赤画像颇具代表性。眉间赤故事围绕一棵树和一座圆坟展开，画面左侧画一袖手跪坐形象，其头部上侧阴线刻“眉间志妻”榜题，为眉间志的妻子，画面右侧同样画一袖手席地而坐的形象，两个人物间为一棵树和一座圆坟，圆坟旁线刻榜书“眉间志与父报酬”，背景是丛树山峦。这幅画像所表现的情节与《搜神记》、《列士传》、《孝子传》的记载出入很大，文献记载中的干将、莫邪、晋王(《列异传》作楚王)、客等均未刻画，所刻画的妻子形象在文献中并没有提及。画面右侧的跽坐人物身份也很难确定，眉间赤为替父报仇，已先行自刎，客携其头和剑献于楚王，后与楚王同归于尽，如果以现有文献为依据的话，画面右侧的跽坐人物既非眉间赤，也不应是客，极有可能是眉间赤的母亲莫邪，而中间的圆坟应为埋葬眉间赤、客及楚王的三王墓。此外，还存在另一种可能就是该画像的刻画或许另有文献或图样依据，从画面中出现妻子的形象来看，这一可能性还是很大的，若以此为出发点的话，画面中的圆坟则应为眉间赤的父亲干将的墓，而墓前右侧的跪坐人物则为眉间赤，不过这与现有文献记载则完全背离了(图3－1－31)。

现藏洛阳古代艺术馆和日本和泉久保物纪念美术馆的两张石床上也各刻画有一幅眉间赤故事，洛阳古代艺术馆藏石床上的眉间赤

图3－1－31 “眉间志与父报酬” 线刻画像 元谧石棺右帮
北魏正光五年（524） 采自《洛阳北魏世俗石刻线画集》，36页

画像于崇山峻岭间刻画有两个人物，一跽坐，一站立，中间有榜无题，表现情节含糊，刻画风格与元谧石棺类似。和泉久保物纪念美术馆中的眉间赤画像已难辨识，由于画面中没有榜题，约略可见的人物情节十分含混。

董笃父

董笃父的画像目前仅见于元谧石棺，位于该棺左帮（图3－1－28），在山峦丛树间刻画两个人物，右侧一人袖手坐于榻上，左侧一人跽坐在地，右手持物前举，应为董笃父。从画面来看，董笃父画像的构图形式与该棺其他孝子画像如丁兰、郭巨、原穀等十分近似，均为一人坐榻上，另一人跪坐于前，画面形式大同小异，差别不大。董笃父在《太平御览》、《艺文类聚》、《初学记》等类书所辑六朝

《孝子传》以及日藏阳明本、船桥本《孝子传》中均无收录，而在目前所见汉晋孝子画像中亦无其踪迹，从榜题“孝子董笃父赎身”来看，颇类董永卖身葬父的故事，但又有些微差异，董笃父是否即为董永或者另有所指，尚待考察。

鲁义姑姊

刘向《列女传·节义传》：

> 鲁义姑姊者，鲁野之妇人也，齐攻鲁至郊，望见一妇人抱一儿携一儿而行，军且及之，弃其所抱，抱其所携而走山，儿随而啼，妇人遂行不顾，齐将问儿曰：“走者尔母耶?”曰：“是也。”“母所抱者谁也。”曰：“不知也。”齐将乃追之，军士引弓将射之，曰：“止不止，吾将射尔。”妇人乃还，齐将问所抱者谁也，所弃者谁也。对曰：“所抱者妾兄之子也，所弃者妾之子也，见军之至，力不能两护，故弃妾之子。”齐将曰：“子之于母，其亲爱也，痛甚于心，今释之而反抱兄之子，何也?”妇人曰：“己之子，私爱也，兄之子，公义也，夫背公义而向私爱，亡兄子而存妾子，幸而得幸，则鲁君不吾畜，大夫不吾养，庶民国人不吾与也，夫如是则胁肩无所容，而累足无所履也。子虽痛乎，独谓义何，故忍弃子而行义，不能无义而视鲁国于是。”齐将按兵而止，使人言于齐君曰：“鲁未可伐也，乃至于境，山泽之妇人耳犹知持节行义，不以私害公而况于朝臣士大夫乎，请还。”齐君许之。鲁君闻之，赐妇人束帛百端，号曰义姑姊，公正诚信，果于行义，夫义其大哉，虽在匹妇，国犹赖之，况以礼义治国乎！《诗》云：“有觉德行，四国顺之，此之谓也。”颂曰：“齐君攻鲁，义姑有节，见军走山，弃子抱侄，齐将问之，贤其推理，号妇为义，齐兵遂止。”[23]

鲁义姑姊在武氏祠前石室第七石与内蒙古和林格尔汉墓中室壁面上有描绘，而北魏的鲁义姑姊画像目前仅见于迁洛之前的司马金龙漆围屏（图3－1－32），洛地画像石葬具上目前尚未发现有其画像。鲁义姑姊位于拼合后的第三块漆板背面的最上方，画面刻画了一位抱侄携子向前行走的女子形象，表现了鲁义姑姊为避齐兵，正携子奔逃的情景，虽与刘向《列女传》中的记载较为吻合，但同孝子棺上的“尉”画像相比（图3－1－32），情节表现较为单一，缺乏完整的叙事性，图像要素亦欠丰富。

图3－1－32　鲁义姑姊画像　彩绘漆画　司马金龙漆围屏
北魏太和八年（484）　线描　笔者绘　据《中国美术全集》
（1），156页，“屏风漆画列女古贤图”（之二）

李善

李善见于《后汉书·独行列传第七十一》：

李善字次孙，南阳淯阳人，本同县李元苍头也。建武中疫疾，元家相继死没，唯孤儿续始生数旬，而资财千万，诸奴婢私共计议，欲谋杀续，分其财产。善深伤李氏而力不能制，乃潜负续逃去，隐山阳瑕丘界中，亲自哺养，乳为生湩，推燥居湿，备尝艰勤。续虽在孩抱，奉之不异长君，有事辄长跪请白，然后行之。闾里感其行，皆相率修义。续年十岁，善与归本县，修理旧业。告奴婢于长吏，悉手杀之。时钟离意为瑕丘令，上书荐善行状。光武诏拜善及续并为太子舍人。

善，显宗时辟公府，以能理剧，再迁日南太守。从京师之官，道经淯阳，过李元冢。未至一里，乃脱朝服，持锄去草。

及拜墓，哭泣甚悲，身自炊爨，执鼎俎以修祭祀。垂泣曰：“君夫人，善在此。”尽哀，数日乃去。到官，以爱惠为政，怀来异俗。迁九江太守，未至，道病卒。[24]

李善画像在汉代亦有描绘，见于乐浪彩箧、武梁祠以及和林格尔汉墓，在北魏也仅出现在司马金龙漆围屏上，位于鲁义姑姊的下方，李充的上方，画面左侧绘一妇人坐矮榻上，后一侍女执华盖，前方榜题“□人死长人赐善姓为李郡表上诏拜河内太守”，榻前方坐一男子，身前榜书“李善养□兄妹”（图3-1-33），与文本叙述略有出入。李善与李充画像中这种两相对坐的图像布局形式与元谧石棺有相近之处，疑其存在粉本的继承与发展关系。

图3-1-33　李善画像　彩绘漆画　司马金龙漆围屏北魏太和八年（484）
线描　笔者绘据《中国美术全集》（1），156页，“屏风漆画列女古贤图”（之二）

尉

尉位于孝子棺右帮，表现的是东汉王琳的孝义故事。王琳字巨尉，《后汉书》、《东观汉记》中有其传记，六朝时进入《孝子传》，《太平御览》载逸名《孝子传》和日藏阳明本、船桥本《孝子传》中均有记载，而其画面所表现的内容也与文献记载的王琳故事相符。

时，汝南有王琳巨尉者，年十余岁丧父母。因遭大乱，百

> 姓奔逃，唯琳兄弟独守冢庐，号泣不绝。弟季，出遇赤眉，将为所哺，琳自缚，请先季死。贼矜而放遣，由是显名乡邑。后辟司徒府，荐士而退。[25]

据上述记载，可判定榜题上缺失的字应为“子巨”或“王巨”。画面分左右两部分表现了两个情节，左侧表现的是王琳闻弟被俘后，舍身自缚前往营救的场面，右侧表现了赤眉军被王琳舍身至行打动而放他们归家的情景（图 3－1－34）。东汉时另有一孝子赵孝，宋金时多称之为赵孝宗，事迹与王琳类同，“孝弟礼为饿贼所得，孝闻之，即自缚诣贼，曰：‘礼久饿羸瘦，不如孝肥饱。’贼大惊，并放之，谓曰：‘可且归，更持米备来。’孝求不能得，复往报贼，原就亨。众异之，遂不害。乡党服其义。”[26]赵孝字长平，并无尉字，两人事迹虽近似，但该幅画像描绘的应不是赵孝，奥村伊九良在《孝子传石棺の刻画》中也作此观点。[27]

与汉晋时期的孝子画像比较而言，北魏时期，尤其是迁洛之后的孝子画像的图像形式发生了较大改变，我们在汉晋孝子画像中所

图 3－1－34　“□□尉”　线刻画像　孝子棺右帮
采自《洛阳北魏世俗石刻线画集》，5 页

看到的遵循孝子故事的纯然写实性的表现在这时失去了主导地位，脱离孝子故事文本情节的表现开始出现，并占据一定的比例，从元谧石棺、和泉久保物纪念美术馆藏石围屏、洛阳古代艺术馆藏石围屏上，可以清晰地看到这一点。元谧石棺上除老莱子、伯奇画像尚保留少许情节外，其余的画像在形式上多有雷同，没有明显的情节差异，叙事性也不明显，仅能依榜题来加以区别，榜题虽很详尽，但有的却与画面内容并不符合，如"孝子闵子骞"，过去在汉代所表现的闵子骞驾车失棰的经典画面被两个对坐的人物取代，"孝孙弃父深山"也是如此，抬舆场面被摒弃，取而代之的也是两个对坐的人物，如果把这两幅画像的榜题相互对调，似乎也无不可，老莱子画像虽隐见娱亲情节，但榜题却为"老莱子年受百岁哭内"，反而令人不知所云。其他画像也或多或少存在类似情况。在和泉久保物纪念美术馆藏石围屏、日本天理参考馆藏石围屏以及洛阳古代艺术馆藏石围屏上这一现象也比较明显，不仅画面缺乏叙事性，情节消解的令人难以辨析，而且连榜题也省略掉了。

太和之后，北魏国运渐趋衰微，农民起义与时局动荡使北魏政权处于风雨飘摇之中，这势必会不可避免地对"东园"产生一定的冲击和影响，但这种影响并不是北魏画像石葬具上孝子画像形式与文本相脱离的根本原因。笔者认为，这种图像叙事性的消解与北魏时以"孝悌之至，通于神明"为其内涵的孝道思想的渐深影响有一定关系，到孝明帝正光年间（520—525），北魏迁洛已有三十多年，地理上进入中原腹地以及孝文帝严厉的汉化政策，拓跋部族所接受的汉文化影响较平城时期更为广泛和深入。随着对"至孝通于神明"的孝道思想的进一步认识，将孝子画像视为体现这一内涵的符号化代表成为一种可能的心理趋势，并使之由"叙事性绘画"转化为与汉晋丧葬画像在内涵及功能上相关的"相关性绘画"，随着这一转变的实现，孝子画像中榜题与内容是否相符，或者有没有榜题似乎也就显得不那么重要了。

（二）大孝题材的选择与刻画位置的转变

据目前的考古发现，汉至魏晋孝子画像的题材虽以孝悌居多，

图 3－1－35 “义浆羊公” 石刻画像 山东嘉祥武梁祠东墙 东汉
采自巫鸿：《武梁祠：中国古代画像艺术的思想性》。
北京：三联书店，2006 年，310 页，图 139

但忠义题材也有不少，然而，进入北魏后，原在东汉曾经流行的节义题材如“义浆羊公”（图 3－1－35）、“京师节妇”、“齐继母”、“三州孝人”、“鲁义姑姊”等消失了，而大孝的题材则日益增加并主要集中到“郭巨埋儿”、“蔡顺伏棺”、“董永行孝”等有孝感神迹的孝子故事上，成为北魏画像石葬具上表现的主要题材（表 3－1《汉至北魏孝子画像题材分类表》）。据日藏阳明本与船桥本《孝子传》的目录以及《太平御览》、《艺文类聚》、《法苑珠林》等类书中有关六朝《孝子传》的记载，汉魏南北朝，尤其是六朝时期是有多种《孝子传》流传的，收录的孝子也有很多（附录五），但目前所见北魏孝子画像所刻画的孝子仅占其中很少的一部分，而且多为大孝题材，之所以称其为大孝题材，是因为这些孝子的行为多为孝中至行，即“孝悌之至，通于神明”的孝行，东园工匠在刻画孝子画像时，摒弃其他孝子，而选择这些孝动天地的大孝子刻画在葬具上，从前文对先秦至北魏孝道思想内涵的时代嬗变的分析来看，其用意已然十分明显。因为这些大孝子的至孝之行符合了“孝悌之至，通于神明，光于四海，无所不通”的“孝”的时代内涵，而这一内涵又符合了北魏人的墓葬观念，同时也应和了拓跋上层统治阶级对孝的需要与利用，因而得以取代南朝盛行的竹林七贤等高士题材而出现于北魏画像石葬具上[28]，并成为重要的表现主题。

表3－1　汉至北魏孝子画像题材分类表

	孝　悌	节　义
汉晋	骊姬计杀申生、乌还哺母、郭巨埋儿、刑渠哺父、丁兰事木母、闵子骞驾车失棰、伯榆悲亲、孝孙原穀、魏汤、李善、舜、曾子质孝、老莱子娱亲、董永、章孝、朱明、金日磾、赵盾、子路、赵苟、七女为父报仇	鲁义姑姊、齐继母、京师节女、三州孝人、义浆羊公
北魏	蔡顺伏棺、舜、郭巨埋儿、伯奇、李充、董永、董晏、丁兰事木母、伯榆悲亲、闵子骞、眉间赤为父报仇、孝孙原穀、老莱子娱亲、董笃父赎身	鲁义姑姊、李善、尉

随着题材的变化，孝子画像的刻画位置也发生了转变。汉晋时期，孝子画像主要刻画在宫殿、祠堂、石阙、画像石、画像砖、日常用具如彩箧、漆盘上，见于墓室的有山东肥城汉墓前室东壁“骊姬计杀申生”图、山东泰安大汶口汶河北岸画像石墓西前室通耳室门楣上的画像、山东嘉祥宋山一号墓第2石第3层与二号墓第1石第3层上的“骊姬计杀申生”图、宋山一号墓第4石中层与第8石第2层的“舜后母焚廪”图、山东嘉祥南武山画像石第2石第3层的“舜后母焚廪”图、内蒙古和林格尔汉墓中室西壁至北壁与西壁甬道门上方的画像、浙江海宁东汉画像石墓中的一幅石刻画像、四川乐山麻浩一号崖墓中的董永画像，另还有两件随葬的器物，一件为朱然墓中的“伯榆悲亲”漆盘、另一件为乐浪汉墓出土的孝子彩箧，目前尚未在棺椁等葬具上发现刻画有孝子画像。

汉晋发现于墓室中的孝子画像主要刻画在墙壁、墓室的壁砖以及随葬明器上，虽然位于墓室中，但离墓主相对较远，尚没有在主观意识中建立起墓主与孝子画像的联系，这也与汉晋孝子画像的时代内涵有很大关系，由于汉晋时的孝与忠君思想联系较为紧密，以孝致仕的现实利益让当时社会上的许多人对之趋之若鹜，其中当然不乏真孝子，但也有大量“举孝廉，父别居”的伪孝子，在这一社会风气的主导下，《孝经》中宣扬的“孝悌之至，通于神明”的思想未得以完全彰显，而孝子画像在这一时期的墓室装饰中也并不多见，主要还是被刻画在地上建筑如祠堂、石阙以及日常用具如屏风上，既为装饰也有规谏、劝导以及向他人彰显子孙孝道的功用。

进入北魏，孝子画像的刻画位置发生了改变，从目前的考古发现来看，全部刻画在画像葬具上。这种刻画位置的转变实际上也是与北魏孝的时代内涵即“孝悌之至，通于神明，光于四海，无所不通”有着不可回避的历史联系。孝子画像在空间上向墓主的集中以及围绕显露出在北魏人的墓葬观念中，孝子画像所承载的“孝悌之至，通于神明”的功能开始与墓主发生实质性的联系。林圣智在《北朝时代における葬具の图像と机能》[29]一文中，就围屏上孝子画像向墓主画像集中与收束的形式作了探讨。笔者对其观点（见本文引语）存有疑议，从林圣智复原的几组石围屏中，我们可以看到，洛阳古代艺术馆藏石围屏中间刻画了墓主夫妇的画像（图3－1－36），四周围屏满刻孝子画像，呈现一种围绕之势，然而在卢芹斋石围屏的复原图中，中间描绘的是牛车与马车，四周是孝子画像，我们却没有看到墓主画像，这一现象在其他孝子石围屏中也可见到，而且有的连牛车与马车也没有了，只剩下围绕四周的孝子。笔者以为，墓主画像的缺失，并没有让四围的孝子画像失去其图像意义，反而更加彰显了孝子画像的图像内涵及功能，这个图像内涵

图3－1－36　洛阳古代艺术馆藏石围屏复原图　笔者绘

据《美术史》，平成十五年（2003），15Vol. LII No. 2，212页，图8

就是《孝经》中的“孝悌之至，通于神明”，墓主画像被石床上的墓主本人的实体所取代，使孝子画像的图像功能更加具有了实际的现实性，而这一点正与石棺上的刻画形式如出一辙，无论是在石棺还是在石棺床上，孝子均将墓主紧紧围绕，以其“孝悌之至，通于神明”的象征功能佑护墓主的神灵及其“神灵归趣”之地——秘器及墓室。

北魏孝子画像向大孝题材的集中及其刻画位置向棺与棺床围屏的转移，表明随着历史的迁移，在北魏特殊的政治背景下，孝子画像所承载的孝道观念在北魏发生了历史性的变化，与葬具的结合，使孝的内涵在北魏丧葬仪礼中突显出其独特的图像功能。

（三）作为“相关性绘画”的北魏孝子画像与《孝经》之诱导

孝道思想自先秦发展至北魏，其内涵已发生很大变化，在东汉谶纬的影响下，逐渐形成以“孝悌之至，通于神明，光于四海，无所不通”为代表的天人感应思想为其时代特征，北魏中后期，由于后宫妃嫔蓄意利用“子贵母死”擅权这一政治背景对于《孝经》及孝道思想的特殊需要，使之以燎原之势迅速发展起来，对上至皇帝下至百姓的孝道观念产生了强势冲击和影响。

随着孝道思想“孝悌之至，通于神明”的时代内涵的形成，孝子画像的“相关性”[30]随之产生，这一“相关性”主要是指基于相互之间概念性联系的图像的组合，这一点在北魏葬具画像中的图像构成与组合中体现得十分明显，而元谧石棺于其中显得尤为突出，孝子画像位于该棺两帮中部，绘于山石树木之间，其余空间描绘青龙、朱雀、白虎、持节仙人、畏兽、云气纹、莲花生等，除畏兽、莲花为袄教和佛教内容外，余皆为汉晋传统墓葬画像。孝子成为北魏葬具画像后，或相对独立，或与其他传统墓葬画像组合构成完整的葬具图像，表明孝子画像与其他传统图像间存在相互间概念性的“相关性”或共通性，即统一于某一关于护卫或导引灵魂至“理想家园”的共同的主题。巫鸿对画像题材在某种历史环境下的替换有精辟见解，他在《四川石棺画像的象征性结构》一文中指出：

石棺两侧的画面由多种题材组合而成，但总是突出了某种特定主题，如对灵魂的护卫、宴饮、超凡的仙界或儒家的伦理。同一画面在不同石棺上的出现说明当时存在有成套的“样本”或画稿。对具体题材的选择反映艺术家或赞助人的特殊需要和偏好。但选择的范围总是围绕上述几类基本主题，所以任何特殊的选择仍然具有一般性象征意义及礼仪的功能。因此，即使石棺上的某种画像题材被属于同一主题的其他题材置换，整个画像象征结构仍然是完整的。[31]

北魏画像石葬具的装饰题材主要分为两类，一类以传统的青龙白虎为主体，另一类则以孝子为主体，这在洛地画像棺上表现得十分具体而明晰，前者以开封博物馆藏龙虎升仙棺、洛阳古代艺术馆藏升仙石棺为代表；后者则包括孝子棺、元谧石棺等。于石棺两帮雕饰青龙、白虎的做法于汉代已有渊源，四川出土的汉代画像棺既有其遗存，北魏龙虎画像棺与之相近，只是雕刻的时代风格存在差异，是对传统墓葬画像题材的继承与延续。于秘器上雕饰孝子的做法目前尚未见于前代，而多见于北魏，题材虽不新颖，但雕于秘器上这一做法却具有典型的时代特点，是特殊历史背景下的特殊选择，孝子虽部分取代了青龙、白虎的位置，但其一般性象征意义与墓葬主题没有削弱，反而因新的画像题材的纳入，使其画像结构更加丰富，并具有了鲜活的时代气息。

笔者认为，孝子画像这种“相关性”概念的取得源于《孝经》所宣扬的天人感应思想的诱导，孝子画像所依据和体现的孝道思想内涵的改变，使孝子画像具有了与其他传统升仙图像“相关的”内涵及功能，并最终脱离了我们在武梁祠上所看到的古圣先贤的行列而进入到护卫或导引灵魂的行列，最终实现了功能上的历史转变。升仙石棺足挡以刻画孝子画像的石棺床围屏替换武士御玄武或畏兽图像的做法也表明，在时人尤其是“东园”工匠的观念中，孝子画像的意涵与其他丧葬图像并不存在本质的冲突，而是具有一定的整体“相关性”。

（四）北魏墓室画像装饰中的孝子与升仙因素

20 世纪中期以来，在内蒙古呼和浩特、包头，山西大同、榆社，宁夏固原、彭阳，河南洛阳、沁阳、孟县，安徽和县，山东淄博等地出土有若干北魏墓葬，其中有的墓葬虽历经盗扰，损坏严重，但残留的石（木）棺、石棺床、陶俑等明器以及少量壁画仍为我们了解盛乐、平城、洛阳三个不同历史时期的社会生活及思想情况提供了鲜活的实物资料和重要的历史线索。北魏的建立者拓跋氏是游牧于河套东部地区的鲜卑部落，其文化的发展与之栖息地的转移有着密切的联系，呈现出多民族交流融合的现象，并在遗存文化中展现出盛乐、平城和洛阳三个不同历史时期的阶段性演进的特点。

在盛乐与平城时期，拓跋氏居住于代北地区，与柔然等其他北方少数民族杂相交错，同时与中亚的哌哒、萨珊波斯等也有往来，“自太安以后，（哌哒）每遣使朝贡。”（《北史・哌哒传》）在大同市南郊北魏遗址中曾出土有哌哒风格的鎏金捶雕人物纹圆底银碗[32]，固原漆棺墓中还出土有萨珊银币，漆棺上的联珠纹、火焰纹[33]以及大同湖东北魏一号墓中漆棺侧板上的联珠纹样[34]均具有异域气息，呈现出当时以鲜卑文化为主导，同时杂糅汉族、北方其他少数民族以及中亚文化的特点。在目前所见盛乐与平城时期的历史遗物中，汉族文化虽然很早就对拓跋部族产生了影响，并在北魏迁都平城后，随着近百万征虏来的汉地士人与工匠的到来而呈上升趋势，但由于拓跋旧贵族势力及其他历史因素的影响，汉族文化始终未能在代北居于绝对的优势地位，而呈现出“草原文化与中原文化并而未合，汇而未融的时代气息”[35]。司马金龙漆围屏与固原漆棺装饰孝子的做法正是这一时期包括鲜卑、汉族、中亚等多种文化相互融会的产物，尤其在固原漆棺上，这一特点更为明显。

可以看出，“孝”作为中原儒家文化的重要代表已经对代北的鲜卑生活产生了影响，但这种影响并不十分显著，也不广泛，尚处于早期阶段，从魏晋至南北朝早期“孝悌之至，通于神明”的天人感应思想的广泛流行情况来看，这一观念也播及至代北，但影响尚微，接受的人似乎也并不多。

这一情况在北魏迁洛之后发生了根本转变，由于孝文帝实行了“断诸北语，一从正音”（《北史·魏咸阳王禧传》）等一系列强硬的汉化措施，汉文化的影响日渐增强，并最终在众多的文化因素中处于了主导地位。“孝悌之至，通于神明”的天人感应思想也更加深入人心，而体现这一孝的时代内涵的孝子画像也主要是这一时期的产物，而且主要刻画在墓室中的画像石葬具上，并与其他延续汉晋传统的符瑞与升仙图像融合在一起。贺西林先生在《北朝画像石葬具的发现与研究》一文中，对20世纪以来在河南、陕西、山西等地出土的北朝画像石葬具作了整理研究，据该文附录《北朝画像石葬具辑录》的搜集，目前出土的几十件北朝画像石葬具中，属北魏的有三十余件，多数为迁洛以后的作品。其上刻画有丰富的画像内容，有墓主画像、孝子画像、山泽林涧、导护仙人、千秋、万岁、畏兽、青龙、白虎、朱雀、玄武、飞廉、门、门吏、摩尼宝珠、狩猎、出行、百戏杂耍、举日的伏羲、擎月的女娲、三足乌、蟾蜍、玉兔、桂树、门神、庖厨、力士、伎乐、奏乐与舞蹈人物、飞天、铺首、神禽怪兽、牛车、马车以及水波、缠枝忍冬、莲花（瓣）、流云、蔓草、波浪、绳、联珠等装饰纹样。[36]虽然在这些画像内容中不乏摩尼宝珠、飞天、联珠以及火焰纹等异域纹饰，但其主要是作为填补空间的边饰，主体图像还是接续汉晋传统的画像题材，“北朝画像石棺椁的基本图像及其典型配置均来自汉晋时期棺椁葬具以及墓室壁画和画像石砖上。”[37]这些画像石葬具在继承汉晋传统图像的同时，也部分地继承并延续了汉晋追求永生的信仰和升仙的主题。那些在汉晋时期蕴涵永生及升仙意味的题材如千秋万岁、羽人、仙人、四神等仍然在这些画像中得到继续表现。

千秋万岁是一种人面鸟身的瑞禽，西晋葛洪《抱朴子内篇·对俗》：“千岁之鸟，万岁之禽，皆人面而鸟身，寿亦如其名。”[38]其形象源于汉代的人面鸟，常见于南北朝时期的墓内装饰。在秦汉时期的文献中，已见关于这一形象的记载，《山海经第九·海外东经》：“东方句芒，鸟身人面。”除东方句芒外，还有瞿如、凫徯等称呼，“是西汉阴阳五行思想与谶纬的反映，其外形介于人禽之间，自然成为沟通人和上天的中介，所以它常与青龙、白虎、伏羲、女娲等同时出现。”[39]体现了灵魂升天的思想观念。西晋以来至南北朝，多称其为千秋万岁，隋唐时期渐由佛教中的迦陵频伽取代。在两汉至南北朝的考古资料中，除魏晋时期尚显缺乏外，余皆有丰富发现。1976 年发掘的洛阳西汉卜千秋墓主室前壁上额即绘一人面鸟身的形象，1978 年洛阳金谷园新莽壁画墓有相同发现，洛阳 29 工区出土的西汉彩绘陶壶上亦绘其形象，并有男女之别。南北朝时期的千秋万岁在形象刻画上与汉代人面鸟无较大差别，仍然延续了汉代传统。在固原漆棺、元谧墓志、司马金龙墓中的石棺床、河南沁阳北魏石围屏上均可见到千秋万岁的形象（图 3－1－37）。

图 3－1－37（一）　汉至北魏时期的千秋万岁・人面鸟
洛阳金谷园新莽壁画墓

图 3－1－37（二）　汉至北魏时期的千秋万岁　河南邓县学庄画像砖

图 3－1－37（三）　汉至北魏时期的千秋万岁　北魏元谧墓志

图 3－1－37（四）　汉至北魏时期的千秋万岁　固原彩绘漆馆盖

图 3－1－37（五）　汉至北魏时期的千秋万岁　固原彩绘漆馆盖

羽人是一种肩生双翼的人物形象，有的也作人身鸟首，“早期的羽人形象可能与远古的祖先神话有关，应源于东夷民族的鸟图腾崇拜。到了汉代，羽人融入了神仙系统，成为神仙世界的一员，所以汉代把羽人也称为仙人或真人。”〔40〕《楚辞·远游》：“仍羽人于丹丘兮，留不死之旧乡。”王逸《楚辞章句》：“或曰人得道身生毛羽也。”“羽人，飞仙也。”在大同智家堡北魏石椁的壁画中，可以看到多个羽人的形象〔41〕（图3－1－38），这些羽人与南朝墓葬砖画中的羽人形象相近，惟刻画简略，描绘亦不够深入细致，这是北魏早期一般家族墓葬装饰的主要特点。

图3－1－38　大同智家堡北魏墓石椁壁画中的羽人
采自《文物》，2001年第7期，43页，图7

此外，山泽的描绘也隐约透露出升仙的气象，《史记》：“列仙之传居山泽间”〔42〕，《释名·释长幼》：“仙，迁也，迁入山也。”〔43〕而对孝子衣带飘举的传神描绘，则显示出工匠或图样创作者对“画妙通神，变化飞去，犹人之登仙也”〔44〕的体悟。在目前的考古发现中，孝子画像均与上述具有升仙意味的图像描绘在一起〔45〕，或共同刻画在葬具上，呈现出升仙或导引墓主神灵进入“理想家园”的终极主题，在这样的主题下，孝子画像是否也与其他图像一样只是升仙的象征呢？从前文的分析来看，孝子画像的墓葬功能应与其内涵有密切联系，要洞悉其图像内涵，显然不能脱离对其所承载的孝的时代内涵的了解，而其墓葬功能也应以此为据。

注释

〔1〕（西汉）司马迁：《史记》，北京：中华书局，1959年，卷一，32～34页。本节论及的孝子排序依日藏阳明本《孝子传》的目录顺序，参见本文附录五《六朝〈孝子传〉辑佚》或黑田彰《孝子伝の研究》，33页。

〔2〕敦煌文物研究所：《新发现的北魏刺绣》，《文物》，1972年第2期，54～60页。

〔3〕乔梁：《北朝墓葬研究》，载《宿白先生八秩华诞纪念文集》（上），北京：文物出版社，2002年，181页。

〔4〕（宋）李昉：《太平御览》，北京：中华书局，1960年，卷四一一，人事部五二，孝感，18页。

〔5〕王重民等：《敦煌变文集》，北京：人民文学出版社，1957年，904页。

〔6〕《太平御览》，卷四一三，人事部五四，孝中，1907页。

〔7〕Wu Hung，*The Wu Liang Shrine*，Stanford，California：Stanford University Press，1989，p286

〔8〕《太平御览》，卷四一一，人事部五二，孝感，1898页。

〔9〕宁夏固原博物馆：《固原北魏墓漆棺画》，银川：宁夏人民出版社，1988年，12页。

〔10〕《太平御览》，卷五一九，宗亲部九，孙女，2360页。

〔11〕〔12〕《太平御览》，卷四一三，人事部五四，孝下、孝中，1909页、1907页。

〔13〕Wu Hung，*The Wu Liang Shrine*，Stanford，California：Stanford University Press，1989，p280

〔14〕〔20〕《敦煌变文集》，卷八，孝子传，904页、904～905页。

〔15〕《固原北魏墓漆棺画》，13页。

〔16〕（魏）曹植：《曹植集校注》，赵幼文校注，北京：人民文学出版社，1998年，卷二，305页。

〔17〕〔19〕赵超：《关于伯奇的古代孝子图画》，《考古与文物》，2004年第3期，68页、68～72页。

〔18〕（金）王朋寿：《类林杂说》，吴兴刘氏嘉业堂刻本，民国九年（1920），卷一《孝友篇第四》第5页。

〔21〕（南朝·宋）范晔：《后汉书》，北京：中华书局，1965年，卷八十一，独行列传第七十一，2684页。

〔22〕（晋）干宝：《搜神记》，汪绍楹校注，北京：中华书局，1979年，128～129页。

〔23〕《刘向古列女传》（二），四部丛刊本，卷五，节义传，长沙叶氏观古堂藏明刊本，上海涵芬楼借印，11～12页。

〔24〕《后汉书》，卷八十一，独行列传第七十一，2679～2680页。

〔25〕〔26〕《后汉书》卷三十九，1300页、1298～1299页。

〔27〕（日）奥村伊九良：《孝子传石棺刻画》，《瓜茄》（四），京都，昭和十二年（1937），295～297页。

〔28〕北魏前期的墓葬曾出现有装饰竹林七贤或高士的个案，如在山西大同雁北师院北魏宋绍祖墓（477）出土的石椁正壁即刻画有弹奏琴和阮的人物，参见郑岩《魏晋南北朝壁画墓研究》，北京：文物出版社，2002，213页；山西省考古研究所、大同市考古研究所：《大同市北魏宋绍祖墓发掘简报》，《文物》，2001年第7期，19～39页，图二三。但后来这一题材在北魏一朝并没有发展起来，北魏灭亡后至北齐时才又再一次有所抬头和发展，参见山东省文物考古研究所、临朐县博物馆：《山东临朐北齐崔芬壁画墓》，《文物》，2002年第4期，4～26页。

〔29〕林圣智：《北朝时代における葬具の图像と机能》，《美术史》，平成十五年（2003），207～226页。

〔30〕本文引用之“相关性”概念源自巫鸿先生在《礼仪中的美术：马王堆再思》中的论述；本文中的“叙事性”绘画指忠实于《孝子传》等文献记载的孝子传说的叙事顺序来描绘的孝子画像，参见《礼仪中的美术：巫鸿中国古代美术史文编》，110页，186～204页。

〔31〕《礼仪中的美术》，185页。

〔32〕大同南郊北魏遗址，《文物》，1972年第1期。

〔33〕固原县文物工作站：《宁夏固原北魏墓清理简报》，《文物》，1984年第6期，48页，图版七。

〔34〕山西大同市考古研究所:《大同湖东北魏一号墓》,《文物》,2004年第12期,30～31页。

〔35〕孙机：固原北魏期棺画研究，《文物》，1989年第9期，38页。

〔36〕贺西林：《北朝画像石葬具的发现与研究》，巫鸿：《汉唐之间的视觉文化与物质文化》，北京：文物出版社，2003年，368～373页。

〔37〕《汉唐之间的视觉文化与物质文化》，346页。

〔38〕（西晋）葛洪：《抱朴子内篇》，47页。

〔39〕朱岩石：《“千秋万岁”图像源流浅识》，中国社会科学院考古研究所：《汉唐与边疆考古研究》，第一辑，北京：科学出版社，1994年，131～135页。

〔40〕李松、贺西林：《中国古代青铜器艺术》，西安：陕西人民美术出版社，2002年，191页。

〔41〕王银田、刘俊喜：《大同智家堡北魏墓石椁壁画》，《文物》，2001年第7期，40～51页。

〔42〕《史记》，3056页。

〔43〕《缩本四部丛刊》，上海：上海商务印书馆，1936年，13页。

〔44〕《历代名画记》，260页。

〔45〕《洛阳伽蓝记》卷一“建中寺”条有“朱门黄阁，所谓仙居也”的记载，而本文讨论之固原彩绘漆棺及司马金龙漆围屏的色彩多以红黄为主，升仙与色彩的描绘存在怎样的联系，亦是值得探析的有趣问题，限于目前的相关材料，本文未对此作进一步讨论。

二　从祠堂到墓室：北魏孝子画像图像身份的改变与墓葬功能的实现

（一）“神灵归趣”之地：北魏墓室的象征性

北魏孝子画像得以进入墓室图像系统并被刻画在棺与棺床围屏之上，紧紧围绕在墓主周围，除与其本身所承载的“孝悌之至，通于神明”的内涵以及北魏后宫以“子贵母死”为工具的政治斗争有关外，和墓葬在北魏尤其是迁洛之后的象征性涵义也有密切的联系。关于北魏墓葬的象征性，我们可从《洛阳伽蓝记》中寻得踪迹：

> 至孝昌二年（526），太后反政，遂诛义等，没腾田宅。元义诛日，腾已物故，太后追思腾罪，发墓残尸，使其神灵无所归趣。[1]

可见北魏时期的墓室是墓主“神灵归趣（趋）”之地。神灵观念在鲜卑族早期即已存在，《三国志·乌丸鲜卑东夷传》：

> 殓尸有棺，始死则哭，葬则歌舞相送，肥养犬，以采绳婴牵，并取亡者所乘马、衣物，生时服饰，皆烧以送之。特属累犬，使护死者神灵归乎赤山。赤山在辽东西北数千里，如中国人以死之魂归泰山也。[2]

拓跋是鲜卑部落的一支，3世纪中期至4世纪初，由河套东部游牧于今内蒙古和林格尔、凉城和山西大同一带[3]。至公元313年力微子猗卢“城盛乐，以为北都”[4]之前，拓跋部落一直过着颠沛流离、居无定所的迁徙生活，因而，我们很难通过考古实物具体了解拓跋部落初期的丧葬思想与观念。1955年和1961

年在呼和浩特东南美岱村南宝贝梁山沟中发现的北魏墓是北魏初期拓跋贵族的墓葬遗迹，墓葬形制、随葬器物中已很少鲜卑早期的墓葬特点，而和当时汉族上层墓葬没有太大区别，可见，北魏定都盛乐之后，其丧葬思想与观念已受到中原汉族的强烈影响，并发生了改变。

从上引两则文献中，我们也可以看到拓跋氏神灵观的改变，“神灵归乎赤山”的观念显然与其早期居无定所的游牧生活有密切联系，而墓葬成为墓主“神灵归趣”之地的观念，除与定居后相对稳定的生活有关外，也与中原汉族的思想影响有很大关系，这一思想在汉代已有出现，《后汉书》：

> 陵园至重，圣神攸冯，而灾火炎赫，迫近寝殿，魂而有灵，犹将惊动。[5]

巫鸿在《玉衣或玉人：满城汉墓与汉代墓葬艺术中的质料象征意义》一文中对古代墓葬的象征性作了论述：“墓葬不仅是死者在地下的家园，而且还是死者进行神秘的幻化转变的地方。因此，一座墓葬便成为进入仙境的入口，而它本身的设计和装饰也开始表达对永恒的追求。”[6]这种“灵魂脱离肉体而自主存在的观念”可“追溯到公元前5000年以前：仰韶文化陶瓮棺上有一钻透的小孔供灵魂出入。同样信念在公元前5世纪仍然存在，曾侯乙墓漆棺上有图绘和实际开口的窗子，象征着死者灵魂的出入口”[7]。于棺上刻画窗子的做法在元谧石棺上也有出现。此外，我们从目前保存较完整的石棺床上可以看到双阙的形象（图3－2－1），而“双阙的图像象征着死者去往神灵世界的大门”[8]。北魏墓室中的画像装饰虽与汉晋以及南朝的墓葬装饰不尽相同，但其追求的却是同一主题，即“妥死者之魂”的美好理想。随着墓室取代赤山成为拓跋人思想中墓主神灵的归趋之地，孝子以及其他一些传统画像题材也取代了鲜卑早期神灵观念中的“犬”，成为墓室中守护墓主神灵的使者。

图3-2-1　石围屏示意图　采自 *Ritul Objects and Early Buddhist Art*，p14

（二）妥死者之魂，慰生者之望：北魏孝子画像“孝悌之至，通于神明”的墓葬功能的实现

随着朝代的更迭，历代孝道思想的内涵也随着上层政治思想的迁移而发生着潜移默化的改变，作为以图像形式直接体现这一思想内涵的孝子画像也在这种变化中不可避免地改变着它的图像功能。

在春秋战国时代，人们开始注意到图画的鉴戒功能，并在明堂中装饰历史上的明君贤相与暴帝佞臣来“指鉴贤愚，发明治乱”。（北宋·郭若虚《图画见闻志卷一·叙自古规鉴》）《孔子家语·观周》：

> 孔子观乎明堂，睹四门墉有尧舜之容，桀纣之象，而各有善恶之状，兴废之诫焉。又有周公相成王，抱之负斧扆南面以朝诸侯之图焉。孔子徘徊而望之，谓从者曰：“此周之所以盛也。”[9]

随着《孝经》的出现和孝道思想的传播，孝子作为德行高尚人物的代表，成为“成教化，助人伦”（唐·张彦远《历代名画记卷一·叙画之源流》）的典范而“图之屋壁，以训将来”（唐·裴孝源《贞观公私画录序》），“显善昭恶，劝戒后人。”（《汉书·古今人表序》）东汉王延寿少游鲁国，作《灵光殿赋》：

图画天地，品类群生。杂物奇怪，山神海灵。写载其状，托之丹青。千变万化，事各缪形。随色象类，曲得其情。上纪开辟，遂古之初。五龙比翼，人皇九头。伏羲鳞身，女娲蛇躯。鸿荒朴略，厥状睢盱。焕炳可观，黄帝、唐、虞。轩冕以庸，衣裳有殊。上及三后，淫妃乱主。忠臣孝子，烈士贞女。贤愚成败，靡不载叙。恶以诫世，善以示后。[10]

南朝坊间流传的孝子画图以及时人在家居屏风上装饰孝子画像明显也是受这种观念的影响，由于这些图像的刻画是专为在世之人服务的，因而其画像功能也从属于为生者服务的前提，仍然延续了周秦两汉的历史传统，承担着鉴戒后人的教育功能。正如南齐谢赫在《古画品录》中所说的“图绘者莫不明劝戒，著升沉，千载寂寥，披图可鉴”。然而，刻画在画像石葬具上的北魏孝子画像的服务对象显然发生了根本性的改变，即由为生人所用而转为逝者服务，并且被刻画在“长就幽冥则决绝，闭圹之后不复发”[11]的墓室之中，《晋书·皇甫谧》：

夫葬者，藏也，藏也者，欲人之不得见也。[12]

在这样一个专为逝者设计的封闭空间中，孝子画像显然已不再是为世人观赏的图画，既然是不为观赏而作，那它的画像功能显然与其在人世间流传时所具有的审美或教育功能有本质的区别，而呈现出与其所处墓室或称死亡空间相适应的图像功能。

北魏中晚期，后宫妃嫔纷纷利用“子贵母死”掌握储君来擅权这一特殊的政治背景，为《孝经》在北魏中晚期的更进一步的广泛传播以至发生更深入的影响提供了重要的历史契机，而此时的《孝经》由于经历了东汉百年的谶纬浸染，已具有十分明显的天人感应的神秘色彩，孝的内涵也发生了历史性的变化，衍生出以“孝悌之至，通于神明，光于四海，无所不通”为其时代内涵。由于孝的内涵的改变，直接体现这一内涵的孝子画像的图像功能也发生了变化，包括北魏孝子画像中以表现“孝悌之至，通于神明”为主题的大孝题材的选择、画像叙事性的消解以及孝子画像向棺及棺床围屏等接近墓主位置的大量集中，均以外在形式表现出“孝悌之至，通于神明”这一主导性的时代内涵。

虽然“孝悌之至，通于神明，光于四海，无所不通”也见于刘向校订的十八章今文本《孝经》，但在汉代，以孝致忠的孝忠思想始终居于主导地位，当时众多的诏孝政令以及举察孝廉多以此为主旨，孝道观念对于忠君思想的依属使得至孝通于神明的思想未获广泛发展，但这一思想在当时已有萌芽，《汉书·郊祀志》：

> 洪范八政，三曰祀。祀者，所以昭孝事祖，通神明也。[13]
>
> 其旦，东向再拜朝日；其夕，西向再拜夕月。然后孝弟之道备，而神祇嘉享，万福降辑。[14]

主要限于祭祀上天与先祖以求荫蔽以及向当时社会彰显孝道的范畴，从汉代孝子画像的考古发现来看，也基本符合我们从文献中所获知的了解，此外，孝堂山郭氏墓石祠西山墙外壁题刻的北齐武平元年（570）的陇东王胡长仁感孝颂亦为此提供了注脚：

> 天经地义，启圣通神，重华曾闵，莱子乐春，时多美迹，世有芳尘，前汉逸事，河内真人，分财双秀，独养一亲，客舍凶弭，儿埋福臻，穹隆感异，旁薄贻珍。[15]

魏晋时期，汉代大一统的局面崩解，忠君思想日渐淡弱，孝的思想与观念在这时由于统治者“以孝治天下”及世家大族的提倡不但没有衰落，反而由于部分地脱离了忠君思想的束缚而获得了更进一步的发展，不过，此时的孝道思想由于已受东汉谶纬长时间的影响，其“孝悌之至，通于神明”的天人感应观念随着《孝经》的广泛传播而在社会上产生了巨大的影响，这一观念也日益深入人心，《抱朴子内篇·微旨》：

> 夫天高而听卑，物无不鉴，行善不怠，必得吉报。羊公积德布施，诣乎皓首，乃受天坠之金。蔡顺至孝，感神应之，郭巨杀子为亲，而获铁券之重赐。[16]

同时，当时社会还产生了大量带有神迹的孝感故事与传说，这一繁盛情况一直持续到南北朝，隋唐以及宋元仍陆续有所出现，影响十分深远。

在北魏中晚期特殊的政治背景下，“孝悌之至，通于神明”的思想观念随《孝经》进入北魏宫廷，由于这一思想同时又契合了北魏视墓室为墓主神灵归趋之地的墓葬观念，因而成为东园工匠在制作、装饰石棺、石床等葬具时主要选择的画像题材。随着孝道思想时代内涵的改变，北魏时期的孝子画像因体现了《孝经》中“孝悌之至，通于神明”这一内涵，而具备了佑护墓主神灵的资格，实现了由“叙事性绘画”（Narrative Painting）向“相关性绘画”（Correlative Painting）的转变。由于“死后将进入的黑暗世界可能充满了可怕的幽灵和精怪，灵魂在前往天界的旅途中也许要遭遇种种危险”[17]孝子画像与墓内其他传统祥瑞及升仙图像一起承担起“引导或保护未知世界中的灵魂”[18]的功能。在孝子画像所象征的以“孝悌之至，通于神明，光于四海，无所不通”为集中代表的天人感应的功能作用下，墓主的神灵归趋之地——墓室及秘器得到神明的佑护，同时，墓主的神灵又在这种“无所不通”的佑护中进入到“理想家园”，从而实现了墓主后人“妥死者之魂，慰生者之望”的美好祈愿。

注释

〔1〕（北魏）杨衔之：《洛阳伽蓝记校注》，范祥雍校注，上海：上海古籍出版社，1978年，39页。

〔2〕陈寿：《三国志》，北京：中华书局，1982年，832~833页。

〔3〕宿白：《盛乐、平城一带的拓跋鲜卑：北魏遗迹》，《文物》，1977年第11期，38页。

〔4〕（北齐）魏收：《魏书》，北京：中华书局，1974年，卷一，序纪第一，8页。

〔5〕（南朝·宋）范晔：《后汉书》，北京：中华书局，1965年，1058页。

〔6〕（美）巫鸿：《礼仪中的美术》，郑岩等译，北京：三联书店，2005年，133页。

〔7〕〔8〕《礼仪中的美术》，207页、171页。

〔9〕王肃：《孔子家语》，上海：上海古籍出版社，1990年，29页。

〔10〕周积寅：《中国画论辑要》，南京：江苏美术出版社，1985年，14页。

〔11〕山东省博物馆、山东省文物考古研究所：《山东汉画像石选集》，济南：齐鲁书社，1982年，42页。为山东苍山东汉元嘉元年（151）墓题记。

〔12〕(唐)房玄龄：《晋书》，北京：中华书局，1974年，卷五十一，列传第二十一，皇甫谧，1417页。

〔13〕(汉)班固：《汉书》，北京：中华书局，1962年，卷二十五上，郊祀志第五上，1189页。

〔14〕《汉书》，1266页。

〔15〕罗哲文：《孝堂山郭氏墓石祠》，载《文物》，1961年四五期合刊，51页。

〔16〕王明：《抱朴子内篇校释》，北京：中华书局，1985年，273页。

〔17〕〔18〕《礼仪中的美术》，176页。

结　语

作为孝道思想的图像呈现，孝子画像直接以之为内涵并受其影响与制约，随着朝代的更迭，世事的迁移，孝道思想与孝子画像的图像内涵及功能也随之不断地发生着变化。春秋战国时期，《孝经》与孝道思想皆已产生，这时期的孝道思想由于父权的上升而强调对在世父母的孝养，孝子成为时人的典范。两汉时由于孝的观念与国家政权继西周以来的再次结合，衍生出忠君的思想，在行孝诏令和察举孝廉等政治措施的持续推引下，“家之孝子，国之忠臣”成为汉代孝道思想的主流，这时的孝子画像也以此为内涵并在图像中有所体现，“明劝戒”成为汉代孝子画像的主导功能。东汉时，经谶纬浸染的《孝经》已具有明显的天人感应色彩，并在其影响下产生有东海孝妇、上虞孝女、蔡顺伏棺、姜诗孝母等孝感故事，但当时人们除以“孝”致仕外多将其用于祭祀先祖以祈请荫蔽及福报，“孝悌之至，通于神明”的天人感应思想未能成为汉代孝行思想的主流。魏晋时，“孝”部分地摆脱了忠君思想的束缚并在世家大族的倡导下，较汉代有更进一步的传扬与发展。随着玄学与清谈之风的盛行，《孝经》及其纬书中的天人感应思想开始上扬，产生了大量以“孝悌之至，通于神明”为主题的孝感故事。随着这些具有天人感应色彩的孝感故事的传播，至孝通于神明的思想日益深入人心，并成为北魏孝道思想的核心内涵，孝子画像也以与之相应的图像形式体现着这一时代内涵。由于天人感应等神秘色彩的附加，孝子成为通天人之际的象征，这一象征性使孝子具有了神仙的特质，也使表现孝子，尤其是大孝子的画像具有了同样的性质。

虽然孝子画像具备了“通于神明”的内涵与象征，但其最终进入北魏墓葬并被刻画在葬具上，还有赖于另外两个重要的历史因素。

第一个因素是北魏中晚期后妃利用“子贵母死”擅权的特殊政治背景。“子贵母死”是拓跋珪设立的旨在规避皇帝母族等外家乱政的后宫制度，在北魏前期曾与“离散部落”一起为巩固国家政权发挥了重要的历史作用，但在北魏中期，由于文明太后蓄意利用“子贵母死”擅权，使之成为后宫妃嫔的政争工具，从而改变了历史性质。在北魏中晚期后宫妃嫔以“子贵母死”揽政的权力斗争中，出于控制幼主思想的目的，《孝经》及其宣扬的孝道思想自文明太后开始得到进一步的推行与弘扬，致使北魏社会自文明之后孝风日渐盛炽。《孝经》得到广泛传习，上至皇帝，下至百姓，无不对之耳熟能详、闭目成诵，北魏社会孝子迭出，在其100多年的统治时间里，仅见诸文献者就有140人之多。正是基于“子贵母死”这一历史隐因，孝道思想在文明执政后呈现骤升的发展态势，并在北魏晚期达到高潮。孝子画像正是在这样一个独特的政治背景下进入“东园”，并被刻画在葬具上。北魏覆灭后，“子贵母死”之制随之消亡，北魏孝道思想的发展与孝子画像的刻画也极盛而骤衰。第二个因素是墓室在北魏社会思想观念中的象征性。孝子画像得以进入北魏墓葬图像系统并被刻画在葬具上，除与其“孝悌之至，通于神明”的时代内涵及北魏后宫以“子贵母死”为工具的权力斗争有关外，和墓葬在北魏时的象征性涵义也有密切的联系。北魏时期，人们视墓室为墓主的“神灵归趣”之地，这一观念是鲜卑早期游牧生活中“神灵归乎赤山”的观念在定居后接受中原文化的影响形成的，随着墓室成为墓主“神灵归趋”之地，孝子画像与墓内其他升仙图像也一起取代拓跋氏早期灵魂观念中的“犬”成为墓主神灵的佑护者。

孝子画像正是在上述历史因素的综合作用下，进入北魏墓葬图像系统，并承担起与其内涵即“孝悌之至，通于神明”相应的图像功能。在这一功能作用下，墓主“神灵归趣”之地——墓室及秘器得受神明的佑护，同时，墓主神灵又在这种“无所不通”的佑护中并在其他升仙图像的共同导引下进入“理想家园”。北魏孝子画像中大孝题材的选择、刻画位置向棺与棺床的转移、山泽的出现、孝子的仙人装束、叙事性的消解皆是与“孝悌之至，通于神明”的图像内涵与墓葬功能相适合的历史选择。随着墓门的关闭、封土的填埋，“孝子”与墓主一同进入幽冥世界，在这里，墓、墓主、随葬明器与墓内画像共同构成一个和谐的整体，在这个整体中，每个组成部分均以墓主为中心，承担着各自不同的墓葬功能，孝子画像与墓内其他图像一起共同实现着“妥死者之魂，慰生者之望”的美好祈愿。

附录一

北魏史事系年辑要

公元4世纪初叶，拓跋氏建立代国，公元376年为前秦苻坚所灭。公元386年，拓跋珪重建代国，同年改国号“魏”，史称北魏，亦称后魏，天兴元年（398）由盛乐迁都平城（今山西大同），次年称帝。永熙三年（534），高欢立元善见为帝，迁都邺，史称东魏；次年，宇文泰杀孝武帝元修，立元宝炬为帝，都长安，称西魏。北魏王朝自拓跋珪建国到元修时分裂，经十四帝，历一百四十九年。

本表收录了与本文研究直接相关的北魏史上的重要事件如朝代更迭、帝王生卒、诏立太子、皇后、太后、储君生母依“子贵母死”之制赐死以及几次重要的移民迁徙事件等。除此之外，如皇帝或太子宣讲《孝经》、诏赐“东园秘器”、发布行孝诏令等因已在本文其他部分出现，为避免重复与繁缛，本表未予收入，谨此说明。

执政者	年号及事件	
道武帝拓跋珪	登国	（386—396）
	元年	春正月戊申，帝即代王位，郊天，建元，大会于牛川。
	七年	拓跋嗣生于云中宫。
	皇始	（396—398）
	三年	正月，徙山东六州民吏及徒何、高丽、杂夷、三十六万百工伎巧十万余口，以充京师。
	天兴	（398—404）
	元年	秋七月，迁都平城，始营宫室，建宗庙，立社稷；十有二月己丑，徙六州二十二郡守宰、豪杰、吏民二千家于代郡。
	二年	三月甲子，初令五经群书各置博士，增国子太学生员三千人；秋七月，陈郡、河南流民万余口内徙，遣使者存劳之。
	天赐	（404—409）
	元年	秋，江南大乱，流民襁负而奔淮北。
	五年	拓跋焘生于东宫。
	六年	冬十月戊辰，帝崩于天安殿，时年三十九。拓跋嗣诛杀逆臣清河王绍，壬申，即皇帝位。

续表

执政者	年号及事件	
明元帝拓跋嗣	永兴	（409—413）
	元年	追尊皇妣为宣穆皇后。
	神瑞	（414—416）
	元年	六月，司马德宗冠军将军等率流民七千余家内属。
	二年	夏四月，河南流民二千余家内属；秋九月，河南流民，前后三千余家内属。
	泰常	（416—423）
	三年	春正月，河东胡、蜀五千余家相率内属。
	八年	冬十有一月己巳，帝崩于西宫，时年三十二。是月壬申，拓跋焘即皇帝位；十二月，追尊皇妣为密皇后。
太武帝拓跋焘	始光	（424—428）
	二年	三月丙辰，尊保母窦氏曰保太后。
	神䴥	（428—431）
	延和	（432—435）
	元年	春正月丙午，尊保太后为皇太后，立皇后赫连氏；十有二月己丑，冯文通长乐公崇及其母弟朗、朗弟邈，以辽西内属。
	二年	春二月丙申，冯崇母弟朗来朝。
	三年	春正月戊戌，冯文通遣其给事黄门侍郎伊臣乞和，帝不许。杨难当克汉中，送雍州流民七千家于长安。
	太延	（435—440）
	五年	冬十月辛酉，车驾东还，徙凉州民三万余家于京师。
	太平真君	（440—451）
	元年	六月，拓跋濬生于东宫。
	二年	文明太后冯氏生。
	五年	春正月戊申，诏令禁止谶记、阴阳、图纬方伎之书。
	六年	南略淮泗以北，徙青徐之民于河北。
	七年	春，永昌王仁至高平，擒刘义隆将王章，略金乡、方与，迁其民五万家于河北；三月，徙长安城工巧二千家于京师。
	八年	春三月，徙定州丁零三千家于京师。
	九年	春，徙西河离石民五千余家于京师；冬十月癸卯，以婚姻奢靡，丧葬过度，诏有司更为科限。
	正平	（451—452）
	二年	三月甲寅，帝崩于永安宫，时年四十五。秘不发丧，中常侍宗爱矫皇后令，杀东平王翰，迎南安王余入而立之，大赦，改元为永平，尊皇后赫连氏为皇太后。
	二年	十月戊申，即皇帝位于永安前殿。

续表

执政者	年号及事件	
南安王拓跋余	承平	（452）
文成帝拓跋濬	兴安	（452—454）
	元年	冬十一月，壬寅，追尊皇妣为恭皇后，尊保母常氏为保太后。
	二年	三月壬午，尊保太后为皇太后。
	兴光	（454—455）
	元年	秋七月，拓跋弘生于阴山之北。
	太安	（455—459）
	二年	春正月乙卯，立皇后冯氏；二月丁巳，立皇子弘为皇太子。常太后令依故事赐死太子拓跋弘生母李氏。
	和平	（460—465）
	元年	夏四月戊戌，皇太后常氏崩于寿安宫；五月癸酉，葬昭太后于广宁鸣鸡山。
	五年	冬十月，琅玡王司马楚之薨。
	七年	夏五月癸卯，帝崩于太华殿，时年二十六；夏五月甲辰，拓跋弘即皇帝位，尊皇后为皇太后；六月，封征东大将军冯熙为昌黎王；秋七月癸巳，太尉乙浑为丞相。 宋文帝刘义隆第九子刘昶出逃至平城，后迁洛阳。
献文帝拓跋弘	天安	（466—467）
	元年	二月庚申，丞相、太原王乙浑谋反伏诛。
	皇兴	（467—471）
	元年	秋八月，戊申，元宏生于平城紫宫。
	三年	五月，徙青州民于京师；六月辛未，立皇子宏为皇太子。太子元宏生母李夫人依故制赐死。
孝文帝元宏	延兴	（471—476）
	承明	（476）
	元年	献文帝拓跋弘崩于永安殿，年二十三。尊文明太后为太皇太后。
	太和	（477—499）
	元年	汉川民泉会、谭西等相率内属，处之并州。
	五年	始营文明太后寿陵于方山，又起永固石室，八年而成。
	七年	闰四月，元恪生于平城宫。皇子恂将立为太子，其母林氏依制赐死。
	九年	春正月戊寅，诏令禁止图谶、秘纬。
	十三年	宁懋转补山陵军将。

续表

执政者		年号及事件
孝文帝元宏		
	十四年	九月癸丑，太皇太后冯氏崩于太和殿，年四十九。
	十八年	春二月甲辰，诏天下，喻以迁都之意；十二月壬寅，革衣服之制。
	十九年	三月戊子，太师冯熙薨；六月己亥，诏不得以北俗之语言于朝廷，若有违者，免所居官；六月丙辰，诏迁洛之民，死葬河南，不得还北。于是代人南迁者，悉为河南洛阳人。
	二十年	春正月丁卯，诏改姓为元氏；七月，废皇后冯氏；十二月丙寅，废皇太子恂为庶人。
	二十一年	春正月丙申，立皇子恪为皇太子；秋七月甲午，立昭仪冯氏为皇后。
	二十三年	三月甲辰，诏赐皇后冯氏死；夏四月丙午朔，孝文帝崩于谷塘原行宫，年三十三；夏四月丁巳，元恪即皇帝位于鲁阳；六月戊辰，追尊皇妣为文昭皇后。
宣武帝元恪	景明	(500—504)
	元年	齐豫州刺史裴叔业以寿阳（今安徽寿县）降魏，大批部属随迁洛阳。
	二年	齐主萧宝卷之弟宝夤逃至魏境，后至洛阳，备受礼遇。
	正始	(504—508)
	永平	(508—512)
	三年	三月丙戌，元诩生于宣光殿东北。
	延昌	(512—515)
	元年	冬十月乙亥，立皇子诩为皇太子。
	四年	春正月丁巳，帝崩于式乾殿，年三十三。
孝明帝元诩		
	熙平	(516—518)
	神龟	(518—520)
	元年	夏四月丁酉，司徒胡国珍薨。
	正光	(520—525)
	孝昌	(525—528)
	武泰	(528)
	元年	二月癸丑，帝崩于显阳殿，时年十九；夏四月庚子，灵胡太后与幼主皆沉河；戊戌，元子攸即帝位，辛丑，改武泰为建义元年。

续表

执政者	年号及事件	
孝庄帝元子攸		
	建义	（528）
	永安	（528—530）
	三年	十二月甲辰，兆逼帝幸永宁佛寺，杀皇子，甲子，帝崩于晋阳城内三级佛寺，年二十四。
长广王元晔		
	建明	（530—531）
	二年	春二月己巳，晔行禅让之礼，元恭即位，改建明二年为普泰元年。
节闵帝元恭		
	普泰	（531）
	元年	十月壬寅，齐献武王推渤海太守元朗即皇帝位于信都。
安定王元朗		
	中兴	（531—532）
	二年	夏四月辛巳，魏兰根等废帝元朗于崇训佛寺，立平阳王修为帝。
孝武帝元修		
	太昌	（532）
	永兴	（532）
	永熙	（532—534）
	二年	葬安定王元朗于邺西南野马冈。
	三年	冬十月丙寅，元善见即位于城东北，改永熙三年为天平元年，史称东魏。北魏分裂；闰十二月癸巳，元修为宇文黑獭所害，年二十五。

附录二

北魏孝子画像考古发现辑录

榜题/图像名称	时代	出土地点	图像分布	资料出处	备注
东家失火蔡顺伏身官上、舜后母将火烧屋欲煞舜时、使舜□井灌德金钱一枚钱赐□石田时、舜德急□从东家井里出去、舜父朗萌去、舜后母负（蒿）□□市上卖、舜来卖（蒿）、应宜□米□倍德□、舜母父欲德见舜、市上相见、舜父共舜语、父明即闻时、孝子郭巨供奉老母、以食不足敬□曹□母、相将□冢天赐皇今□□、□不德脱私不德与、尹吉符□□□□伯奇化作非鸟、上肩上、将假鸟□□□树上射入□、供养老母、死	北魏（疑为太和年间477—500）	1981年出土于宁夏固原雷祖庙村附近	漆棺两侧板上部	韩孔乐、罗丰，固原北魏墓漆棺的发现。美术研究，1984(2)：3～11；王泷，固原漆棺彩画。美术研究，1984(2)：12～16；（日）黑田彰，孝子伝の研究。京都：株式会社思文阁，2001；固原县文物工作站，宁夏固原北魏墓清理简报。文物 1984(6)：46～56；宁夏固原博物馆，固原北魏墓漆棺画。银川：宁夏人民出版社，1988；宁夏回族自治区固原博物馆、中日原州联合考古队、原州古墓集成。北京：文物出版社，1999	固原博物馆藏。整个画面以黄色三角状火焰纹图案相间并有榜题，构成孝子连环图像，其间布饰云气纹。棺右侧残存故事为舜和郭巨一种，画面自右向左发展。棺左侧孝子故事残损较多，故事及人物自左向右发展，残存三段，不相衔接，先后位置亦不明确

续表

榜题/图像名称	时代	出土地点	图像分布	资料出处	备注
与象傲填井、舜父瞽叟、舜后母烧廪、虞帝舜、帝舜二妃娥皇女英、孝子李充奉亲时、李充妻、李善养□兄姊、□人死长人赐善姓为李郡表上诏拜河内太守、鲁义姑姊	北魏太和八年(484)	1966年山西大同石家寨村西南1里左右出土	木板漆画	山西省大同市博物馆、山西省文物工作委员会、山西大同石家寨北魏司马金龙墓。文物,1972(3):20~29/64	山西省博物馆与大同市博物馆分藏
董永看父助时、董晏母供王奇母语时、丁兰事木母、舜从东家井中出去时	北魏孝昌三年(527)	1931年出土于洛阳翟泉村北邙山坡	董永、董晏故事位于宁懋石室左侧山墙外壁。丁兰、舜故事位于石室右侧山墙外壁	周到,中国画像石全集(第8卷)。郑州:河南美术出版社,2000;(日)黑田彰,孝子伝の研究。京都:株式会社思文阁,2001	现藏美国波士顿艺术博物馆;河南洛阳市博物馆藏有拓片。年代另有学者认为是北魏景明二年,见周到《中国画像石全集》(第8卷)

续表

榜题/图像名称	时代	出土地点	图像分布	资料出处	备注
右帮:丁兰事木母、韩伯余母与丈和颜、孝子郭巨赐金一釜、孝子闵子骞、眉间志妻、眉间志与父报酬;左帮:孝子伯奇母赫儿、孝子伯奇耶父、孝子董笃父赎身、老莱子年受百岁哭内、母欲煞舜焉得活、孝孙弃父深山	北魏正光五年(524)	洛阳	石棺左右两帮	周到,中国画像石全集(第8卷)。郑州:河南美术出版社,2000;黄明兰,洛阳北魏世俗石刻线画集。北京:人民美术出版社,1987;(日)奥村伊九良,镀金孝子传石棺の刻画に就て. 京都. 瓜茄,1939(5):359~382	解放前洛阳出土,今存美国明尼阿波利斯美术馆。黑田彰在《孝子伝の研究》中对石棺左右两帮图像的记载与周到在《中国画像石全集》(第8卷)中的记述正相反
眉间赤、老莱子、原穀、丁兰孝行	北魏正光五年(524)	未详	石棺床正面及左右侧面	(日)黑田彰,孝子伝の研究。京都:思文阁出版,2001	现藏日本和泉市久保物纪念美术馆
左帮:子舜、子郭巨、孝孙原穀右帮:子董永、子蔡顺、尉	北魏	河南洛阳	孝子棺两帮	(日)奥村伊九良. 孝子传石棺の刻画. 京都. 瓜茄,1937(4):259~299;周到,中国画像石全集(第8卷)。郑州:河南美术出版社,2000	现藏美国堪萨斯纳尔逊·阿特肯斯艺术博物馆

续表

榜题/图像名称	时代	出土地点	图像分布	资料出处	备注
孝子郭巨、孝子郭巨天赐皇金、老莱子父母在堂、孝子蔡顺、丁兰事木母时、舜子入井时、舜子谢父母不死、孝子董永与父独居、孝孙父舆还家、孝孙父不孝	北魏	河南洛阳	据黑田彰的描述，郭巨故事位于第一石；老莱子、蔡顺、丁兰故事位于第二石；舜、董永故事位于第三石；孝孙故事位于第四石	C. T. Loo&Co, An Exhibition of Chinese Stone Sculptures, New York, 1940, Plates XXIX ~ XXXII；林圣智，北朝时代におけゐ葬具の图像と机能。美术史，2003(154)：207 ~ 226；(日)黑田彰，孝子伝の研究。京都：株式会社思文阁，2001	原为卢芹斋(C. T. Loo)旧藏，现藏者不明
孝孙原穀	北魏	1977年出土于洛阳北郊	石棺挡足升仙	黄明兰，洛阳北魏世俗石刻线画集。北京：人民美术出版社，1987；洛阳博物馆，洛阳北魏画像石棺。考古，1980(3)：229 ~ 241；宫大中，试论洛阳关林陈列的几件北魏陵墓石刻艺术。文物，1982(3)：79 ~ 83	现存洛阳古代艺术馆

续表

榜题/图像名称	时 代	出土地点	图像分布	资料出处	备 注
郭巨孝行、丁兰孝行、孝孙原榖、老莱子孝行、眉间赤孝行	北魏	1977 年出土于洛阳	郭巨孝行、丁兰孝行、孝孙原榖位于石棺床床头围板。老莱子孝行、眉间赤孝行位于棺床后围板	周到,中国画像石全集(第 8 卷)。郑州:河南美术出版社,2000;(日)黑田彰,孝子伝の研究。京都:株式会社思文阁,2001	现藏洛阳古代艺术馆
孝子故事	北魏	未详	石棺床围屏	(日)长广敏雄,六朝时代美术の研究。东京:美术出版社,1969	现藏日本天理参考馆
董永看父助时、孝孙原榖	北魏	未详	石床	(日)长广敏雄,六朝时代美术の研究。东京:美术出版社,1969;(日)黑田彰,孝子伝の研究。京都:株式会社思文阁,2001	现藏上海博物馆

附录三

汉至魏晋南朝孝子画像的考古发现

榜题/图像名称	时代	出土地点	图像分布	资料出处	备注
骊姬计杀申生	东汉建初八年(83)	山东肥城县西南90里安驾庄区栾镇村东头水坑的北岸	前室东壁	王思礼，山东肥城汉画像石墓调查。文物参考资料，1958(4)：34～36；王恩田，泰安大汶口汉画像石历史故事考。文物，1992(12)：73～78	
乌还哺母	东汉元兴元年(105)	北京西郊石景山上庄村	幽州书佐秦君石阙第8号方柱左侧	北京市文物工作队，北京西郊发现汉代石阙清理简报。文物，1964(11)：13～22；邵茗生，汉幽州书佐秦君石阙释文。文物，1964(11)：23～24	
郭巨埋儿	东汉延光二年(123)	河南登封太室山南麓启母庙	启母阙东面自下而上第3幅	王建中，汉代画像石通论。北京：紫禁城出版社，2001；吕品，中岳汉三阙。北京：文物出版社，1990	

续表

榜题/图像名称	时代	出土地点	图像分布	资料出处	备注
偃师刑渠至孝其父,此上人马皆食大仓急如律令、刑渠父身;野王丁兰、木人为像;后母身、敏子愆父、敏子愆、后母子御、子愆车马;伯臾母、伯臾身;原穀亲父、孝孙原穀、原穀泰父	东汉	河南省开封白沙镇	未详	(日)黑田彰,孝子伝の研究。京都:株式会社思文阁,2001;罗振玉,海外贞珉录,收录于国学丛刊卷十八	
孝妇、渠孝子、侍郎、魏汤、汤父、令君、令妻、令女、青(书)郎、丁兰、木丈人、孝孙、孝妇、李善、善大家	东汉	1931年出土于乐浪	绘于彩箧上	(日)黑田彰,孝子伝の研究。京都:株式会社思文阁,2001;(日)吉川幸次郎,乐浪出土汉箧图像考证,吉川幸次郎全集(6)。东京;筑摩书房,昭和43年(1968)	现藏平壤博物馆
孝子故事	东汉	山东孝堂山下小石室,明治40年出土	未详	(日)黑田彰,孝子伝の研究。京都:株式会社思文阁,2001	藏东京国立博物馆;石刻一幅,无榜题

续表

榜题/图像名称	时 代	出土地点	图像分布	资料出处	备 注
帝舜名重华,耕于历山,外养三年;兄子、义姑姊、姑姊儿、齐将军、齐将、义妇、义妇亲子;追吏骑、后母子、死人、前母子、齐继母;京师节女、怨家攻者;曾子质孝,以通神明,贯感神祇,著号来方,后世凯式,□□抚纲、谗言三至,慈母投抒;子骞后母弟,子骞父、闵子骞与假母居,爱有偏移,子骞衣寒,御车失棰;老莱子楚人也,事亲至孝,衣服斑连,婴儿之态,令亲有欢,君子嘉之,孝莫大焉、莱子母、莱子父、老莱子、莱子父母;丁兰二亲终殁,立木为父,邻人假物,报乃借与;柏榆伤亲年老,气力稍衰,笞之不痛,心怀楚悲、伯游也、伯游母;渠父、刑渠哺父、刑渠、孝子刑□;永父、董永千乘人也;章孝母;朱明、朱明弟、朱明妻、朱明儿;李氏	东汉	山东嘉祥县武宅山村西北武梁祠	武梁祠的孝子故事位于古帝王与烈女画像的下方,西墙上从右至左依次为曾子、闵子骞、老莱子与丁兰;武梁祠后墙为韩柏榆(伯游)、刑渠、董永、蒋章训、朱明、李善、金日磾;武梁祠东墙包含三州孝人、义浆羊公、魏汤、颜乌、赵□盾、原穀。前石室第七石上刻鲁义姑、闵子骞、伯游、刑渠、老莱子故事。前石室第十三石与左石室第八石上均刻有丁兰、刑渠	Wu Hung. *The Wu Liang Shrine*, Stanford University Press, 1989; 朱锡禄,武氏祠汉画像石中的故事。济南:山东美术出版社,1996; (日)黑田彰,孝子伝の研究。京都:株式会社思文阁,2001; (日)长广敏雄,六朝时代美术の研究。东京:美术出版社,1969	

续表

榜题/图像名称	时 代	出土地点	图像分布	资料出处	备 注
遗孤,忠孝李善;休屠像、骑都尉;三州孝人也;义浆羊公、乞浆者;汤父、魏汤;孝乌;赵□盾;孝孙、孝孙祖父、孝孙父;子路;伯奇图			故事,另左石室第九石上刻有舜后母焚廪的故事 伯奇图位于武氏祠左石室后壁小龛		
孝子赵苟、此苟□父;孝子丁兰父、此丁兰父;此浅公前妇子、此晋浅公见离算、此后母离居、沙公前妇子孝敬后母	东汉晚期	山东泰安大汶口汶河北岸	西前室通耳室的门楣	程继林,泰安大汶口汉画像石墓。文物,1989(1):48~58; 王恩田,泰安大汶口汉画像石历史故事考。文物,1992(12):73~78; (日)黑田彰,孝子伝の研究。京都:株式会社思文阁,2001	这几组孝行图像与榜题尚存争议,有研究者认为应分别为"刑渠哺父""孝子董永""闵子骞事后母至孝"

续表

榜题/图像名称	时代	出土地点	图像分布	资料出处	备注
骊姬计杀申生;舜后母焚廪	汉代	山东嘉祥宋山一号、二号墓	“骊姬计杀申生”位于嘉祥宋山一号墓第2石第3层;嘉祥宋山二号墓第1石第3层 “舜后母焚廪”位于嘉祥宋山一号墓第4石中层以及第8石第2层	蒋英炬、吴文祺汉代武氏墓群石刻研究。济南:山东美术出版社,1995;朱锡禄,嘉祥汉画像石。济南:山东美术出版社,1992; 山东石刻艺术博物馆,山东石刻艺术选粹。杭州:浙江文艺出版社,1996;嘉祥县武氏祠文管所,山东嘉祥宋山发现汉画像石。文物,1979(9):1~6; 济宁地区文物组,嘉祥县文管所,山东嘉祥宋山1980年出土的汉画像石。文物,1982(5):6070; 王恩田,泰安大汶口汉画像石历史故事考。文物,1992(12):73~78	
舜后母焚廪	汉代	嘉祥南武山	南武山画像石第2石第3层	同上	

续表

榜题/图像名称	时代	出土地点	图像分布	资料出处	备注
舜；蹇父、闵子蹇；曾子母、曾子；李□、□君；木丈人、孝子、丁兰；刑渠父、刑渠、孝乌；伯禽、伯禽母；魏昌父、魏昌；孝孙父、孝子；甘泉、休屠胡；子路；□师□女；□义□□；七女为父报仇	东汉晚期（160—170）	1971年内蒙古自治区和林格尔县新店子西红河北岸的高地出土	七女为父报仇位于中室西壁甬道门上方。余皆位于中室西壁至北壁	内蒙古自治区博物馆文物工作队，和林格尔汉墓壁画。北京：文物出版社，1978；（日）黑田彰，孝子伝の研究。京都：株式会社思文阁，2001	
孝行图像	东汉晚期至三国	1973年出土于浙江海宁长安镇	未详	嘉兴地区文管会、海宁县博物馆，浙江海宁东汉画像石墓发掘简报。文物，1983(5)：1～20；岳凤霞、刘兴珍，浙江海宁长安镇画像石。文物，1984(3)：47～53	石刻一幅，无榜题
董永孝行	汉代	四川渠县	四川渠县沈府君阙东阙楼部；渠县蒲家湾无铭阙楼部	王建伟，汉画“董永故事”源流考。四川文物，1995(5)：3～7	

续表

榜题/图像名称	时代	出土地点	图像分布	资料出处	备注
董永孝行	汉代	四川乐山麻浩一号崖墓等	未详	唐长寿,乐山崖墓和彭山崖墓。电子科技大学出版社,1993; 李复华、曹丹,乐山汉代崖墓石刻。文物参考资料,1956(5):61~63; 乐山市文化局,四川乐山麻浩一号崖墓。考古,1990(2):111~115/122;刘仙洲,我国独轮车的创始时期可上推到西汉晚年。文物,1964(6):1~5	
榆母、伯瑜、孝妇、榆子、孝孙	三国	1984年出土于安徽马鞍山吴朱然墓	绘于一漆盘上	(日)黑田彰,孝子伝の研究。京都:株式会社思文阁,2001; 安徽省文物考古研究所、马鞍山市文化局,安徽马鞍山东吴朱然墓发掘简报。文物,1986(3):1~15	该漆盘现已不存。丁邦钧拍摄的照片资料目前也下落不明

续表

榜题/图像名称	时代	出土地点	图像分布	资料出处	备注
郭巨、金壹釜、妻子;老莱子彩衣娱亲	南朝	河南邓县学庄村	郭巨埋儿画像砖位于东壁第七柱,老莱子画像砖位于西壁第七柱	河南省文化局文物工作队,邓县彩色画像砖墓。北京:文物出版社,1958,17~19	郭巨埋儿与老莱子画像砖均长38厘米,宽19厘米,厚6厘米
郭巨埋儿	南朝	湖北襄樊市襄城阳西虎头山北东麓贾家冲	共发现三方,一方见于甬道北部紧靠墓室的第四砖柱中部,另两方在封门墙中	襄樊市文物管理处,襄阳贾家冲画像砖墓。江汉考古,1986(1):16~32	该墓另见一方画像砖表现侍饮场面,笔者疑其亦为孝子画像,惜缺乏典型情节,尚难确断

四川荥经县曾于20世纪80年代初发现一具东汉石棺，其棺侧左部刻画有一幅帐内两人跪坐图像，李晓鸣认为是室内生活图，见李晓鸣《四川荥经东汉石棺画像》，《文物》，1987年第1期，95页；黑田彰则认为是古代的孝子故事“赵苟哺父”，见黑田彰《孝子伝の研究》，京都：株式会社思文阁，2001年；高文在《四川汉代石棺画像集》与《中国画像石棺艺术》中将其定名为“秘戏图”，见高文《四川汉代石棺画像集》，北京：人民美术出版社，1997年；高文、高成刚：《中国画像石棺艺术》，太原：山西人民出版社，1996年，18页。罗二虎在其《汉代画像石棺》一书中描述该图像为“左侧有一男一女，相对席地跪坐，男者头戴冠，双手扶住女性，正做亲密接吻状。女性头着巾，长裙”。见罗二虎《汉代画像石棺》，成都：巴蜀书社，2002年，63~65页。另，杨爱国亦认为该图为接吻图，详见杨爱国《汉画像石上的接吻图考辨》，载《四川文物》，1994年第4期，22~25页。本文从后三位先生的说法，亦认为该画像描绘的是接吻或秘戏的情节，因此未予收录。

附录四

北朝诏赐"东园秘器"情况表

说明　本表辑录了《魏书》、《北齐书》、《周书》以及《北史》中所有关于诏赐"东园秘器"的相关史料，依诏赐年代为序。据见诸史料的记载，北朝"东园秘器"的诏赐始于北魏永兴五年(413)，迄于北齐武平二年（578)，绵延一百六十五年，其中以北魏诏赐数量居多，东魏、西魏、北齐、北周时虽有诏赐，但数量极少，见于记载的仅有三件，为便于比较，也一并录于北魏之后。

受赐者	历任官职	卒年	受赐内容	资料出处
王洛儿	散骑常侍、新息公、直意将军	永兴五年(413)	赠太尉、建平王，赐温明、秘器，载以辒辌车，使殿中卫士为之导从。[1]	《魏书》卷三十四，列传第二十二，王洛儿，799～800页
叔孙俊	猎郎、卫将军、安成公	泰常元年(416)	赠司空、安成王，谥孝元，赐温明、秘器，载以辒辌车，卫士导从，陪葬金陵。[2]	《北史》，卷二十，列传第八，叔孙建，750页
拓跋熙	阳平王、督十二军校阅	泰常六年(421)	赐温明、秘器，礼物备焉。	《魏书》卷十六，道武七王列传第四，阳平王，390～391页
穆观	左卫将军、驸马都尉、太尉	泰常八年(423)	太宗亲临其丧，悲恸左右。赐以通身隐起金饰棺，丧礼一依安城王叔孙俊故事。赠宜都王，谥曰文成。	《魏书》，卷二十七，列传第十五，穆崇，664页

续表

受赐者	历任官职	卒年	受赐内容	资料出处
于栗䃅	冠军将军、新安公、镇远将军、河内镇将、新城男、安南将军、虎牢镇大将、使持节、都督兖相二州诸军事、镇南将军、枋头都将、外都大官	不晚于正平二年(452)	赐东园秘器、朝服一具、衣一袭。赠太尉公。	《魏书》卷三十一,列传第十九,于栗䃅,735~736页
拓跋谓	烈帝四子、武卫将军	疑天安至延兴年间(466—476)	卒,赐秘器。	《魏书》卷十四,神元平文诸帝子孙列传第二,357页
源贺	龙骧将军、平西将军、征西将军、西平公、散骑常侍、殿中尚书、征北将军、征南将军、冀州刺史、陇西王、太尉	太和三年(479)	赠侍中、太尉、陇西王印绶,谥曰宣,赙杂彩五百匹,赐辒辌车及命服、温明、秘器,陪葬于金陵。[3]	《魏书》卷四十一,列传第二十九,源贺,919~923页
程骏	著作佐郎、著作郎、高密太守、散骑常侍、安丰男、伏波将军、秘书令	太和九年(485)	及卒,高祖、文明太后伤惜之,赐东园秘器、朝服一称、帛三百匹,赠冠军将军、兖州刺史、曲安侯,谥曰宪。[4]	《魏书》卷六十,列传第四十八,程骏,1345~1350页
元霄(拓跋飞龙)	宗正卿、右光禄大夫、左光禄大夫	太和十七年(493)	赐朝服一具、衣一袭、东园第一秘器、绢千匹。赠卫将军、定州刺史,赐帛五百匹。谥曰安王。[5]	《魏书》卷十六,道武七王列传第四,广平王,400页

续表

受赐者	历任官职	卒年	受赐内容	资料出处
尉元	中山太守、前将军、虎贲中郎将、羽林中郎、富城男、宁远将军、北部尚书、散骑常侍、太昌侯、冠军将军、使持节、都督东道诸军事、镇南大将军、博陵公、都督徐南北兖州诸军事、镇东大将军、开府、徐州刺史、淮阳公、散骑常侍、尚书、内都大官、镇西大将军、统万镇都将、都督南征诸军事、征西大将军、大都将、侍中、都曹尚书、尚书令、司徒	太和十七年(493)	赐布帛彩物二千匹、温明、秘器、朝衣一袭,并为营造坟域。谥曰景桓公。葬以殊礼,给羽葆鼓吹、假黄钺、班剑四十人,赐帛一千匹。	《魏书》卷五十,列传第三十八,尉元,1109~1116页
刘昶	义阳王、侍中、征南将军、驸马都尉、丹阳王、外都坐大官、内都坐大官、仪曹尚书、中书监、齐郡开国公、使持节、都督吴越楚彭城诸军事、大将军	太和二十一年(497)	高祖为之举哀,给温明、秘器、钱百万、布五百匹、蜡三百斤、朝服一具、衣一袭,赠假黄钺、太傅、领扬州刺史,加以殊礼,备九锡,给前后部羽葆鼓吹,依晋琅琊王伷故事,谥曰明。[6]	《魏书》卷五十九,列传第四十七,刘昶,1307~1311页

续表

受赐者	历任官职	卒年	受赐内容	资料出处
王叡	太卜中散、给事中、散骑常侍、侍中、吏部尚书、太原公、尚书令、中山王、镇东大将军	太和四年至太和十四年（480—490）	高祖、文明太后亲临哀恸，赐温明、秘器，宕昌公王遇监护丧事。赠卫大将军、太宰、并州牧，谥曰宣王。	《魏书》卷九十三，列传第八十一，恩倖，1988～1990页
元干	河南王、卫大将军、侍中、中都大官、车骑将军、左光禄大夫、吏部尚书、使持节、都督南豫郢东荆三州诸军事、征南大将军、开府、豫州刺史、赵郡王、都督冀定瀛三州诸军事、征东大将军、冀州刺史、司州牧、都督中外诸军事	太和二十三年（499）	给东园秘器、殓服十五称，赗帛三千匹，谥曰灵王，陪葬长陵。	《魏书》卷二十一上，献文六王列传第九上，赵郡王，541～543页
李冲	秘书中散、内秘书令、南部给事中、中书令、散骑常侍、南部尚书、顺阳侯、陇西公、荥阳郡开国侯、廷尉卿、侍中、吏部尚书、咸阳王师、太子少傅、辅国大将军、镇南大将军、阳平郡开国侯、左仆射、尚书仆射、清渊县开国侯	延兴至太和年间（471—499）	给东园秘器、朝服一具、衣一袭，赠钱三十万、布五百匹、蜡二百斤。[7]	《魏书》卷五十三，列传第四十一，李冲，1179～1188页

续表

受赐者	历任官职	卒年	受赐内容	资料出处
于烈	羽林中郎、羽林中郎将、宁光宫宿卫、屯田给纳、司卫监、左卫将军、殿中尚书、散骑常侍、前将军、洛阳侯、卫尉卿、镇南将军、光禄卿、聊城县开国子、领军将军、金紫光禄大夫、使持节、征北将军、恒州刺史、车骑大将军	景明二年(501)	给东园第一秘器、朝服一具、衣一袭;赐钱二百万、布五百匹;赠使持节、侍中、大将军、太尉公、雍州刺史;追封巨鹿郡开国公,增邑五百户,并前千户。[8]	《魏书》卷三十一,列传第十九,于栗磾,737~740页
王肃	著作郎、太子舍人、司徒主簿、秘书丞、辅国将军、大将军长史、平南将军、持节、都督豫东豫东郢三州诸军事、本将军、豫州刺史、扬州大中正、镇南将军、都督豫南兖东荆东豫四州诸军事、汝阳县开国子、尚书令、宰辅、都督江西诸军事、车骑将军、开府仪同三司、昌国县开国侯、散骑常侍、都督淮南诸军事、扬州刺史	景明二年(501)	给东园秘器、朝服一袭、钱三十万、帛一千匹、布五百匹、蜡三百斤,……专遣侍御史一人监护丧事,务令优厚。……赠侍中、司空公,本官如故。[9]	《魏书》卷六十三,列传第五十一,王肃,1407~1411页

续表

受赐者	历任官职	卒年	受赐内容	资料出处
元羽	侍中、征东大将军、外都大官、卫将军、尚书左仆射、太子太保、使持节、都督青齐光南青四州诸军事、开府、青州刺史、散骑常侍、车骑大将军、司州牧	景明二年(501)	诏给东园温明、秘器、朝服一具、衣一袭,钱六十万、布一千匹、蜡三百斤。大鸿胪护丧事。赠使持节、侍中、骠骑大将军、司徒公、冀州刺史,给羽葆鼓吹、班剑四十人,谥曰惠。	《魏书》卷二十一上,献文六王列传第九上,广陵王,545~551页
穆亮	侍御中散、驸马都尉、赵郡王、侍中、征南大将军、长乐王、使持节、秦州刺史、尚书、征西大将军、西戎校尉、敦煌镇都大将、都督秦梁益三州诸军事、征南大将军、领护西戎校尉、仇池镇将、尚书右仆射、都督怀洛南北豫徐兖六州诸军事、司空、参议律令、太子太傅、征北大将军、开府、仪同三司、冀州刺史、顿丘郡开国公、定州刺史、骠骑大将军、尚书令、司空公	景明三年(502)	诏给东园温明、秘器、朝服一具、衣一袭,钱四十万、布七百匹、蜡二百斤。赠太尉公,领司州牧,谥曰匡。	《魏书》卷二十七,列传第十五,穆崇,667~671页

续表

受赐者	历任官职	卒年	受赐内容	资料出处
裴叔业	右军将军、东中郎将咨议参军、司马、给事黄门侍郎、武昌县开国伯、持节、冠军将军、徐州刺史、辅国将军、豫州刺史、南兖州刺史	景明年间(500—503)	谥忠武公,给东园温明、秘器、朝服一袭、钱三十万、绢一千匹、布五百匹、蜡三百斤。[10]	《魏书》卷七十一,列传第五十九,裴叔业,1565~1567页
源怀	侍御中散、征南将军、殿中尚书、尚书令、长安镇将、雍州刺史、司州刺史、征北大将军、卫大将军、夏州刺史、都督雍岐东秦诸军事、车骑大将军、凉州大中正、侍中、骠骑大将军、都督平氐诸军事	正始三年(506)	诏给东园秘器、朝服一具、衣一袭,钱二十万、布七百匹、蜡三百斤,赠司徒、冀州刺史。	《魏书》卷四十一,列传第二十九,源贺,923~928页
元详	侍中、征北大将军、光禄大夫、散骑常侍、秘书监、中领军、司州牧、护军将军、尚书左仆射、大将军	永平元年(508)	给东园秘器,赗物之数一依广陵故事。	《魏书》卷二十一上,献文六王列传第九上,北海王,559~564页

续表

受赐者	历任官职	卒年	受赐内容	资料出处
元勰	始平王、侍中、征西大将军、光禄大夫、中书令、彭城王、抚军将军、中书监、中军大将军、使持节、都督南征诸军事、开府、司徒、太子太傅、都督中外诸军事、宰辅、都督冀定幽瀛营安平七州诸军事、骠骑大将军、定州刺史、扬州刺史	永平元年(508)	给东园第一秘器、朝服一袭、赙钱八十万、布两千匹、蜡五百斤,大鸿胪护丧事。	《魏书》卷二十一下,献文六王列传第九下,彭城王,571～583页
元英	平北将军、武川镇都大将、都督梁益宁三州诸军事、安南将军、领护西戎校尉、仇池镇都大将、梁州刺史、梁汉别道都将、安南大将军、广武伯、左卫将军、前将军、大宗正、尚书、镇南将军、使持节、都督征义阳诸军事、散骑常侍、征南将军、都督扬徐二道诸军事、征东将军、都督冀州诸军事、都督南征诸军事、尚书仆射	永平三年(510)	给东园秘器、朝服一具、帛七百匹,赠司徒公,谥曰献武王。	《魏书》卷十九下,景穆十二王列传第七下,南安王,495～502页

续表

受赐者	历任官职	卒年	受赐内容	资料出处
李平	通直散骑侍郎、太子中庶子、长乐太守、冀州仪同开府长史、河南尹、黄门郎、司徒左长史、征虏将军、平东将军、度支尚书、正尚书、御史中尉、使持节、都督北讨诸军事、镇北将军、散骑常侍、中书令、吏部尚书、抚军将军、武邑郡开国公、镇军大将军、尚书右仆射	熙平元年(516)	诏给东园秘器、朝服一具、衣一袭、帛七百匹。灵太后为举哀于东堂。赠侍中、骠骑大将军、仪同三司、冀州刺史,谥文烈公。[11]	《魏书》卷六十五,列传第五十三,李平,1451~1454页
于忠	侍御中散、武骑侍郎、太子翊军校尉、长水校尉、左右郎将、司空长史、征虏将军、魏郡开国公、散骑常侍、武卫将军、太府卿、使持节、西道大使、平西将军、华州刺史、安北将军、相州刺史、卫尉卿、河南邑中正、定州刺史、左卫将军、恒州大中正、都官尚书、平南将军、领军将军、侍中、车骑大将军、常山郡开国公、尚书	神龟元年(518)	给东园秘器、朝服一具、衣一袭,钱二十万、布七百匹、蜡三百斤,赠侍中、司空公。	《魏书》卷三十一,列传第十九,于栗磾,741~746页

续表

受赐者	历任官职	卒年	受赐内容	资料出处
	令、都督冀定瀛三州诸军事、征北大将军、冀州刺史、尚书右仆射			
胡国珍（灵太后之父）	光禄大夫、安定郡公、中书监、使持节、都督、雍州刺史、骠骑大将军、开府、司徒公	神龟元年(518)	给东园温明、秘器、五时朝服各一具、衣一袭，赠布五千匹、钱一百万、蜡千斤。大鸿胪持节监护丧事。[12]	《魏书》卷八十三下，列传第七十一下，外戚下，1833～1834页
元澄	征北大将军、使持节、都督北讨诸军事、都督梁益荆三州诸军事、征南大将军、梁州刺史、侍中、征东大将军、开府、徐州刺史、中书令、尚书令、抚军大将军、太子少保、尚书左仆射、吏部尚书、右仆射、尚书右仆射、平西将军、安东将军、相州刺史、安西将军、雍州刺史、都督淮南诸军事、镇南大将军、扬州刺史、散骑常侍、镇北大将军、定州刺史、太子太保、骠骑大将军、司空、侍中、尚书令、使持节、大将军、大都督、司徒公	神龟二年(519)	赙布一千二百匹、钱六十万、蜡四百斤，给东园温明、秘器、朝服一具、衣一袭；大鸿胪监护丧事，诏百僚会丧；赠假黄钺、使持节、都督中外诸军事、太傅，领太尉公；加以殊礼，备九锡，依晋大司马、齐王攸故事；谥曰文宣王。	《魏书》卷十九中，景穆十二王列传第七中，任城王，462～480页

续表

受赐者	历任官职	卒年	受赐内容	资料出处
元晖	尚书主客郎、给事黄门侍郎、侍中、右卫将军、吏部尚书、冀州刺史、尚书左仆射、摄吏部选事	神龟三年(520)	赐东园秘器,赠使持节、都督中外诸军事、司空公,谥曰文宪。将葬,给羽葆、班剑、鼓吹二十人,羽林百二十人。	《魏书》卷十五,昭成子孙列传第三,378～380页
游肇	内秘书侍御中散、通直郎、秘阁令、散骑侍郎、典命中大夫、太子中庶子、南安王桢镇北府长史、魏郡太守、高阳王雍镇北府长史、廷尉少卿、黄门侍郎、散骑常侍、太府卿、廷尉卿、御史中尉、侍中、中书令、光禄大夫、相州大中正、镇东将军、相州刺史、太常卿、尚书右仆射	正光元年(520)	诏给东园秘器、朝服一袭、赗帛七百匹。赠使持节、散骑常侍、骠骑大将军、仪同三司、冀州刺史,谥文贞公。	《魏书》卷五十五,列传第四十三,游明根,1215～1218页
崔亮	中书博士、议郎、尚书、吏部郎、太子中舍人、中书侍郎、尚书左丞、给事黄门侍郎、青州大中正、散骑常侍、度支尚书、御史中尉、都官尚书、廷尉卿、安西将军、雍州刺史、太常卿、定州刺史、镇南将军、镇北将军、殿中尚书、吏部尚书、侍中、左光禄大夫、尚书右仆射、尚书仆射	正光二年(521)	诏给东园秘器、朝服一袭,赗物七百段、蜡三百斤。赠使持节、散骑常侍、车骑大将军、仪同三司、冀州刺史,谥曰贞烈。[13]	《魏书》卷六十六,列传第五十四,崔亮,1476～1485页

续表

受赐者	历任官职	卒年	受赐内容	资料出处
元谧	通直散骑常侍、龙骧将军、太子中庶子、冠军将军、岐州刺史、大司农卿、散骑常侍、平北将军、幽州刺史、都官尚书、安南将军	正光四年(523)	给东园秘器、朝服一具、衣一袭，赗帛五百匹。超赠假侍中、征南将军、司州牧，谥曰贞景。	《魏书》卷二十一上，献文六王列传第九上，赵郡王，543～544页
崔光	中书博士、著作郎、中书侍郎、给事黄门侍郎、朝阳子、散骑常侍、太子少傅、陕西大使、侍中、太常卿、齐州大中正、抚军将军、中书令、镇东将军、中书监、右光禄大夫、博平县开国公、国子祭酒、车骑大将军、平恩县开国侯、司徒、太保	正光四年(523)	诏给东园温明、秘器、朝服一具、衣一袭、钱六十万、布一千匹、蜡四百斤，大鸿胪监护丧事。赠太傅、领尚书令、骠骑大将军、开府、冀州刺史、侍中又敕加后部鼓吹、班剑，依太保、广阳王故事，谥文宣公。	《魏书》卷六十七，列传第五十五，崔光，1487～1498页
甄琛	中书博士、谏议大夫、通直散骑侍郎、征北府长史、阳平王颐卫军府长史、中散大夫、御史中尉、通直散骑常侍、侍中、散骑	正光五年(524)	诏给东园秘器、朝服一具、衣一袭、钱十万、物七百段、蜡三百斤。赠司徒公、尚书左仆射，加后部鼓吹。[14]	《魏书》卷六十八，列传第五十六，甄琛，1509～1515页

续表

受赐者	历任官职	卒年	受赐内容	资料出处
	常侍、给事黄门侍郎、定州大中正、尚书、河南尹、平南将军、太子少保、使持节、抚军将军、营州刺史、安北将军、镇西将军、凉州刺史、徐州刺史、吏部尚书、征北将军、定州刺史、车骑将军			
元融	秘书郎、骁骑将军、征虏将军、并州刺史、司空、宗正卿、散骑常侍、平东将军、青州刺史、秘书监、中护军、抚军将军、河南尹、征东将军、卫将军、左光禄大夫、车骑将军、前驱左军都督	孝昌三年(527)	赐东园秘器、朝服一具、彩两千八百段，赠侍中、都督雍华岐三州诸军事、本将军、司空、雍州刺史。进赠司徒，加前后部鼓吹。谥曰庄武。	《魏书》卷十九下，景穆十二王列传第七下，章武王，514～515页
赵平君	胡国珍之妻	不晚于武泰元年(528)	给东园秘器，肃宗服小功服，举哀于东堂。[15]	《魏书》卷八十三下，列传第七十一下，外戚下，1836页

续表

受赐者	历任官职	卒年	受赐内容	资料出处
斛斯椿	中散大夫、阳曲县公、大将军府司马、东徐州刺史、尚书左仆射、司空公、灵丘郡公、大行台前驱都督、侍中、骠骑大将军、城阳郡公、开府、尚书令、常山郡公、司徒、太保、太傅	太昌至永熙年间(532—534)	诏赐东园秘器,遣尚书、梁郡王景略监护丧事。赠大将军、录尚书、三十州诸军事、侍中、恒州刺史、常山郡王,谥曰文宣,祭以太牢。又诏改大将军,赠大司马,给辒辌车。	《北史》,卷四十九,列传第三十七,斛斯椿,1785~1787页
雷绍	京兆太守、大都督、凉州刺史、渭州刺史、昌国伯	永熙三年(534)后	赠太尉,赐东园秘器。	《北史》,卷四十九,列传第三十七,雷绍,1807~1808页
王衎	著作佐郎、尚书郎、员外常侍、司空咨议、光禄大夫、廷尉、扬州大中正、度支尚书、太常卿、散骑常侍、征东将军、西兖州刺史、车骑将军、左光禄大夫、侍中	天平三年(536)	敕给东园秘器、赗物三百段,赠使持节、都督青徐兖三州诸军事、骠骑大将军、尚书令、司徒公、徐州刺史,谥曰文献。[16]	《魏书》卷六十三,列传第五十一,王肃,1413页
僧洗	中书监、侍中、濮阳郡公	天平四年(537)	诏给东园秘器,赠太师、太尉公、录尚书事、雍州刺史,谥曰孝。	《魏书》卷八十三下,列传第七十一下,外戚下,1836页

续表

受赐者	历任官职	卒年	受赐内容	资料出处
段韶	亲信都督、下洛县男、龙骧将军、谏议大夫、武卫将军、姑臧县侯、长乐郡公、真定县男、并州刺史、冀州刺史、六州大都督、平原郡王、太子太师、太傅、太宰、灵武县公、左丞相、永昌郡公、广平郡公	武平二年(578)	上举哀东堂,赠物千段、温明、秘器、辒辌车,军校之士陈卫送至平恩墓所,发卒起冢。赠假黄钺、使持节、都督朔、并、定、赵、冀、沧、齐、兖、梁、洛、晋、建十二州诸军事,相国、太尉、录尚书事、朔州刺史,谥曰忠武。[17]	《北齐书》,卷十六,列传第八,段荣,208~213页

注释

〔1〕《北史》记载王洛儿受赐情况为“卒，赠太尉、建平王。赐温明、秘器，载以辒辌车，使殿中卫士为之导从”。余见《北史》，卷二十五，列传第十三，913~914页。温明为当时承袭汉制的一种漆面罩，与秘器不同，而今人标点多将二者视为一物，此处将其断开，以示区别。

〔2〕《魏书》的记载为：“赠侍中、司空、安城王，谥孝元。赐温明、秘器，载以辒辌车，卫士导从，陪葬金陵。”余见《魏书》卷二十九，列传第十七，705~706页。

〔3〕《北史》记载为“三年，薨，赠侍中、太尉、陇西王印绶，谥曰宣王。赐辒辌车及命服、温明秘器，陪葬金陵”。见《北史》，卷二十八，列传第十六，1023~1026页。

〔4〕《北史》记载为“及卒，给孝文、文明太后伤惜之。赐东园秘器、朝服一称、帛三百匹，赠兖州刺史、曲安侯，谥曰宪”。见《北史》，卷四十，列传第二十八，1450~1452页。

〔5〕《北史》记载为“赐东园第一秘器，……谥曰安王”。见《北史》，卷十六，列传第四，595页。

〔6〕见《北史》卷二十九，列传第十七，1046~1048页。

〔7〕《北史》记载为“赠司空公，给东园秘器一具、衣一袭，赠钱三十万、布五百匹、蜡两百斤。有司奏谥曰文穆”。见《北史》，卷一百，列传第八十八，3329~3333页。

〔8〕《北史》记载为“及卒，宣武举哀于朝堂，给东园第一秘器，赠太尉，封巨鹿郡公”。见《北史》，卷二十三，列传第十一，838~840页。

〔9〕《北史》亦有记载，略同，详见《北史》卷四十二，列传第三十，1537～1539页。

〔10〕见《北史》卷四十五，列传第三十三，1645～1647页。

〔11〕相关记载见《北史》卷四十三，列传第三十一，1600～1603页。

〔12〕《北史》记载为“给东园温明、秘器，五时朝服各一具，衣一袭，赠布五千匹，钱一百万，蜡千斤。大鸿胪持节护丧事”。余详见《北史》，卷八十，2687～2688页。

〔13〕《北史》记载较为简略：“诏给东园秘器，赠车骑大将军、仪同三司，谥曰贞烈。”余见《北史》，卷四十四，列传第三十二，崔亮，1629～1634页。

〔14〕《北史》记载稍显简略，并改《魏书》中的“东园温明、秘器”为“东园秘器”，对于追赠的官职也与《魏书》的记载有较大出入，详见《北史》卷四十，列传第二十八，1469～1474页；《北史》卷四十四，列传第三十二，1615～1622页。

〔15〕《北史》为：“给东园秘器，明帝服小功服，举哀于东堂，灵太后服齐衰，期。”见《北史》卷八十，列传第六十八，外戚，2689页。

〔16〕《北史》中之记载较《魏书》简略，详见《北史》卷四十二，列传第三十，1541页。

〔17〕《北史》记载为“赐温明、秘器、辒辌车。军校之士，阵送至平恩墓所，发卒起冢。赠假黄钺、相国、太尉、录尚书事，谥忠武”。见《北史》，卷五十四，列传第四十二，1960～1963页。

附录五

六朝《孝子传》辑佚

说明 在我国现存的古文献中，六朝时期流传的十余种《孝子传》正本已经散佚，但其内容由于《太平御览》、《初学记》、《艺文类聚》、《法苑珠林》等类书的收录而得以部分地保存下来。据吉川幸次郎、西野贞治等日本学者的研究，现藏日本的阳明本与船桥本《孝子传》是目前较接近于六朝《孝子传》原貌的古本，因此，本表以黑田彰教授在其《孝子伝の研究》中所提供的阳明本与船桥本《孝子传》的目录为序次依据，按孝子的先后顺序将散见于各大类书中的与该孝子有关的六朝《孝子传》辑录在一起。表中前四十五个孝子依阳明本与船桥本《孝子传》的目录顺序编排，阳明本与船桥本《孝子传》目录中没有出现的孝子，依类书中的记载附录于后。表中"汉至六朝《孝子传》及出处"部分为空白者，表示该孝子故事仅见于阳明本与船桥本《孝子传》。

<table>
<tr><th>孝子</th><th colspan="2">汉至六朝《孝子传》及出处</th><th colspan="2">日藏阳明本、船桥本《孝子传》序次</th></tr>
<tr><td rowspan="2">舜</td><td>刘向《孝子传》</td><td>《法苑珠林》四十九</td><td rowspan="2">舜</td><td rowspan="2">1</td></tr>
<tr><td>逸名《孝子传》</td><td>《法苑珠林》四十九</td></tr>
<tr><td rowspan="3">董永</td><td>刘向《孝子传》</td><td>《法苑珠林》四十九、《太平御览》四百一十一</td><td rowspan="3">董永</td><td rowspan="3">2</td></tr>
<tr><td>郑辑之《孝子传》</td><td>《法苑珠林》四十九</td></tr>
<tr><td>逸名《孝子传》</td><td>《太平御览》八百一十七、八百二十六、《类林杂说》一、《法苑珠林》四十九</td></tr>
</table>

续表

孝子	汉至六朝《孝子传》及出处		日藏阳明本、船桥本《孝子传》序次	
刑渠	萧广济《孝子传》	《太平御览》四百一十一	刑渠	3
伯榆	逸名《孝子传》	平氏传杂勘文上一、太镜底容钞二	伯榆	4
郭巨	刘向《孝子传》	《法苑珠林》四十九、《太平御览》四百一十一	郭巨	5
	宋躬《孝子传》	《太平御览》八百一十一、《初学记》十七		
	逸名《孝子传》	《法苑珠林》四十九		
原榖	逸名《孝子传》	《太平御览》五百一十九	原榖	6
魏阳	萧广济《孝子传》	《太平御览》三百五十二	魏阳	7
三洲	萧广济《孝子传》	《太平御览》六十一	三洲	8
	逸名《孝子传》	《太平广记》一百六十一		
丁兰	刘向《孝子传》	《法苑珠林》四十九	丁兰	9
	郑辑之《孝子传》	《法苑珠林》四十九		
	孙盛《逸人传》	《太平御览》三百九十六、《类林杂说》一		
朱明		朱明		10
蔡顺	逸名《孝子传》	《太平御览》八百四十五、《类林杂说》一	蔡顺	11
王琳	逸名《孝子传》	《太平御览》五百四十八	王巨尉	12
老莱子	师觉授《孝子传》	《太平御览》四百一十三	老莱子	13
	逸名《孝子传》	《太平御览》六百八十九、《初学记》十七		

续表

孝子	汉至六朝《孝子传》及出处		日藏阳明本、船桥本《孝子传》序次	
宗胜之			宗胜之	14
陈寔			陈寔	15
阳威			阳威	16
曹娥			曹娥	17
毛义			毛义	18
欧尚			欧尚	19
仲由			仲由	20
刘敬宣			刘敬宣	21
谢弘微			谢弘微	22
朱百年	萧广济《孝子传》	《太平御览》四百一十三	朱百年	23
高柴	逸名《孝子传》	《法苑珠林》四十九	高柴	24
张敷			张敷	25
孟仁			孟仁	26
王祥	萧广济《孝子传》	《太平御览》九百二十二、九百七十,《艺文类聚》八十六、九十二,《北堂书钞》一百四十五	王祥	27
	师觉授《孝子传》	《太平御览》二十六、《初学记》三		
	逸名《孝子传》	《太平御览》八百六十三		
姜诗	逸名《孝子传》	《广事类赋》十六	姜诗	28
叔先雄			叔先雄	29
颜乌			颜乌	30
许孜			许孜	31
鲁义士			鲁义士	32

续表

孝子	汉至六朝《孝子传》及出处		日藏阳明本、船桥本《孝子传》序次	
闵子骞	萧广济《孝子传》	《初学记》十七	闵子骞	33
	师觉授《孝子传》	《太平御览》四百一十三		
	逸名《孝子传》	《太平御览》三十四		
蒋诩			蒋诩	34
伯奇	逸名《孝子传》	《类林杂说》一	伯奇	35
曾参	萧广济《孝子传》	《初学记》十七	曾参	36
	虞盘佑《孝子传》	《太平御览》九百九十八		
	逸名《孝子传》	《太平御览》三百七十		
董黯			董黯	37
申生	逸名《孝子传》	《类林杂说》一	申生	38
申明			申明	39
禽坚（贤）	逸名《孝子传》	《通志》二十八	禽坚	40
李善	逸名《孝子传》	《琱玉集》十二	李善	41
羊(阳)公(雍)	梁元帝《孝德传》	《太平广记》二百九十二	羊(阳)公	42
	逸名《孝子传》	《太平御览》八百六十一、九百七十六，《艺文类聚》八十二,《北堂书钞》一百四十四		

续表

孝子	汉至六朝《孝子传》及出处		日藏阳明本、船桥本《孝子传》序次	
东师节女			东师节女	43
眉间尺	逸名《孝子传》	《太平御览》三百四十三、《类林杂说》一	眉间尺	44
慈乌	逸名《孝子传》	《法苑珠林》四十九	慈乌	45
杜孝	萧广济《孝子传》	《初学记》十七、《艺文类聚》九十六、《太平御览》四百一十一、《类林杂说》一		
	逸名《孝子传》	《广事类赋》十六		
隗通	萧广济《孝子传》	《太平御览》四百一十一		
	逸名《孝子传》	《太平御览》三百八十九		
辛缮	萧广济《孝子传》	《太平御览》四百一十一		
施延	萧广济《孝子传》	《太平御览》四百一十四		
王惊	萧广济《孝子传》	《太平御览》四百一十三		
妠皓	萧广济《孝子传》	《太平御览》四百一十三、《艺文类聚》二十		
伏恭	萧广济《孝子传》	《太平御览》四百一十三		
萧芝	萧广济《孝子传》	《艺文类聚》九十、《太平御览》九百一十七		
	逸名《孝子传》	《蒙求》三十六		

续表

孝子	汉至六朝《孝子传》及出处	
伍袭	萧广济《孝子传》	《太平御览》九百〇六
伍袭	宋躬《孝子传》	《太平御览》四百一十一
伍袭	逸名《孝子传》	《白氏六帖》二十九、《事类赋》二十三
文让	萧广济《孝子传》	《太平御览》三十七、四百一十一
文让	逸名《孝子传》	敦煌本语对二十六
申屠勋	萧广济《孝子传》	《太平御览》四百一十三、七百六十六
宿仓舒	萧广济《孝子传》	《太平御览》四百一十三
王修（循）	萧广济《孝子传》	《太平御览》五百六十二
王修（循）	逸名《孝子传》	敦煌本事森
桑虞	萧广济《孝子传》	《太平御览》四百一十三
桑虞	宋躬《孝子传》	《艺文类聚》二十、《太平御览》八百五十九
桑虞	逸名《孝子传》	敦煌本籯金
郭世道	萧广济《孝子传》	《太平御览》四百一十三
郭原平	萧广济《孝子传》	《太平御览》八百二十一、《艺文类聚》六十五
何子平	萧广济《孝子传》	《太平御览》四百一十三

续表

孝子	汉至六朝《孝子传》及出处	
朱百年	萧广济《孝子传》	《太平御览》四百一十三
陈玄	萧广济《孝子传》	《太平御览》四百一十三、九百三十五,《艺文类聚》九十六
邓展	萧广济《孝子传》	《太平御览》九百四十五
展勤	萧广济《孝子传》	《艺文类聚》九十七
萧国	萧广济《孝子传》	《艺文类聚》九十五、《太平御览》九百〇七
殷恽	萧广济《孝子传》	《初学记》十七、《类林杂说》一
杜牙	萧广济《孝子传》	《白氏六帖》二十九
五郡孝子	萧广济《孝子传》	《太平御览》三百七十二
獭	萧广济《孝子传》	《玉烛宝典》一
竺弥	王歆《孝子传》	《初学记》一、《太平御览》十三
	王韶之《孝子传》	《北堂书钞》一百二十九、《艺文类聚》二
	逸名《孝子传》	《事类赋》三
周青	王韶之《孝子传》	《太平御览》四百一十五、六百四十六

续表

孝子	汉至六朝《孝子传》及出处	
李陶	王韶之《孝子传》	《艺文类聚》九十二
	逸名《孝子传》	《太平御览》九百二十
管宁	周景式《孝子传》	《艺文类聚》八、《太平御览》六十
田真	周景式《孝子传》	《初学记》十七,《艺文类聚》八十九,《太平御览》四百一十六、九百五十九
	逸名《孝子传》	《事类赋》二十四
猴母	周景式《孝子传》	《太平御览》九百一十、《初学记》二十九
	逸名《孝子传》	《太平御览》九百一十、《初学记》二十九
仲子崔	师觉授《孝子传》	《太平御览》三百五十二、四百八十二
北宫氏女	师觉授《孝子传》	《太平御览》四百一十五
魏连	师觉授《孝子传》	《艺文类聚》一百
赵荀	师觉授《孝子传》	《初学记》十七、《太平御览》四百一十四
程会(曾)	师觉授《孝子传》	《艺文类聚》二十、《太平御览》四百一十三
	逸名《孝子传》	敦煌本不知名类书甲
吴叔和	师觉授《孝子传》	《艺文类聚》九十二
夏侯䜣	宋躬《孝子传》	《太平御览》四百一十一
	逸名《孝子传》	敦煌本籝金(夏侯许)

续表

孝子	汉至六朝《孝子传》及出处	
韦俊	宋躬《孝子传》	《太平御览》四百一十一
缪斐	宋躬《孝子传》	《太平御览》四百一十一、六百四十四
	梁元帝《孝德传》	《太平御览》五百一十
纪迈	宋躬《孝子传》	《太平御览》四百一十一
	逸名《孝子传》	《太平御览》三十一
张景胤	宋躬《孝子传》	《艺文类聚》二十
宗承	宋躬《孝子传》	《太平御览》三十七、四百一十一
	逸名《孝子传》	《白氏六帖》七
吴坦之	宋躬《孝子传》	《艺文类聚》二十
	逸名《孝子传》	《初学记》十七
贾恩	宋躬《孝子传》	《太平御览》四百一十五
邱杰	宋躬《孝子传》	《太平御览》四百一十一
陈遗	宋躬《孝子传》	《太平御览》四百一十一、《初学记》二十六、《法苑珠林》四十九
	逸名《孝子传》	《太平御览》三百八十九、《太平广记》一百六十二
孙棘	宋躬《孝子传》	《太平御览》四百一十六
何子平	宋躬《孝子传》	《太平御览》二十二、二十六、《艺文类聚》二十
王虚之	宋躬《孝子传》	《艺文类聚》八十六、《法苑珠林》四十九
	逸名《孝子传》	《太平广记》一百六十二
华宝	宋躬《孝子传》	《艺文类聚》二十
韩灵珍	宋躬《孝子传》	《太平御览》四百一十一
孙恩	宋躬《孝子传》	《古今图书集成》三十二

续表

孝子	汉至六朝《孝子传》及出处	
华光	虞盘佑《孝子传》	《太平御览》四百一十三
	逸名《孝子传》	《太平御览》三百八十五
吴隐之	郑辑之《孝子传》	《世说新语》一、《古今图书集成》三十二
吴逵	郑辑之《孝子传》	《法苑珠林》四十九
萧固	郑辑之《孝子传》	《法苑珠林》四十九
张楷	梁元帝《孝德传》	《太平御览》六百一十六
阳公（雍）	梁元帝《孝德传》	《太平广记》二百九十二
	逸名《孝了传》	《太平御览》八百六十一、九百七十六，《艺文类聚》八十二，《北堂书钞》一百四十四
眉间赤	逸名《孝子传》	《太平御览》三百四十三、《类林杂说》一
哙参	逸名《孝子传》	《广韵》四
杨香	逸名《孝子传》	《太平御览》八百九十二
王琳	逸名《孝子传》	《太平御览》五百四十八
汝郁	逸名《孝子传》	《元和姓纂》六
蔡邕	逸名《孝子传》	《太平御览》四百一十四
鲍昂	逸名《孝子传》	《太平御览》四百一十四
缑玉	逸名《孝子传》	《元和姓纂》五、《广韵》二
三邱氏	逸名《孝子传》	《元和姓纂》五
郭文举	逸名《孝子传》	《太平御览》八百九十二
吴猛	逸名《孝子传》	《太平御览》九百四十五、《类林杂说》一

续表

孝子	汉至六朝《孝子传》及出处	
陆仲元	逸名《孝子传》	《太平御览》五百一十九
魏达	逸名《孝子传》	《太平御览》七百四十二
魏汤	逸名《孝子传》	《太平御览》四百八十二
孟宗	逸名《孝子传》	《太平御览》六十五、《法苑珠林》四十九
霍子	逸名《孝子传》	《白帖石》
焦华	逸名《孝子传》	《广事类赋》二十七
黄香	逸名《孝子传》	《广事类赋》十六
王裒	逸名《孝子传》	《陈检讨集》二
殷惮	逸名《孝子传》	《广事类赋》十六
罗威	逸名《孝子传》	《陈检讨集》十一
滕昙恭	逸名《孝子传》	《陈检讨集》十三
杜羔	逸名《孝子传》	《佩文韵府》十九
吴从健(吴叔和)	逸名《孝子传》	《太平御览》九百二十
张行	逸名《孝子传》	敦煌本篇金
赵孝宗	逸名《孝子传》	《类林杂说》一
鲍山	逸名《孝子传》	《类林杂说》三
顾秦	逸名《孝子传》	敦煌本李峤百咏兔注
谢方储	逸名《孝子传》	敦煌本李峤百咏兔注
刘殷	逸名《孝子传》	敦煌本语对二十六
□枢	逸名《孝子传》	《太平广记》一百三十七
王延	逸名《孝子传》	《法苑珠林》四十九

附录六

北魏孝子辑录

说明　本表据《魏书》、《北史》记载共辑录北魏孝子 137 人，其中某些孝子的事迹出处较多且有重复，记载也大同小异，为求简洁，仅保留一个页码以备检索。《魏书·孝感传》中的孝子因在正文已有提及，此处未予收录。

姓名	出处	姓名	出处	姓名	出处
拓跋嗣	《魏书》49、64 页	拓跋弘	《魏书》125 页	元宏	《魏书》135 页
元恭	《魏书》273 页	元昌	《魏书》419 页	尒朱荣	《魏书》256 页
元彧	《魏书》420 页	元云	《魏书》461 页	元澄	《魏书》462 页
元顺	《魏书》481 页	元桢	《魏书》493 页	元子直	《魏书》585 页
元䴢	《魏书》571 页	崔衡	《魏书》625 页	崔伯骥	《魏书》633 页
张白泽	《魏书》615 页	奚斤	《魏书》698 页	高真	《魏书》753 页
高猛虎	《魏书》755 页	崔隆宗	《魏书》759 页	宋隐	《魏书》773 页
宋琼	《魏书》774 页	贯祯	《魏书》794 页	李敷	《魏书》834 页
王宝兴	《魏书》877 页	李柬	《魏书》895 页	陆丽	《魏书》908 页
常山公主	《魏书》909 页	寇臻	《魏书》947 页	刘文颢	《魏书》969 页
韦俊	《魏书》1009 页	裴修	《魏书》1021 页	房景伯	《魏书》977 页
裴宣	《魏书》1023 页	辛绍先	《魏书》1025 页	辛少雍	《魏书》1027 页
卢义僖	《魏书》1053 页	李秀之	《魏书》1102 页	辛子馥	《魏书》1028 页
宋繇	《魏书》1152 页	张怀义	《魏书》1154 页	索孟贵	《魏书》1163 页
高谅	《魏书》1263 页	崔挺	《魏书》1264 页	李安世	《魏书》1175 页
崔孝芬兄弟	《魏书》1271 页	崔振	《魏书》1272 页	韩麒麟	《魏书》1334 页
李平	《魏书》1451 页	李奖	《魏书》1455 页	程骏	《魏书》1345 页
崔光韶	《魏书》1482 页	曹氏	《魏书》1513 页	甄宣轨	《魏书》1519 页

续表

姓名	出处	姓名	出处	姓名	出处
崔延俊	《魏书》1528页	裴谭	《魏书》1567页	崔休	《魏书》1526页
裴衍	《魏书》1574页	江漾	《魏书》1591页	辛雄	《魏书》1691页
刘桃符	《魏书》1757页	冯熙	《魏书》1819页	高谦之	《魏书》1708页
陈奇	《魏书》1846页	刁冲	《魏书》1857页	门文爱	《魏书》1893页
宋世景	《魏书》1901页	杜纂	《魏书》1905页	张琛	《魏书》1901页
眭夸	《魏书》1930页	贞孝女宗	《魏书》1984页	河东姚氏	《魏书》1985页
李承	《魏书》886页	羊皮	《魏书》2883页	叶延	《魏书》2234页
穆绍	《北史》743页	崔浩	《北史》776页	崔休	《北史》871页
王晞	《北史》885页	王晧	《北史》891页	王昭	《北史》885页
刁柔	《北史》950页	韦子粲	《北史》956页	韦荣亮	《北史》956页
寇祖训兄弟	《北史》991页	寇颙	《北史》993页	李兰	《北史》979页
陆印	《北史》1018页	陆彦师	《北史》1019页	卢义僖	《北史》1080页
崔昂	《北史》1179页	李士谦	《北史》1232页	李元忠	《北史》1202页
张湛	《北史》1265页	李辑兄弟	《北史》1235页	李秀之	《北史》1209页
李平	《北史》1600页	孟贵	《北史》1270页	裴延俊	《北史》1377页
王宝兴	《北史》1290页	薛裕	《北史》1330页	宋游道	《北史》1271页
裴谭	《北史》1647页	崔伯骥兄弟	《北史》1640页	裴衍	《北史》1651页
念贤	《北史》1805页	斛斯征	《北史》1787页	李漾	《北史》1657页
元晞	《北史》2004页	赵彦深	《北史》2006页	段绍	《北史》1963页
魏兰根	《北史》2046页	魏饷	《北史》2047页	雷绍	《北史》1807页
窦毅	《北史》2178页	韦世康	《北史》2273页	窦炽	《北史》2176页

续表

姓 名	出 处	姓 名	出 处	姓 名	出 处
柳桧	《北史》2279 页	若干惠	《北史》2303 页	韦孝宽	《北史》2268 页
蔡祐	《北史》2309 页	申徽	《北史》2389 页	王德	《北史》2306 页
韦祐	《北史》2328 页	泉企	《北史》2331 页	柳敏	《北史》2357 页
柳遐	《北史》2442 页	达奚长儒	《北史》2521 页	陆政	《北史》2391 页
樊逊	《北史》2788 页	杜整	《北史》2627 页	黎景熙	《北史》2747 页
李棠	《北史》2850 页	杜纂	《北史》2870 页	郭琰	《北史》2849 页
庾季才	《北史》2946 页	彦光	《北史》2880 页		

附录七

太和十四至二十三年诏孝令言

年代	资料内容	出处
太和十四年(490)	高祖曰:“……而预于孝道简略,朕无取焉。”高祖曰:“既言事殊,固不宜仰匹至德,复称孝章从吉,不受讥前代。朕所以眷恋衰絰,不从所议者,仰感慈恩,情不能忍故也。盖闻孝子之居丧,见美丽则感亲,故释锦而服粗衰。内外相称,非虚加也。今者岂徒顾礼违议,苟免嗤嫌而已。抑亦情发于衷,而欲肆之于外。”	《魏书》卷一百八之三,礼志三,2782 页
太和十四年(490)	明根对曰:“圣慕深远,孝情弥至,臣等所奏,已不蒙许,愿得逾年即吉。……”高闾对曰:“昔王孙裸葬,士安去棺,其子皆从而不违,不为不孝。……”李彪亦曰:“三年不改其父之道,可谓大孝。今不遵册令,恐涉改道之嫌。”高祖曰:“王孙、士安皆诲子以俭,送终之事,及其遵也,岂异今日。改父之道者,盖谓慢孝忘礼,肆情违度。”	《魏书》卷一百八之三,礼志三,2784 页
太和十四年(490)	高祖曰:“恩隆德厚,则思恋自深,虽非至情,由所感发。然曾参之孝,旷代而有,岂朕今日所足论也。……二汉之盛,魏晋之兴,岂由简略丧礼,遗忘仁孝哉。”	《魏书》卷一百八之三,礼志三,2786 页
太和十四年(490)	亮表曰:“以至孝之痛,服期年之丧,练事既阕,号慕如始。统重极之尊,同众庶之制,废越绋之大敬,阙宗祀之旧轨。……则休征可致,嘉应必臻,礼教并宣,孝慈兼备,普天蒙赖,含生幸甚。”	《魏书》卷二十七,列传第十五,穆崇,668 ~ 669 页

续表

年代	资料内容	出处
太和十四年(490)	诏曰:“苟孝悌之至,无所不通。今飘风亢旱,时雨不降,实由诚慕未浓,幽显无感也。所言过哀之咎,谅为未衷,省启以增悲愧。”	《魏书》卷二十七,列传第十五,穆崇,669页
太和十六年(492)	八月,诏曰:“是以天子父事三老,兄事五更,所以明孝悌于万国,垂教本于天下。”	《魏书》卷五十,列传第三十八,尉元,1114页
太和十六年(492)	既而元言曰:“自天地分判,五行施则,人之所崇,莫重于孝顺。然五孝六顺,天下之所先,愿陛下重之,以化四方。臣既衰老,不究远趣,心耳所及,敢不尽诚。”高祖曰:“孝顺之道,天地之经,今承三老明言,铭之于怀。”明根言曰:“夫至孝通灵,至顺感幽,故诗云:孝悌之至,通于神明,光于四海。如此则孝顺之道,无所不格。”	《魏书》卷五十,列传第三十八,尉元,1115页
太和十六年(492)	戊辰,帝临思义殿,策问秀、孝。	《北史》卷三,魏本纪第三,107页
太和十七年(493)	诏洛、怀、并、肆所过四州之民:……孝悌廉义、文武应求者,皆以名闻。	《魏书》卷七下,高祖纪第七下,173页
太和十八年(494)	诏相、兖、豫三州赐高年爵,恤鳏寡孤老各有差,孝悌廉义文武应求者,皆以名闻。	《北史》卷三,魏本纪第三,111页
太和十八年(494)	诏相、兖、豫三州:百年以上假县令,九十以上赐爵二级,七十以上赐爵一级;孤老鳏寡不能自存者,赐粟五石、帛二匹;孝悌廉义、文武应求者皆以名闻。	《魏书》卷七下,高祖纪第七下,173页

续表

年代	资料内容	出处
太和十八年十一月(494)	诏冀、定二州民:百年以上假以县令,九十以上赐爵三级,八十以上赐爵二级,七十以上赐爵一级;鳏寡孤独不能自存者,赐以谷帛;孝义廉贞、文武应求者具以名闻。	《魏书》卷七下,高祖纪第七下,175页
太和十八年十二月(494)	辛亥,车驾南伐。丁卯,诏郢豫二州之民:百龄以上假县令,九十以上赐爵三级,八十以上赐爵二级,七十以上赐爵一级;孤寡鳏老不能自存者,赐以谷帛;缘路之民复田租一岁;孝悌廉义、文武应求具以名闻。	《魏书》卷七下,高祖纪第七下,176页
太和十九年六月(495)	诏济州、东郡、荥阳及河南诸县车驾所经者,百年以上赐假县令,九十以上赐爵三级,八十以上赐爵二级,七十以上赐爵一级;孤老鳏寡不能自存,赐以谷帛;缘路之民复田租一岁;孝悌廉义、文武应求具以名闻。	《魏书》卷七下,高祖纪第七下,177页
太和十七年至二十年(493—496)	高祖又诏曰:"诚季世之高风,末代之孝节也。"	《魏书》卷六十三,列传第五十一,王肃,1408页
太和二十一年四月(497)	诏雍州士人百年以上假华郡太守,九十以上假荒郡,八十以上假华县令,七十以上假荒县;庶老以年各减一等,七十以上赐爵三级;其营船之夫,赐爵一级;孤寡鳏贫、穷屙发疾,各赐帛二匹,谷五斛;其孝友德义、文学才干,悉仰贡举。	《魏书》卷七下,高祖纪第七下,181页

续表

年代	资料内容	出处
延兴至太和年间(471—499)	诏曰:“汝在私能孝,处公必忠,比来勤忧,足布朝野,但可祗膺。”	《魏书》卷二十一下,献文六王列传第九下,彭城王,575页
延兴至太和年间(471—499)	有司奏策秀、孝,诏曰:“秀、孝殊问,经权异策,刑峦才清,可令策秀。”	《魏书》卷六十五,列传第五十三,刑峦,1438页
延兴至太和年间(471—499)	诏曰:“今洛邑肇构,跂望成劳。开辟暨今,岂有以天子之重远赴舅国之丧?朕纵欲为孝,其如大孝何!纵欲为义,其如大义何!天下至重,君臣道悬,岂宜苟相诱引,陷君不德。今仆已下,可付法官贬之。”	《北史》卷十五,列传第三,魏诸宗室,555页
延兴至太和年间(471—499)	孝文戒赞化几甸,可宣孝道,必令风教洽和,文礼大备。自今有不孝不悌者,比其门橱,以刻其柱。	《北史》卷十五,列传第三,魏诸宗室,573页

附录八

太和二十三年后诏孝令言

年代	资料内容	出处
景明四年四月(503)	戊戌,诏曰:“酷吏为祸,绵古同患;孝妇淫刑,东海燋壤。今不雨十旬,意者其有冤狱乎?”	《魏书》卷八,世宗纪第八,196页
永平四年(511)	诏曰:“萧衍送死,连兵再离寒暑,卿忠规内挺,孝诚外亮,必欲鞭尸吴墓,戮衍江阴。”	《魏书》卷五十九,列传第四十七,萧宝夤,1315页
延昌元年十一月(512)	十有一月丙申,诏曰:“其赐天下为父后者爵一级,孝子、顺孙、廉夫、节妇旌表门闾,量给粟帛。”	《魏书》卷八,世宗纪第八,212~213页
延昌四年九月(515)	九月乙巳,皇太后亲览万机,诏曰:“孝子、顺孙、义夫、节妇,表其门闾,以彰厥美。”	《魏书》卷九,肃宗纪第九,222页
景明至延昌年间(500—515)	勰谢曰:“……陛下孝深无改,仰遵先诏,上成睿明之美,下遂微臣之志,感惟今往,悲喜交深。”	《魏书》卷二十一下,献文六王列传第九下,彭城王,580页
景明至延昌年间(500—515)	世宗劳遣峦于东堂曰:“自古忠臣亦非无孝也。”	《魏书》卷六十五,列传第五十三,刑峦,1443页
景明至延昌年间(500—515)	世宗笑曰:“知卿亲老,频劳于外,然忠孝不俱;才宜救世,不得辞也。”	《魏书》卷六十五,列传第五十三,刑峦,1447页

续表

年代	资料内容	出处
正光四年八月(523)	戊寅,诏曰:“若孝子顺孙、廉贞义节、才学超异、独行高时者,具以言上,朕将亲览,加以旌命。”	《魏书》卷九,肃宗纪第九,235页
孝昌元年十一月(525)	十有一月辛亥,诏曰:“大孝荣亲,著之昔典,故安平耄耋,诸子满朝。自今诸有父母年八十以上者,皆听居官禄养,温凊朝夕。”	《魏书》卷九,肃宗纪第九,242页
熙平至武泰年间(516—528)	(太后)又亲策孝秀、州郡计吏于朝堂。	《魏书》卷十三,皇后列传第一,338页
熙平至武泰年间(516—528)	肃宗诏曰:“光伯自莅海沂,清风远著,兼其兄光韶复能辞荣侍养,兄弟忠孝,宜有甄录,可更申三年,以厉风化。”	《魏书》卷六十六,列传第五十四,崔亮,1485页
熙平至武泰年间(516—528)	明帝诏曰:“光伯自莅海沂,清风远著,兼其兄光韶复能辞荣侍养,兄弟忠孝,宜有甄录,可更申三年,以广风化。”	《北史》卷四十四,列传第三十二,崔亮,1638页
熙平至武泰年间(516—528)	太后复遣元叉、贾璨宣令谓普惠曰:“朕之所行,孝子之志;卿之所陈,忠臣之道。群公已有成议,卿不得苦夺朕怀。后有所见,勿得难言。”	《北史》卷四十六,列传第三十四,张普惠,1694页
普泰至天平年间(531—534)	及谒魏孝武,哀动左右。帝为之改容,目送曰:“忠孝之道,萃此一门。”即以本官奏门下事。	《北史》卷三十二,列传第二十,崔挺,1174页

参考资料

一 中文部分

（一）史料与专著

（唐）徐坚，初学记（三十卷），维阳陈氏校刻本，明万历间

（宋）楼昉、林虑，两汉诏令（二十三卷），清钞本

（晋）葛洪，神仙传（十卷），在汉魏丛书第五十至五十二册

（清）陈士珂，孔子家语疏证（十卷），在湖北丛书第四十四至五十一册

瞿中溶，武氏祠堂画像考，吴兴希古楼刻本，1825

（宋）洪适，隶续（二十一卷），摹刻本，皖南洪氏晦木斋，清同治十一年（1832），8册

（汉）刘向，古列女传（八卷），在文选楼丛书，道光二十二年（1842）阮氏印本，第九十三至九十四册

黄奭，刘向孝子传；萧广济孝子传；师觉授孝子传，黄氏逸书考，卷八十六，怀荃室藏版，1865

（北魏）刘芳，礼记义证。济南：皇华馆书局，清同治十年（1871）补刻

（金）王朋寿，类林杂说（十五卷），吴兴刘氏嘉业堂刻本，民国九年（1920）

（晋）葛洪，抱朴子（残存二卷），日本沙门钞藏，田中氏东京影印古写本，日本大正十二年（1923）

（晋）王嘉，拾遗记（十卷）。上海：涵芬楼影印明程氏刻本，民国十四年（1925）

徐景贤，孝经之研究（三卷）。北平：北平公记印书局，1931

于世琦，三国时代薄葬考（铅印本），民国二十二年（1934）

邬庆时，孝经通论（四卷）。上海：商务印书馆，民国二十三年（1934）

（宋）洪适，隶释（二十七卷，校勘记一卷），张元济校勘，载四部丛刊三编（七十二种），影印本，张元济等辑。上海：商务印书馆，民国二十四年—民国二

十五年（1935—1936），第205—212
容庚，汉武梁祠画像录。北平：燕京大学考古学社，民国二十五年（1936）
（汉）刘向，古列女传（七卷，续一卷）。上海：上海商务印书馆影印明刊本，1936
庄尚严，赴英参加伦敦中国艺术国际展览会记，国立北平故宫博物院，民国二十五年（1936）
唐家桢，孝经释义。北京：广益书局，民国二十六年（1937）
郭玉堂，洛阳出土石刻时地记。北京：大华书报供应社，1941
傅惜华，汉代画像全集（初编），巴黎大学北京汉学研究所，1950
傅惜华，汉代画像全集（二编），巴黎大学北京汉学研究所，1951
唐长孺，魏晋南北朝史论丛。北京：三联书店，1955
王子云，中国古代石刻线画集。北京：中国古典艺术出版社，1957
河南省文化局文物工作队，邓县彩色画像砖墓。北京：文物出版社，1958
（梁）刘勰，文心雕龙注，范文澜注。北京：人民文学出版社，1958
（西汉）司马迁，史记。北京：中华书局，1959
唐长孺，魏晋南北朝史论丛续编。北京：中华书局，1959
侯外庐、赵纪彬、杜国庠等，中国思想通史（第三卷）。北京：人民出版社，1962
（宋）李昉，太平御览。北京：中华书局，1960
（汉）班固，汉书。北京：中华书局，1962
（唐）徐坚，初学记（三十卷）。北京：中华书局，1962
（唐）张彦远，历代名画记。北京：人民美术出版社，1963
金发根，永嘉乱后北方的豪族。台北：嘉新文化基金奖助委员会，民国五十三年（1964）
（南朝·宋）范晔，后汉书。北京：中华书局，1965
（清）黄本骥，历代官职表。上海：中华书局，1965
彭春夫，汉朝武氏祠画像研究。台北：中国文化学院，1969
张严，孝经通识。台北：台湾商务印书馆，1970
蔡汝堃，孝经通考。台北：台湾商务印书馆，1970
邝利安，魏晋南北朝史研究论文书目引得。台北：台湾中华书局，1971
（唐）李延寿，南史。北京：中华书局，1971
（梁）萧子显，南齐书。北京：中华书局，1972
杨吉仁，北魏汉化教育制度之研究。台北：正中书局，1973
（唐）魏征、令狐德芬，隋书。北京：中华书局，1973
（唐）房玄龄、褚遂良、许敬宗等，晋书。北京：中华书局，1974

（南朝·宋）沈约，宋书。北京：中华书局，1974
（北齐）魏收，魏书。北京：中华书局，1974
（梁）萧统，文选（影印本），（唐）李善注。北京：中华书局，1977
内蒙古自治区博物馆，和林格尔汉墓壁画。北京：文物出版社，1978
（北魏）杨衒之，洛阳伽蓝记校注，范祥雍校注。上海：上海古籍出版社，1978
王仲荦，魏晋南北朝史（上、下）。上海：上海人民出版社，1979
王明，太平经合校。台北：鼎文书局，1979
（晋）干宝，搜神记，汪绍楹校注。北京：中华书局，1979
姚迁、古兵，六朝艺术。北京：文物出版社，1981
中国社会科学院历史研究所、魏晋南北朝隋唐史研究室，魏晋隋唐史论集。北京：中国社会科学出版社，1981
（晋）陈寿，三国志，（宋）裴松之注，陈乃乾校点。北京：中华书局，1982
山东省博物馆、山东省文物考古研究所，山东汉画像石选集。济南：齐鲁书社，1982
李发林，山东汉画像石研究。济南：齐鲁书社，1982
吕思勉，两晋南北朝史（全二册）。上海：上海古籍出版社，1983
（清）王聘珍，大戴礼记解诂，王文锦点校。北京：中华书局，1983
韩国磐，魏晋南北朝史纲。北京：人民出版社，1983
余嘉锡，世说新语笺疏。北京：中华书局，1983
黄明兰，北魏孝子石棺线刻画。北京：人民美术出版社，1983
郭建邦，北魏宁懋石室线刻画。北京：人民美术出版社，1983
徐震堮，世说新语校笺。北京：中华书局，1984
傅勤家，中国道教史。台北：台湾商务印书馆，民国七十三年（1984）
燕国材，汉魏六朝心理思想研究。长沙：湖南人民出版社，1984
（晋）陶潜，孝子传。（清）茆泮林，古孝子传（影印本）。北京：中华书局，1985
王明，抱朴子内篇校释。北京：中华书局，1985
周一良，魏晋南北朝史札记。北京：中华书局，1985
王壮弘，六朝墓志检要。上海：上海书画出版社，1985
黄明兰，北魏孝子棺线刻画。北京：人民美术出版社，1985
舒顺林，拓跋鲜卑的南迁及其在我国历史上的作用。郑州：中国史研究文摘（1984年7月—12月），1986
赵万里，汉魏南北朝墓志集释（十一卷），影印本。台北：新文丰出版公司，1986
朱锡禄，武氏祠汉画像石。济南：山东美术出版社，1986
周积寅，中国画论辑要。南京：江苏美术出版社，1986

杨泓等，文物与考古论集，文物出版社成立三十周年纪念。北京：文物出版社，1986
洛阳市博物馆，洛阳汉代彩画。郑州：河南美术出版社，1986
郭建邦，北魏宁懋石室线刻画。北京：人民美术出版社，1987
黄明兰，洛阳北魏世俗石刻线画集。北京：人民美术出版社，1987
万绳楠，陈寅恪魏晋南北朝史讲演录。合肥：黄山书社，1987
李则芬，两晋南北朝历史论文集。台北：台湾商务印书馆股份有限公司，民国七十六年（1987）
苏绍兴，两晋南朝的士族。台北：联经出版事业公司，民国七十六年（1988）
宁夏固原博物馆，固原北魏墓漆棺画。银川：宁夏人民出版社，1988
罗宏曾，魏晋南北朝文化史。成都：四川人民出版社，1989
巫鸿，从庙至墓：中国古代宗教美术发展中的一个关键问题，庆祝苏秉琦先生考古五十五年纪念论文集。北京：文物出版社，1989
北京图书馆金石组，北京图书馆藏中国历代石刻拓本汇编，第五册，北朝。郑州：中州古籍出版社，1989
王肃，孔子家语。上海：上海古籍出版社，1990
任继愈，中国道教史。上海：上海人民出版社，1990
（明）江元祚，孝经大全。济南：山东友谊书社，1990
罗振玉，六朝墓志精华。北京：中国书店，1990
陈传席，六朝画家史料。北京：文物出版社，1990
唐碧，前后孝行录。上海：上海文艺出版社，1991
（唐）道世，法苑珠林。上海：上海古籍出版社，1991
北京鲁迅博物馆、上海鲁迅纪念馆，鲁迅藏汉画象（二）。上海：上海人民美术出版社，1991
钟肇鹏，谶纬论略。沈阳：辽宁教育出版社，1991
苏舆，春秋繁露义证，钟哲点校。北京：中华书局，1992
康学伟，先秦孝道研究。台北：文津出版社，1992
林安弘，儒家孝道思想研究。台北：文津出版社，1992
田余庆，秦汉魏晋史探微。北京：中华书局，1992
重庆市文化局、重庆市博物馆，四川汉代石阙。北京：文物出版社，1992
朱锡禄，嘉祥汉画像石。济南：山东美术出版社，1992
何德章，拓跋鲜卑汉化进程研究（博士论文）。北京大学，1992
赵超，汉魏南北朝墓志汇编。天津：天津古籍出版社，1992
王军，孝文帝定姓族后北魏各阶层政治地位研究（博士论文）。北京大学，1992

王利器，盐铁论校注。北京：中华书局，1992
贾庆超，曾子校释。济南：山东大学出版社，1993
贾庆超，武氏祠汉画像石刻考评。济南：山东大学出版社，1993
（日）加地伸行，论儒教。济南：齐鲁书社，1993
张鸿修，北朝石刻艺术。西安：陕西人民出版社，1993
罗宗真，六朝考古。南京：南京大学出版社，1994
李献奇、黄明兰，画像砖石刻墓志研究。郑州：中州古籍出版社，1994
中国社会科学院考古研究所，汉唐与边疆考古研究（第一辑）。北京：科学出版社，1994
（唐）林宝，元和姓纂。北京：中华书局，1994
李如森，汉代丧葬制度。长春：吉林大学出版社，1995
蒋英炬、吴文祺，汉代武氏墓群石刻研究。济南：山东美术出版社，1995
王平，《太平经》研究。台北：文津出版社，1995
（清）冯云鹏、冯云鹓，金石索。北京：书目文献出版社，1996
江苏省美术馆，六朝艺术。南京：江苏美术出版社，1996
中国社会科学院考古研究所，考古学的历史·理论·实践。郑州：中州古籍出版社，1996
胡平生，孝经译注。北京：中华书局，1996
李兴盛，中国流人史。哈尔滨：黑龙江人民出版社，1996
赵丕杰，中国古代礼俗。北京：语文出版社，1996
穆克宏、郭丹，魏晋南北朝文论全编。南京：江苏教育出版社，1996
孙机，中国圣火：中国古文物与东西文化交流中的若干问题。沈阳：辽宁教育出版社，1996
杨泓、孙机，寻常的精致。沈阳：辽宁教育出版社，1996
葛剑雄、吴松弟、曹树基，中国移民史：先秦至魏晋南北朝时期（第二卷）。福州：福建人民出版社，1997
高文，四川汉代石棺画像集。北京：人民美术出版社，1997
林素英，古代生命礼仪中的生死观：以《礼记》为主的现代诠释。台北：文津出版社有限公司，1997
鲁迅，中国小说史略。上海：上海古籍出版社，1998
（清）朱彝尊，经义考（影印本）。北京：中华书局，1998
马昌仪，中国灵魂信仰。上海：上海文艺出版社，1998
葛兆光，中国思想史（第一卷）。上海：复旦大学出版社，1998
陈爽，世家大族与北朝政治。北京：中国社会科学出版社，1998

朱大渭，魏晋南北朝社会生活史。北京：中国社会出版社，1998
刘振东，中国儒学史（魏晋南北朝卷）。广州：广东教育出版社，1998
（魏）曹植，曹植集校注，赵幼文校注。北京：人民文学出版社，1998
上海古籍出版社，汉魏六朝笔记小说大观。上海：上海古籍出版社，1999
李申，中国儒教史（上卷）。上海：上海人民出版社，1999
宁夏回族自治区固原博物馆、中日原州联合考古队，原州古墓集成。北京：文物出版社，1999
蔡忠宪，北朝的祠祀信仰（硕士论文）。台湾大学历史学研究所，1999
信立祥，汉代画像石综合研究。北京：文物出版社，2000
王建中，汉画像石通论。北京：紫禁城出版社，2000
高晨阳，儒道会通与正始玄学。济南：齐鲁书社，2000
蒋英炬，中国画像石全集·山东汉画像石（第1卷）。济南：山东美术出版社，2000
周到，中国画像石全集·石刻线画（第8卷）。郑州：河南美术出版社，2000
熊德基，六朝史考实。北京：中华书局，2000
萧登福，谶纬与道教。台北：文津出版社有限公司，2000
黄复山，东汉谶纬学新探。台北：台湾学生书局，2000
巫鸿，汉唐之间文化艺术的互动与交融。北京：文物出版社，2001
罗宗真，魏晋南北朝考古。北京：文物出版社，2001
肖群忠，孝与中国文化。北京：人民出版社，2001
王文锦，礼记译解。北京：中华书局，2001
逯耀东，从平城到洛阳：拓跋魏文化转变的历程。台北：东大图书股份有限公司，2001
贺西林，古墓丹青：汉代墓室壁画的发现与研究。西安：陕西人民美术出版社，2001
郑岩，魏晋南北朝壁画墓研究。北京：文物出版社，2002
罗二虎，汉代画像石棺。成都：巴蜀书社，2002
（日）冈村繁，历代名画记译注，俞慰刚译。上海：上海古籍出版社，2002
（韩）具圣姬，汉代人的死亡观。北京：民族出版社，2003
巫鸿，汉唐之间的视觉文化与物质文化。北京：文物出版社，2003
葛兆光，屈服史及其他：六朝隋唐道教的思想史研究。北京：三联书店，2003
张金龙，北魏政治与制度论稿。兰州：甘肃教育出版社，2003
田余庆，拓跋史探。北京：三联书店，2003
骆承烈，中国古代孝道资料选编。济南：山东大学出版社，2003

（德）马克思·韦伯，儒教与道教，洪天富译。南京：江苏人民出版社，2003
力高才，平城时期的北魏王朝。太原：山西人民出版社，2004
张继昊，从拓跋到北魏。台北：稻乡出版社，2004
罗宗真、王志高，六朝文物。南京：南京出版社，2004
李娟熙，六朝志怪的想像力与叙事研究（博士论文）。中国社会科学院，2004
姚义斌，六朝画像砖研究（博士论文）。南京艺术学院，2004
金维诺，中国美术史论集。哈尔滨：黑龙江美术出版社，2004
郑岩、王睿，礼仪中的美术：巫鸿古代美术史文编。北京：三联书店，2005
卢建荣，北魏唐宋死亡文化史。台北：麦田出版，2005
孙同勋，拓跋氏的汉化及其他：北魏史论文集。台北：稻乡出版社，2005
山西大学历史文化学院、山西省考古研究所、大同市博物馆，大同南郊北魏墓群。北京：科学出版社，2006

（二）论 文

陈槃，谶纬释名。历史语言研究所集刊，1943，（11）：297～316
陈槃，谶纬溯原（上）。历史语言研究所集刊，1943，（11）：317～335
陈槃，古谶纬书录解题（三）。历史语言研究所集刊，1948，（17）：59～64
陈槃，古谶纬书录解题（二）。历史语言研究所集刊，1948，（17）：65～77
陈槃，论早期谶纬及其与邹衍书说之关系。历史语言研究所集刊，1948，（20）：159～187
陈槃，古谶纬书录解题（四）。历史语言研究所集刊，1950，（22）：85～120
李复华、曹丹，乐山汉代崖墓石刻。文物参考资料，1956（5）：61～63
王思礼，山东肥城汉画像石墓调查。文物参考资料，1958（4）：34～36
王增新，关于“孝子闵损”和“孝孙原穀”。文物参考资料，1958（10）：48
柳涵，邓县画像砖墓的时代和研究。考古，1959（5）：255～261/263
南京博物院、南京市文物保管委员会，南京西善桥南朝大墓及其砖刻壁画。文物，1960（8/9）：37～42
罗哲文，孝堂山郭氏墓石祠。文物，1961（4/5）：44～52
陈直，对南京西善桥南朝墓砖刻竹林七贤图的管见。文物，1961（10）：47～48
陈明达，汉代的石阙。文物，1961（12）：9～23
罗哲文，孝堂山郭氏墓石祠补正。文物，1962（10）：23
刘仙洲，我国独轮车的创始时期应上推到西汉晚年。文物，1964（6）：1～5
敦煌文物研究所，新发现的北魏刺绣。文物，1972（2）：54～60

山西省大同市博物馆、山西省文物工作委员会，山西大同石家寨北魏司马金龙墓。文物，1972（3）：20～29/64
志工，略谈北魏的屏风漆画。文物，1972（8）：55～60
陈槃，古谶纬书录解题（五）。历史语言研究所集刊，1973，44（4）：687～732
镇江市博物馆，镇江东晋画像砖墓。文物，1973（4）：51～58
内蒙古文物工作队、内蒙古博物馆，和林格尔发现一座重要的东汉壁画墓。文物，1974（1）：8～23
吴荣曾，和林格尔汉墓壁画中反映的东汉社会生活。文物，1974（1）：24～30
南京博物院，江苏丹阳胡桥南朝大墓及砖刻壁画。文物，1974（2）：44～56
盖山林，和林格尔汉墓壁画宣扬的孔孟之道的反动实质。文物，1974（11）：63～68
吴荣曾，从和林格尔汉墓壁画看东汉尊儒的反动性。文物，1974（11）：59～62
洛阳博物馆，河南北魏元乂墓调查。文物，1974（12）：53～55
陈槃，古谶纬书录解题（六）。历史语言研究所集刊，1975，46（2）：235～272
蒋英炬，对汉画像石中儒家思想的批判。考古，1977（1）：7～12
林树中，江苏丹阳南齐陵墓砖印壁画探讨。文物，1977（1）：64～73
郭素新，内蒙古呼和浩特北魏墓。文物，1977（5）：38～41/77
宿白，盛乐平城一带的拓跋鲜卑：北魏遗迹。文物，1977（11）：38～46
宿白，北魏洛阳城和北邙陵墓：鲜卑遗迹辑录之三。文物，1978（7）：42～52
大同市博物馆、山西省文物工作委员会，大同方山北魏永固陵。文物，1978（7）：29～33
林树中，常州画像砖墓的年代与画像砖艺术。文物，1979（3）：42～45/48
常州市博物馆，常州南郊戚家村画像砖墓。文物，1979（3）：32～41
王去非，隋墓出土的陶“千秋万岁”及其他。考古，1979（3）：275～276
河北省文管会，河北景县北魏高氏墓发掘简报。文物，1979（3）：17～31
嘉祥武氏祠文管所，山东嘉祥宋山发现汉画像石。文物，1979（9）：1～6
金维诺，秦汉时代的壁画。美术研究，1980（1）：15～21
南京博物院，试谈“竹林七贤及荣启期”砖印壁画问题。文物，1980（2）：18～22/36
南京博物院，江苏丹阳胡桥、建山两座南朝墓葬。文物，1980（2）：1～27
郭建邦，北魏宁懋石室和墓志。文物参考资料，1980（2）：33～40
洛阳博物馆，洛阳北魏画像石棺。考古，1980（3）：229～241
宫大中，试论洛阳关林陈列的几件北魏陵墓石刻艺术。文物，1982（3）：79～83
济宁文物管理委员会、嘉祥文物保护研究所，山东嘉祥宋山1980年出土的汉画像

石。文物，1982（5）：60～69
朱锡禄，嘉祥五老洼发现一批汉画像石。文物，1982（5）：71～78
济宁地区文物组、嘉祥县文管所，山东嘉祥宋山1980年出土的汉画像石。文物，1982（5）：60～70
宋伯胤，竹林七贤砖画散考。新亚学术集刊.1983（4）：215～227
嘉兴地区文管会、海宁县博物馆，浙江海宁东汉画像石墓发掘简报。文物，1983（5）：1～20
刘修明，汉以孝治天下发微。历史研究，1983（6）：37～50
黄明兰，北魏石刻艺术中的线刻画。美术，1983（9）：52～53
黄明兰，从洛阳出土北魏石棺和石棺床看世俗艺术中的石刻线画。中原文物，1984（1）：87～90
夏超雄，汉墓壁画、画像石题材内容试探。北京大学学报，1984（1）：63～76/96
宫大中，邙洛北魏孝子画像石棺考释。中原文物，1984（2）：48～53
韩孔乐、罗丰，固原北魏墓漆棺的发现。美术研究，1984（2）：3～11
王泷，固原漆棺彩画。美术研究，1984（2）：12～16
刘敦愿，《山东汉画像石选集》中未详历史故事考释。东岳论丛，1984（2）：79～83
岳凤霞、刘兴珍，浙江海宁长安镇画像石。文物，1984（3）：47～53
固原县文物工作站，宁夏固原北魏墓清理简报。文物，1984（6）：46～56
康乐，北魏文明太后及其时代（上篇）。食货，1985，15，（11/12）：461～475
安徽省文物考古研究所、马鞍山市文化局，安徽马鞍山东吴朱然墓发掘简报。文物，1986（3）：1～15
杨泓，三国考古的新发现。文物，1986（3）：16～24
郑珉中，对南京西善桥六朝墓画像的看法。故宫博物院院刊，1986（3）：49～54
李宏，汉代丧葬制度的伦理意向。中原文物，1986（4）：79～82
康乐，北魏文明太后及其时代（下篇）。食货，1986，16，（1/2）：56～66
杨泓，东晋、南朝拼镶砖画的源流及演变。文物出版社编辑部，文物与考古论集。北京：文物出版社，1986，217～227
扬州博物馆，扬州平山养殖场汉墓清理简报。文物，1987（1）：26～36
李晓鸣，四川荥经东汉石棺画像。文物，1987（1）：95
吉南，东汉石祠艺术功能的观察。美术研究，1987（3）：72～77
扬州博物馆，江苏邗江姚庄101号西汉墓。文物，1988（2）：19～43
孙筱，孝的观念与汉代家庭。中国史研究，1988（3）：149～154/167
孙机，“温明”不是“秘器”。文物，1988（3）：94～95
陈槃，孝经中黄谶解题改写本。历史语言研究所集刊，1988，59（4）：891～897

程继林，泰安大汶口汉画像石墓。文物，1989（1）：48～58
杨泓，北朝文化源流探讨之一：司马金龙墓出土遗物的再研究。北朝研究，1989（1）：13～21
李锦山，考古资料反映的汉代丧俗。四川文物，1989（3）：3～9
孙机，固原北魏漆棺画研究。文物，1989（9）：38～44/12
康乐，北魏的司马金龙墓。历史月刊，1989（13）：119～123
乐山市文化局，四川乐山麻浩一号崖墓。考古，1990（2）：111～115/122
陈传席，北魏孝子图石棺。文物天地，1990（6）：47～48
康乐，代人集团的形成与发展：拓跋魏的国家基础。中央研究院历史语言研究所集刊，1990，61（3）：575～691
康乐，代人与镇人。中央研究院历史语言研究所集刊，1990，61（4）：895～916
孔毅，论北朝时期鲜、汉文化的交流与融合。北朝研究，1990年上半年刊，总第3期，66～74
王慎行，论西周孝道观的本质。人文杂志，1991（2）：70～76/120
（韩）朴汉济，北魏王权与胡汉体制，中国史研究的成果与展望。北京：中国社会科学出版社，1991，87～107
李凭，北魏道武帝早年经历考。中国史研究，1992（1）：55～62
罗伟先，汉墓石刻画像与墓主身份等级研究。四川文物，1992（2）：27～34
刘厚琴，论儒学与汉代父子关系。齐鲁学刊，1992（4）：95～100
艮冬，先秦至六朝宫廷绘画概况。故宫博物院院刊，1992（4）：18～25
王恩田，泰安大汶口汉画像石历史故事考。文物，1992（12）：73～78
张新武，汉代画像石所见儒风与楚风。中原文物，1993（1）
查昌国，西周“孝”义试探。中国史研究，1993（2）：143～151
杨爱国，汉代的忠孝观念及其对汉画像艺术的影响。中原文物，1993（2）：61～66/79
孟强，关于汉代升仙思想的两点看法。中原文物，1993（2）：23～30
张鹏，邓县彩色画像砖墓浅析。美术研究，1993（2）：48～53
王育成，从“温明”觅“魌头”。文物天地，1993（5）：43～46
王太明、贾文亮，山西榆社县发现北魏画像石棺。考古，1993（8）：767
南京市博物馆，南京西善桥南朝墓。文物，1993（11）：19～23
康乐，孝道与北魏政治。历史语言研究所集刊，1993，64（1）：51～87
刘曙光，丧葬礼俗起源初探。中原文物，1994（2）：62～66
徐伯勇，荥阳郑氏家族散论。中原文物，1994（2）：106～109
中国社会科学院考古研究所洛阳汉魏城队，洛阳古墓博物馆，北魏宣武帝景陵发掘

报告。考古，1994（9）：801～814
郑阿平，汉代孝观念的传播及其意义。延安大学学报，1995（4）：13～17
晁福林，春秋时期的鬼神观念及其社会影响。历史研究，1995（5）：20～35
王建伟，汉画“董永故事”源流考。四川文物，1995（5）：3～7
罗新慧，试论曾子关于孝的理论及其社会意义。齐鲁学刊，1996（3）：68～73
王月清，中国佛教孝亲观初探。南京大学学报，1996（3）：27～32
胡和平，浅议“魏晋以孝治天下”。郑州大学学报，1996（4）：68～71
罗新慧，曾子与《孝经》：儒家孝道理论的历史变迁。史学月刊，1996（5）：6～11/23
陈延军，论先秦儒家的孝悌观及其社会功能。辽宁师范大学学报，1996（6）：74～77
南京博物院，南京西善桥南朝墓。东南文化，1997（1）：61～65
武翔，江苏六朝画像砖研究。东南文化，1997（1）：72～96
康德文，论春秋战国之际“孝”观念的变迁。社会科学战线，1997（4）：103～109
李玲玲，“竹林七贤及荣启期”砖印壁画简论。东南文化，1997（4）：63～66
高伟、高海燕，汉代漆面罩探源。东南文化，1997（4）：37～41
陈鸿森，《续修四库全书总目提要》孝经类辨证。中央研究院历史语言研究所集刊，1998，69（2）：295～329
魏文斌、师彦灵、唐晓军，甘肃宋金墓“二十四孝”图与敦煌遗书《孝子传》。敦煌研究，1998（3）：75～90
（美）简·詹姆斯，东汉享祠功能的研究。美术研究，2000（2）：40～46
杨新，从山水画法探索《女史箴图》的创作时代。故宫博物院院刊，2001（3）：17～29
山西省考古研究所、大同市考古研究所，大同市北魏宋绍祖墓发掘简报。文物，2001（7）：19～39
王银田、刘俊喜，大同智家堡北魏墓石椁壁画。文物，2001（7）：40～51
郑岩，南昌东晋漆盘的启示：论南北朝墓葬艺术中高士图像的含义。考古，2002（2）：77～86
徐婵菲，洛阳北魏元怿墓壁画。文物，2002（2）：89～92
山西省大同市考古研究所，大同湖东北魏一号墓。文物，2004（12）：26～34
刘俊喜、高峰，大同智家堡北魏墓棺板画。文物，2004（12）：35～47
郑岩，关于墓葬壁画起源问题的思考：以河南永城柿园汉墓为中心。故宫博物院院刊，2005（3）：56～74
李梅田，北朝墓室画像的区域性研究。故宫博物院院刊，2005（3）：75～103
林圣智，北魏宁懋石室的图像与功能。美术史研究集刊，2005（18）：1～74

二　外文部分

（一）英 文

Tomita Kojiro, Portraits of the Emperors-A Chinese Scroll Painting Attributed to Yen Li-pen, *Bulletin of the Museum of Fine Arts*, Boston, 1932, Vol. 30. pp. 2 ~ 8

C. T. Loo&Co, *An Exhibition of Chinese Stone Sculptures*, New York, 1940

Anna Mitchell Richards and Martha Silsbee Funds. A Chinese Sacrifical Stone House of the sixth Century A. D. *Bulletin of the Museum of Fine Arts*, Boston, 1942, Vol. XL, No. 24, 97 ~ 110

M. L. Makra, *The Hsiao Ching*, Washington, D. C. : St. Johns University Press, 1961

H. Y. Shih, *Early Chinese Pictorial Style: From the Later Han to the Six Dynasties*, Ph. D. dissertation, Bryn Mawrcollege, 1961

Y. S. Yu, *Views of Life and Death in Later Han China*, Ph. D. dissertation, Harvard University, 1962

M. Loewe, *Ways to Paradise: The Chinese Quest for Immortality*, London: George Allen&Unwin, 1979

Annette L. Juliano. *Teng-Hsien: An Important Six Dynasties Tomb*, Switzerland: Artibus Asiae Publishers, 1980

M. Loewe, *Chinese Ideas of Life and Death*, London: George Allen&Unwin, 1982

Wu Hung, *The Wu Liang Shrine*, Stanford University Press, 1989

Martin J. Powers, *Art Political Expression in Early China*, Yale University Press, 1991

Wu Hung, Three famous Stone Monuments from Luoyang: "Binary" Imagery in Early Sixth Century Chinese Pictorial Art, *Orientations*, 1994, 51 ~ 60

Wu Hung, *Monumentality in Early Chinese Art and Architecture*, Stanford University Press, 1995, 251 ~ 280

Eugene Y. Wang, Coffins and Confucianism-The Northern Wei Sarcophagus in the Minneapolis Institue of Arts, *Orientation*, 1997, Vol. 30, No. 6, 56 ~ 64

Stephen L. Little. Ed. *Taoism and Arts of China*, Chicago: The Art Institute of Chicago, 2000

Wu Hung, A Case of Cultural Interaction: House-shaped Sarcophagi of the Northern Dynasties, *Orientations*, 2002, Vol. 33, No. 5, pp. 34 ~ 41

Wu Hung. A Deity Without Form: The Earliest Representation of Laozi and the Concept of Wei in Chinese Ritual Art, *Orientations*, 2002, Vol. 34, No. 4, pp. 38 ~ 45

Annette L. Juliano, Judith A. Lerner, Stone Mortuary Furnishings of Northern China. *Ritual Objects and Early Buddhist Art*, New York, 2004, pp. 14 ~ 23

（二）日 文

长广敏雄，武氏祠画像石に就ぃて。东洋美术，1930（4）：109 ~ 113

长广敏雄，武氏祠画像石に就ぃて。东洋美术，1930（5）：36 ~ 47

日本书志学会，御制孝经（一卷）。刻本，日本昭和七年（1932）

奥村伊九良，孝子传石棺の刻画。瓜茄（4），昭和十二年（1937），259 ~ 299

奥村伊九良，镀金孝子传石棺の刻画に就て。瓜茄（5），昭和十四年（1939），359 ~ 382

西野贞治，阳明本孝子传の性格并に清原家本との关系につぃて。人文研究，1956，7（6）：22 ~ 48

吉川幸次郎，京都大学图书馆孝子传。京都：京都大学，1960

青松，孝子传。京都：株式会社便利堂，昭和三十四年（1960）

长广敏雄，汉代冢祠堂につぃて，塚本博士颂寿纪念佛教史学论文集。京都塚本博士颂寿纪念会，1961，546 ~ 566

长广敏雄，汉代画像の研究。东京：中央公论美术出版，1965

长广敏雄，六朝时代美术の研究。东京：美术出版社，1969

古原宏伸，诗经图と孝经图。美术史，72，1969（3）

乐浪汉墓刊行会，乐浪汉墓。京都：真阳社，1975

吉川幸次郎，吉川幸次郎全集。东京：筑摩书房，昭和四十九年（1975）

安居香山，纬书の成立とその展开。国书刊行会，1979

奥村伊九良，古拙愁眉：支那美术史诸相。东京：みすず书房，1982

吉川忠夫，六朝时代にぉけゐ《孝经》の受容，六朝精神史研究（东洋史研究丛刊三十六）。同朋舍，1984

（韩）朴汉济，中国中世胡汉体制研究。汉城：一潮阁，1988

吕宗力，两晋南北朝ょり隋に至ゐ图谶を禁绝すゐ历史の真相，中村璋八古稀纪念东洋学论集。东京：汲古书院，1996

酒井敦子，中国南北朝时代にぉけゐ植物云气纹につぃて。美术史，平成十一年十月（1999），第147期，Vol. XLIX（49），No. 1，66 ~ 81

加藤直子，魏晋南北朝墓における孝子伝图について。东洋美术史论丛，东京：雄山阁，平成11年（1999）

苏哲，北魏孝子传图研究における问题点。美学美术史学（实践女子大学），1999，14号，61～88

东野治之，律令と孝子：汉籍の直接引用と间接引用。万叶集研究（24），平成十二年（2000）

曾布川宽、冈田健，世界美术大全集・东洋编（第3卷）。东京：小学馆，2000

黑田彰，孝子伝の研究。京都：株式会社思文阁出版，2001

林圣智，北朝时代における葬具の图像と机能。美术史，平成十五年（2003），15Vol. LII No. 2，207～226

后记

孝子画像是中国古代画像艺术中的一个独特门类，它从汉代出现后，一直延续至近代，其间未有中断，具有自身的发展演变序列，并有时代与地域的差异，同时旁涉极多，是很好的美术史研究个案，但多年以来，除少数考释文章外，未有整体或断代的专案研究。本书尝试性地对北魏孝子画像作了专题研究，发现问题颇多，而且广泛涉及南北朝时期的历史、文化交流、南北交通等多个方面。本书从美术史角度出发，仅就其图像意涵和图像身份作了探讨，其他枝蔓未有涉及，如在研究中，我发现“子贵母死”实际上与北魏中晚期寒人集团的产生也有很大关系，“子贵母死”的施行使储君失去了母族和舅族的支持，即位后又面临拓跋贵族和前朝权臣的牵制甚至倾轧，实际上处于孤立无援的境地，在这种情况下，那些极想出头，但又苦于入仕无门的寒人成为可资利用的对象，寒人集团遂而产生，并成为能与拓跋贵族相抗衡的政治力量，在北魏历史上扮演了相当重要的角色。但由于这主要是史学领域的问题，与本书讨论之主题关涉不大，因而略去未谈。

本书结论虽有合理性，但暂不能作为最后定论，目前或可作为投石问路的有益探讨。北魏距今已有1500多年的历史，随着历史的远去，曾经鲜活的社会生活随之消散，真相也覆上厚厚的尘埃，要跨越漫长的时空，利用当时社会遗留的零星遗迹来揭开历史的面纱，展现其真实的面容，实非易事。对美术考古而言，大量隐没地下的实物资料有待发掘，随着新遗址的不断出土，已有结论或者得以证实、或者得以修正、或者被推翻，在“最真实”的结论被最终确定之前，所有相关研究都仿佛是渺漠冥蒙中的灯盏，为继续的探研者点亮前进的道路。

在研究与写作的过程中，有太多的人给予我关怀与帮助，尹吉男先生文华敏洽、雅有巧思，其在美术史知识考古学上的研究为本文涉及的古典文献的梳理、运用及问题的深化提供了帮助；贺西林先生雅量弘远、博学洽闻，并在其《北朝画像石葬具的发现与研究》一文中对北魏孝子画像已有研究，本文论题的提出深受该文影响，是在贺西林先生先期研究基础上对北魏孝子画像图像内涵与墓葬功能历史成因的继续追索；郑岩先生静素恬和、博览多识，于笔者多有启迪，并毫无保留地赐阅其从美国获寄的图书，深令笔者铭念。汤池教授、吴焯研究员、罗世平教授及王睿研究员所提宝贵意见也给笔者以深刻启发。此外，从本系的金维诺教授，清华大学美术学院的田自秉教授、吴淑生教授，社科院考古所的赵超研究员，四川社会科学院文学研究所的胡文和先生，高等教育出版社的彭治平先生，当代青年诗人马俊华先生那里，笔者亦蒙嘉惠，在此敬致谢意！我的朋友中央美术学院设计学院的王选政先生为本书设计了封面，中国对外艺术展览中心的孙凤女士对本书之付梓颇付心力，亦表谢忱！此外，还要特别感谢贺西林教授为本书作序！感谢我的朋友当代青年国画家与书法家王赫赫君题写书名！

本书之撰写虽极尽心力，但囿于浅薄学识，难免阙误，敬祈同道学贤有以教之，不吝赐正。

清泉

2007 年 1 月

图书在版编目（CIP）数据

北魏孝子画像研究/邹清泉著．—北京：文化艺术出版社，2007.6
ISBN 978-7-5039-3344-8

Ⅰ.北… Ⅱ.邹… Ⅲ.画像石墓-研究-中国-北魏
Ⅳ.K879.424

中国版本图书馆CIP数据核字（2007）第091906号

北魏孝子画像研究

著　　者　邹清泉
责任编辑　孙文刚
责任校对　方玉菊
封面设计　王选政
版式设计　刘宝华
出版发行　文化艺术出版社
地　　址　北京市朝阳区惠新北里甲1号　100029
网　　址　www.whyscbs.com
电子邮箱　whysbooks@263.net
电　　话　（010）64813345　64813346（总编室）
　　　　　（010）64813384　64813385（发行部）
经　　销　新华书店
印　　刷　国英印务有限公司
版　　次　2007年7月第1版
　　　　　2007年7月第1次印刷
开　　本　720×960毫米　1/16
印　　张　16
字　　数　250千字
书　　号　ISBN 978-7-5039-3344-8/J·870
定　　价　30.00元